高平哲郎スラップスティック選集④

スタンダップ・コメディの復習
―アメリカは笑いっ放し

YOSHIMOTO BOOKS

スタンダップ・コメディの復習——アメリカは笑いっ放し

はじめに――アメリカは、ぼくにずーっと笑っていた

一九九四年に『スタンダップ・コメディの勉強』（晶文社）という本を出し、副題に「アメリカは笑っている」とつけた。その後、ぼくが影響を受けたアメリカの音楽、映画、ミュージカルなどを振り返る機会があり、アメリカはずっとぼくに微笑《ほほえ》んでいてくれたことに改めて気づいた。いや、微笑んでいるときもあったかもしれないが、その笑いは所詮アメリカ人になれない東洋人を蔑《さげす》んだ笑いだったのかもしれない。

そして、いままた二〇年前の本が日の目を見ることになり、アメリカを見てみると、やはり笑いっぱなしだった。ただぼくなんかに特別な微笑みや蔑みの笑いを向けるのではなくて、前よりずっと自分勝手に笑っているような気がする。その勝手に笑うアメリカを、二〇年ぶりにもう一度考察しよう。章を四つに分けることにした。Ⅰ、Ⅱ、Ⅲを二〇年前の本に補足を入れる程度にして、ほぼ元のままの形にし、Ⅳでそれ以降のスタンダップ・コメディとアメリカの笑いを書き下ろすことにした。

二〇一二年秋に、吉本興業の大﨑洋社長と二〇数年ぶりにあるパーティで会った。相談したいことがあると言われて、新宿花園神社裏の小学校の校舎を借りて改装した吉本興業、並びによしもとクリエイティブ・

エージェンシーなどの関連会社を一挙におさめた会社に大﨑さんに呼ばれたのがその年の暮れだった。

大﨑さんの話は仕事の依頼だった。大﨑さんは急に会議室を出て『スタンダップ・コメディの勉強』を手にして戻ってきて「いまでも大事にしております わ。この本も含めて、うちの出版部のヨシモトブックスから髙平さんの選集か全集を出してほしいんです」と言われた。ここから吉本さんとの付き合いが始まり、この本も生まれたわけである。そして、社長は最近提携したセカンド・シティに関しても知恵を貸してほしいと付け加えた。そのセカンド・シティについては、吉本興業が同じく提携した『サタデー・ナイト・ライヴ(SNL)』ともども、新しくなったこの本でじっくりその経緯を誰かに聞かなければならない。

何しろ、本が出たときからすでに二〇年の歳月が経ってしまっている。あの頃は携帯電話とワープロはあったが、DVDも、いまのように至れり尽くせりのインターネットもまだなかった。二〇年という期間は時代を大きく変えた。『サタデー・ナイト・ライヴ』はどうなったのか？　マイク・マイヤーズ以降、どんなコメディアンが登場したのか。九二年にサム・キニソンが死んでから、どんなスタンダップ・コメディアンが人気を得ているのか。ぼくは何も知らない。二〇年前、同じ戸惑いを感じて、デーブ・スペクターさんを訪ね、たくさんの記事をコピーしてもらい、スタンダップ・コメディのVTRをダビングしてもらい、ようやくおぼろげに見えてきたことを思い出した。

まずはデーブに会おう。デーブに会って新しいコメディアンの名前やテレビ番組や映画を聞き、それを調べてみよう。そして二〇一四年一一月二一日、デーブの事務所を訪ねた。一時間の間にデーブは、ぼくが何も聞かなくても、ぼくが聞きたいこと知りたいことを、相変わらず機関銃のようなトークで話してくれた。ぼくは「とりあえずここまでをまとめて、もう一度わからないことを聞きに来るから」と言って、デーブにお礼を言って別れた。デーブがいなければ何もできない。だが、デーブのお蔭で見るべき物や、調べるべきこと、そしてぼくの持っていたもやもやとした数多い疑問がスッキリした。

デーブの話をまとめてみると、自然と新しい目次が浮かんできた。目次は何度も書き換えられたが、一応の完成形を見せ、この目次の中身を書き下ろしていく作業が始まる。その時点で、この「はじめに」を書き出した。目次を埋めていくには見なければならない映画が何本かある。すでに見た映画ももう一度見なければならない。見るべきアメリカのテレビは、便利なＹｏｕ Ｔｕｂｅで、たいていの有名コーナーは見ることができる。会って話を聞きたい人もいる。こうした映像を見る作業と取材をしながら、新しい目次の中身を埋めていく。それから最終的なまとめにかかる。そこでまた目次は新しい展開を見せるに違いない。それまで、ぼくは微笑んでくれるアメリカを頼りに、二〇年ぶりにアメリカの笑いに直面するのだ。

スタンダップ・コメディの復習——アメリカは笑いっ放し　もくじ

最初の出会い——一九九三年の短いプロローグ

一九八〇年のキャッチ・ア・ライジング・スター

一九八〇年二月、ぼくにとっては二度目のニューヨークだった。

ホテルに着くと、まっさきに前年七月の滞在中に知った雑誌を売店で買った。のちに「ニューヨーク」誌に吸収されてしまった「CUE」というニューヨークの情報誌である。部屋に入る。荷物を開けるのももどかしく買ったばかりの「CUE」を開いて、ぜひ見ておきたいミュージカルにボールペンでしるしをつけた。「ムービー」「シアター」といった分類項目の最後が「ナイト・ライフ」になっている。そこでジャズ・

クラブの出演者をチェックしているうちに、「コメディ／マジック」というコラムがあるのに気づいた。何軒かの店の名が並んでいて、営業時間と電話と住所がしるされている。なんだろう、これは？

翌日、日本航空に勤めるローリーと遅めの昼食を一緒にした。

前年の夏、ぼくは学生時代の友人の紹介で、日本航空ニューヨーク支店に勤めるD氏を訪ねた。ぼくが植草甚一さんの本や「ポパイ」にでてくるようなニューヨークに興味を持っていると知ると、氏は、支店のカウンターにいた日本語を話せる若い金髪のアメリカ人女性を案内役として紹介してくれた。それがローリー・ブラウンさんだったのである。まだ二〇代前半だった彼女は、時間の許すかぎり、食事やショーに付き合ってくれた。毎週月曜日、ウディ・アレンが自分のニューオリンズ・ジャズバンドを率いてクラリネットを吹いている「マイケルズ・パブ」に連れて行ってくれたのも彼女だった。いつ行ってもマルクス・ブラザーズやローレル＝ハーディーの映画がかかっている小さな映画館を教えてくれたのもローリーだ。

ドライ・シェリーのロックを飲みながらイタリア料理の皿をつつき、きのう「CUE」で見つけた「コメディ／マジック」欄のことをローリーにたずねてみた。

「ああ、それはスタンダップ・コミックが見られるお店です」

ハハーン、例のあれか。いわゆる西洋漫談だ。英語が分からなきゃ、まるでおかしくもない一人喋りだな。でもまあ、一度ぐらいは見ておくのも悪くはないだろう。そこで、その夜、彼女が知っているコメディ・クラブに連れて行ってもらうことにした。

ホテルに戻って、今晩、ローリーが案内してくれることになった「キャッチ・ア・ライジング・スター」という店を「ＣＵＥ」で探してみた。あった！　番地はファースト・アヴェニュー１４８７で、「Continuous entertainment by comics and singers」という短いコメントがついている。「シンガーズ」のほうは分かるが、「コミックス」というのがよく分からない。全部が全部、スタンダップ・コミックということもないだろう。「てんぷくトリオ」みたいなのが出てきてコントでもやるのだろうか？

ぼくはそのとき、「スタンダップ・コミック」という言葉だけは知っていたが、その正確な実態はつかみかねていた。

「スタンダップ・コミック」というお笑いのジャンルがあって、それを演じる人を「スタンダップ・コメディアン」というのだろう。そう漠然と思っていたのだが、ローリーの話を聞いていると、演じる人間のことも「スタンダップ・コミック」と呼んでいる。そして、総称は「スタンダップ・コメディ」だと言う。ぼくには「コミック」というと漫画本のイメージしかなくて、「コメディ」と「コミック」をどう使い分ければいいのかも分からなかった。

その夜は、まずミンスコフ劇場で『ウエストサイド・ストーリー』を見た。おれはいまブロードウェイで『ウエストサイド・ストーリー』をなまで見ているのだという感激は序曲を聴いたあたりまでで、幕が上がり「ジェット・ソング」が終わる頃には、隙間風の吹くステージに、その思いも跡形もなく消え失せてしまった。ミュージカルがハネて表に出ると、人の流れに逆らうように待ち合わせていたローリーが近づいてきた。その場でタクシーを拾い、目指す「キャッチ・ア・ライジング・スター」に着いたときは、もう一一時をまわっていたように思う。

ドアを開けると手前がカウンター・バーになっている。バーの椅子に腰かけたタキシード姿の、背の高い、黒ぶちの眼鏡をかけた細面の男が、ぼくらを見て軽く会釈した。ここの支配人かな？

もう一つドアを開けて入ったところに、間口が三間、奥行きが一間くらいの尺高のステージがあり、くたびれ切ったアップライトのピアノが一台と、スネアーとハイハットとシンバルの簡易ドラムセットが置いてある。ステージの方向に向かって並んだ椅子がすべて埋まれば、たぶん二〇〇人以上の客が入るだろう。ぼくたちはウエイターに案内された席に座り、ウオッカ・トニックとペリエを注文した。

客の入りを見計らってだろうか、もう二組ほどの客が来たところで、さっきバーにいたタキシードの男がステージに上がり、スタンド・マイクを自分の背丈に合わせると、いきなり話しはじめた。ローリーが耳元で囁いた。

「あの人がリチャード・ベルザー。この店の司会者です。今夜、出る人の中ではいちばん有名な人です」

じゃあ、この男もコメディアンだったのか。コメディアンというよりは、むしろ高級ブティックの店長という感じだったけど……。

そのあと彼の司会で、いわゆる漫談をやる手合いが四人ほど登場したが、英語があまり得意でないぼくに分かるわけがない。時折、観客から大きな笑いが起こったときだけローリーが説明してくれるのだが、これとても、かなり無理をしないと笑えない程度のジョークである。小道具を使ったネタや、ジェリー・ルイスの物真似といったものには辛うじて反応できたけれども、とうてい腹を抱えての大笑いとまではいかない。

それでも司会のベルザーのトークだけは、時たま通訳なしでも笑えるものがある。他の芸人たちとはたしかにレヴェルが違うようだ。ローリーにそのことを言うと、もう一度、同じ答えが返って来た。

「ベルザーは有名です。でも他の人たちは、今日、はじめて見ます」

彼女と話しているうちに、このクラブが若い芸人たちにとっての登竜門になっているらしいことが分かってきた。

「キャッチ・ア・ライジング・スター」

――のぼり坂の星を捕まえる。これが、ぼくがスタンダップ・コミックというものをなまで見た最初の経験だった。

一九八〇年の堺正章とリチャード・ベルザー

その年の春、やはりローリーの案内で、再び同じ店に行った。このときは、たまたま休暇でニューヨークに来ていた堺正章さんも一緒だった。

店に着いたのは以前と同じくらいの時間だったが、もうすでにベルザーがステージで喋りはじめており、客も前回の倍くらい入っていた。ベルザーの紹介でドラムとピアノが短いテーマを演奏し終えると、おばさんが一人、小走りでステージに上がって来た。五〇すぎの、どこにもプロらしさを感じさせない普通のおばさんだ。

「このなんでもなさが意外と曲者だったりして……」

ベルザーの司会は楽しそうなことがはじまりそうな予感をあたえてくれたし、久しぶりに堺さんと話をしたせいもあって、ぼくの気分は多少高揚していたのだろう。自然に、そんな言葉が口から出た。しかし、堺さんはあくまでも冷静である。

「そうかなあ。ただのばあさんじゃないの？」

楽しい気分の押し売りは彼には通用しなかった。

おばさんは笑顔も見せずにピアニストに譜面を渡すと客席の方を向いた。ピアニストをちらっと見て、あごで軽く合図する。イントロが流れる。いきなり歌ったのは「ハロー・ドーリー」だった。これだけスイングせず、まったく楽しそうじゃない「ハロー・ドーリー」というのも珍しい。一曲目が終わると、こんども無言でピアニストに合図。こうしてミュージカル・ナンバーを全部で三曲歌い終わると、ちょっと客に会釈して、そのままピアニストのところに戻って譜面を受け取り、小走りでステージを下りていった。

「なんだったんだい、いまのは？」

堺さんが苦笑した。何かやるかもしれないと期待しただけ損だったわけで、そこが笑えるといえば笑える。そうぼくが言うと、

「笑えねえよ」

と、もう一度、堺さんは苦笑した。

再びベルザーがステージに上がる。彼女のことにはひとことも触れず、次の出演者を紹介する。ピアノとドラムが登場曲をやる。ビニールのスポーツ・バッグを持った若い男がステージに上がり、いきなり大声で

短いジョークを話しはじめた。のっけに客の笑いをとる、いわゆる「つかみ」のネタだ。会場はシーンとしている。二秒くらいの間をおいて次のネタを喋る。ようやく二人ぐらいが笑う。本人も軽く笑う。

「リチャード・プライヤーが、この前、こんなことを言ってたよ」

若い男は他人のネタをそのまま話して、

「思わず笑っちまったね」

と笑って見せたが、お客の反応はゼロ。

「どう、面白いだろ?」

だが、せっかく用意してきたその言葉も空振り。喋っているうちに客の無反応が分かる。その静寂が怖くて客の反応を落ち着いて待つこともできず、あせって言葉で埋めていく。その陽気めかした口調とは裏腹に、男の顔に暗さが走る。客の気持ちは完全に男から離れてしまっていた。

「……こいつを見てもらいたいんだ」

ビニール・バッグから巨大なスニーカーを一足出して男が何か言ったが、もう誰も笑わない。たぶんそれが彼のとっておきのネタだったのだろう。はじめに狙った「つかみ」の笑いがツルリと滑って、客をシラけさせてしまうと、そのまま最後まで滑ったままになって取り返しがつかなくなる。そのあと、何を喋っても客の反応は冷淡なまま。客を笑わせる芸ではよく起きる不幸な現象だ。「笑いの将棋倒し」というやつだ。

このとき、若い男はその不幸のまっただ中にいた。堺さんがぼくに耳打ちした。見ると、彼の足が小刻みに震えている。男は三分ももたずに退場した。

そしてベルザーがステージに——。

ひとこと彼が喋るたびに客が大笑いする。さっきまでの静寂が嘘のようである。われわれ日本人がいるのに気づいたベルザーが、何かジョークを言って大声で笑った。自分たちがからかわれたらしいことは分かったが、何を言われたかまでは分からない。客も笑っていたが、それは日本人を小馬鹿にしたような嫌味な笑い方ではなかった。ローリーも楽しそうに笑っている。

そのときだった。ベルザーの笑いに呼応するように、客席の堺さんが大声で笑った。「おや?」というような間があって、こんどはベルザーが堺さんの笑いに応えて大声で笑った。

またしても堺さんが笑った。

その笑いが消える頃を見計らってベルザーが笑った。

その笑いにかぶせて堺さんがさらに笑った。

このやり取りに、最初のうちはあっけにとられていた客たちが笑い出した。笑い合戦がしばらく続き、ベルザーが「まいった」という感じで堺さんに停戦を求める。堺さんがそれに応じて、二人が笑いやめると、場内は割れんばかりの拍手喝采。ぼくは堺さんがコメディアンとして一歩もあとに引かなかったことを誇らしく思った。日本人のコメディアンをこの店に連れて来たローリーも、なんだかとても嬉しそうだった。

そのあと五人ほどの出演者が出てステージは終わった。チェックをして出口に向かうと、最初に来たときと同じようにバーに立っていたベルザーが、われわれを引き止めた。

「日本のコメディアンとギャグ・ライターです」

と、ローリーが堺さんとぼくを紹介した。興味を引かれたらしいベルザーと、その場で三分ほど立ち話をした。何を話したかは忘れてしまったけれども、そのときのベルザーの真剣な眼差しはいまも忘れずにいる。まじめな人なんだな、と思った。

その晩は、なんだか興奮が冷めそうもないので、堺さんともう一軒、別のバーに飲みに行った。このときはもう二人とも「スタンダップ・コメディアン」という言葉を平気でつかっていた。さっきの足の震えていた若い男の話になる。

「ああいうタイプは芸人には向いてないね」

と堺さん。たとえ足が震えないようになってもあいつは駄目だ、と言うのだ。

「スタンダップ・コメディアンというものを、もっと見てみなくちゃな」

ぼくは答えた。

「うん、本物をね」

I

スタンダップ・コメディってなんだろう

〈スタンダップ・コメディの勉強〉

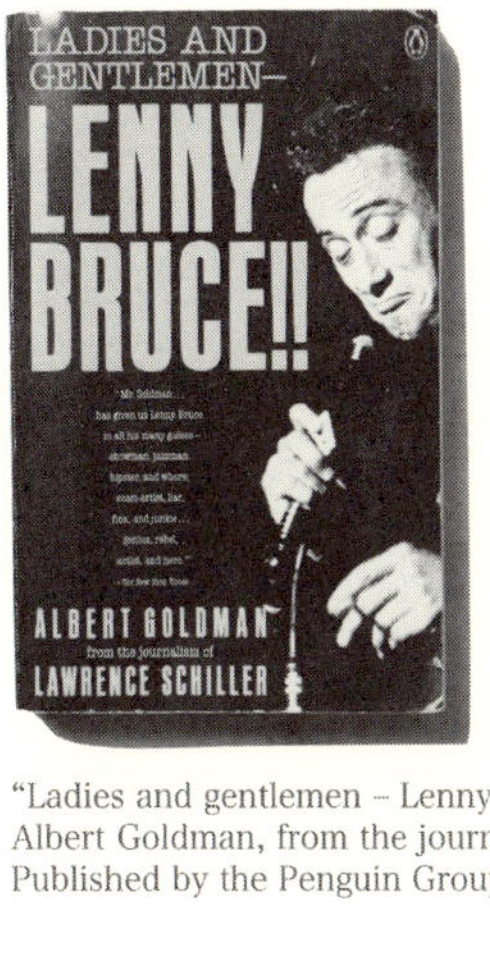

"Ladies and gentlemen – Lenny Bruce!!"
Albert Goldman, from the journalism of Lawrence Schiller
Published by the Penguin Group

1 スタンダップ・コミックの系譜

ボブ・ホープの話芸

ボブ・ホープの『腰抜け二挺拳銃』（一九四八年、ノーマン・Z・マクロード監督）は、ぼくにとって衝撃的な映画だった。小学校に入る前に、ぼくはこの映画が大好きで六回か七回、家族の誰かに連れて行ってもらった記憶がある。残念なことにまだビデオ化されていないが、一〇年ほど前に何度かテレビで吹き替え版が放映されている（註：二〇〇六年にDVDが発売された）。

無痛治療を看板にするインチキ歯医者のピーター・ポッター（ボブ・ホープ）は、カラミティ・ジェーン（ジェーン・ラッセル）と知り合う。ポッターはいつの間にか、インディアンと彼らに武器を密売する敵方の一味との対決に巻き込まれる。実際はジェーンが後方から撃った弾丸が敵を倒しているのだが、ポッターも周りの連中もそれに気づかず、彼は拳銃の名手にされてしまう。そして最後は見事に敵どもをなぎ倒してハッピー・エンド——というストーリーの中で、ボブ・ホープが台詞と小さなギャグで気ままに遊んでいるのが楽しい。この作品がヒットしたのは、それがすぐれたコメディだったからだけではなく、面白い西部劇としての必要条件を十分に満たしていたからだったに違いない。

幌馬車、インディアン、酒場、決闘、銃撃戦、そして主題歌「ボタンとリボン」……。

笑気ガス、インディアンの矢、樽の中からの銃撃、股裂きの刑……。

さして目新しくないギャグでも、子供だったぼくには面白くてたまらず、そのたびに大笑いした。

たとえどうということのない凡庸なギャグであっても、ボブ・ホープは、その独特なリアクションによってわれわれを大笑いさせる。強い酒を飲んだあとの仕草、殴られて倒れる前の表情やひとことに彼ならではのとぼけたおかしさがある。忍び込んだ先でカッコウ時計が鳴り出す。カッコウをむしり取って床に叩きつける。カッコウは悲鳴を上げ、さらに踏みつけると断末魔の叫びを上げる。こんなギャグこそがボブ・ホープの真骨頂だった。

この『腰抜け二挺拳銃』でも、ボブ・ホープはのべつ幕なしに喋りまくっていた。彼の喋りのおかしさは二つの種類に分けられる。ただのいいわけと、自分のしていることを解説してしまうひとりごとである。そうした彼のおかしさがもっともよく発揮されていたのが一九四〇年代の「珍道中シリーズ」だった。

ビング・クロスビーとのコンビに、あこがれの女性役のドロシー・ラムーアを加えたこのパラマウント映画の傑作シリーズは、第一作の『シンガポール珍道中』（一九四〇年、ヴィクター・シャーツィンガー監督）によってスタートし、『アフリカ珍道中』（一九四一年、同監督）、『モロッコへの道』（一九四二年、デヴィッド・バトラー監督）、『アラスカ珍道中』（一九四六年、ハル・ウォーカー監督）、『南米珍道中』（一九四七年、ノーマン・Z・マクロード監督）、『バリ島珍道中』（一九五二年、ハル・ウォーカー監督）、『ミサイル珍道中』（一九六二年、ノーマン・パナマ監督）と続けられた。ここでのボブ・ホープの喋りは身体を使ったギャグ以上にわれわれを笑わせてくれる。たとえば『モロッコへの道』には、こんな楽屋落ちの台詞があった。以下、小林信彦さんの名著『世界の喜劇人』（晶文社・新潮オンデマンドブックス）にとり上げられた例を、三つ引用させていただく。

> モロッコへの道筋である砂漠で、ラクダの上でクロスビイ、ホープがうたう。（中略）「どんな悪人が出て来てもパラマウントはぼくらを殺しゃしない」とか、「行く手には、ドロシイ・ラムーアが待っている」といった歌詞が面白い。
>
> 悪酋長カシムは二人を鎖でギリギリ巻きにして砂漠に捨ててしまう。
>
> 二人はしばられたまま暴れているが、オーヴァーラップすると、もう平気で砂漠をスタスタ歩いている。ホープが「どうやって鎖が外れたか、お客さんに説明しても信用してもらえないだろう」と呟く。
>
> 三人組はうまくモロッコを脱出、客船に乗って

アメリカに帰るが、途中、ボブが巻頭のと同じミスをやったため、船はまたしても大爆発。（オーヴァーラップ）三人はボロボロな恰好で筏に乗っている。突然、ボブ・ホープが狂ったように叫ぶ。

「ああ、こうやって、食糧も水もないままに、おれたちは死んで行くのか！」

クロスビイ「騒ぐなよ。もうニューヨークに入っているんだから」

なるほど、ショットが変わると、三人の背後には自由の女神が大きく見える。もう港に入っているのだ。

と、ボブ・ホープが両手をあげて口惜しそうに叫ぶ。

「おれの熱演に水をさすな。アカデミー賞が貰えないじゃないか！」

こうした楽屋落ち的な台詞、小林さんの言う「ハリウッドの御都合主義を皮肉った痛烈なギャグ」が、このシリーズの売り物だったのである。

『バリ島珍道中』にも、こんな台詞がある。『世界の喜劇人』にならって、こちらは自分で拾ってみた。

ビング・クロスビーがフレーム・アウトしたところで、ボブ・ホープが
「やつの下手な歌がはじまるよ」

ビングが、おぼれて気を失ったボブ・ホープを介抱している。気がついたボブ、

「ここはどこだ？　映画は終わったの？」

ドロシー・ラムーアを加えた三人が沼地を行くと、なんと、『アフリカの女王』（一九五一年、ジョン・ヒューストン監督）のハンフリー・ボガー

トがボートを引いてやってくる。ビングが「ボギー！」と呼びかける。「幻覚だよ」とボブが言うと、ビングは足下に落ちていたオスカー像を拾う。すかさずそのオスカー像をとりあげたボブが、カメラを正面に見て、

「みなさん、アカデミー賞をいただいてたいへん光栄に思います。ぼくは……」

と、受賞の感想を述べはじめる。


ドロシーが池で歌いながら泳いでいるのを、二人が木の枝に身体を預けながら眺めている。木の枝が折れる。それでも二人は斜めになったまま池に落ちずにいる。

「なぜ落ちない？」とビング。

「パラマウントの心づかいだよ」とボブ。


ドロシーをビングに連れ去られたボブは、魔法の壺と笛でジェーン・ラッセル（もちろん『腰抜け二挺拳銃』の相手役である）を呼び出すが、そのジェーンもビングの方に行ってしまう。追いかけるボブの後ろにエンドマークが出る。あわててそれを下に押しやって、

「待て！　まだ終わりじゃないぞ！　引っ込め！　お客さんはそのままね。こら待て！　脚本家を呼べ！　プロデューサーはどした！　マネージャーは何してるんだ！」


ボブ・ホープは一九〇三年、ロンドン郊外生まれ。六歳で渡米して、一〇歳のとき、たまたま出場したコンテストでチャップリンの物真似をして入賞。その後ソーダ水売り、ボクサー、新聞売り子などの様々な仕事をして、一七歳のとき二人組のコメディ・ダンス

ではじめてボードビルの舞台に立った。このコンビで「ハリーズ・ジョリー・フォーリーズ」というボードビル一座に入り、ブロードウェイ・デビューのチャンスをつかんだ。二五歳でソロになり、二七歳で芸名をボブ・ホープにした。一九三二年、ボードビル・スタイルのレビューがヒット。このときの共演者にビング・クロスビーがいた。最初の大ヒットは一九三三年のジェローム・カーンの『ロバータ』。その数年前からラジオにも出演している。

小林信彦さんは、ボブ・ホープの話芸について『世界の喜劇人』の中で、こう語っている。

「ホープはスラップスティックの面では見るべきところがないが、舌先三寸の芸においてはちょっと類がない。とくに、ちょっと間を置いて呟く捨台詞の妙味は真似手があるまい。この人は、本質的に、ラジオの芸、とくに司会者のセンスなので、物語中の人物になっていてもそのセンスを捨てず、時折り傍観者的皮肉を呟いてヒョイと劇中にもどる、その呼吸が新鮮だったのである。彼が主演作品においては遂に成功せず、〈珍道中〉などで脇にまわると俄然相手を喰ってしまうのは、そのせいなので、洒落のセンスの良さ（彼および彼のブレイン・スタッフの所産だが）と舌のスピードにおいてはいまだに彼を抜く者はいない」

小林さんも指摘しているが、その後のボブ・ホープは映画ではめぼしい作品がなく、アカデミー賞の司会と、日本でも放映された『ボブ・ホープ・ショー』で、達者な話芸を見せてくれるのが唯一の楽しみになってしまった。話芸のコメディアン、スタンダップ・コミックの元祖みたいな人といっていいだろう。

SNLのコメディアンたち

一九七五年十月一一日土曜日、夜一一時三〇分、NBCテレビで『サタデー・ナイト・ライヴ』(以下(SNLと略す)という一時間半の番組がはじまった。
冒頭、いきなり、パロディ雑誌「ナショナル・ランプーン」の前編集長マイケル・オダナヒューの講師と、まったく無名のコメディアンの生徒が、イタチに餌として指を与えることについて話をするというコントが繰り広げられた。生徒のすさまじい訛りに心臓発作を起こして叫んで倒れる講師。それに倣《なら》って、叫んで倒れる生徒。この生徒が、ジョン・ベルーシだった。
当初のプロデューサーはローン・マイケルズだったが、この生放送のショー番組はたちまちのうちに人気をあつめ、同局の看板番組として現在もまだ続いている。危ないコントをいきなりなまではじめるというオープニングの手法はいまもそのままである。(註:ローンは一九八〇年にオリジナルメンバーとほとんどのスタッフとともに番組を離れたが、一九八五年以降、エグゼクティブ・プロデューサーとして返り咲き、いまにいたる)
ジョン・ベルーシ、チェビー・チェイス、ダン・エイクロイド、ビル・マーレイ、スティーヴ・マーティン、ギルダ・ラドナー、エディ・マーフィーなど、八〇年代に映画で大活躍したコメディアンのほとんどがこの番組出身だったせいもあって、SNLの名は日本でも早くから知られていた。これらの人々がそうであったように、無名のコメディアンがこの番組によって一躍有名になっていくケースが多く、コメディアンの登竜門とも言われている。

ぼくがはじめてニューヨークに行ったのは一九七九年だったが、案内役のローリーやアメリカ在住の若い友人たちが、しきりにこの番組の話を聞かせてくれて、本場での人気ぶりにあらためて驚かされたものだ。友人の一人は、ヴィレッジのお土産屋で、サムライ姿のジョン・ベルーシをプリントしたTシャツを買うよう勧めてくれた。すでに日本でもパロディ雑誌「ナショナル・ランプーン」が製作したベルーシの映画『アニマル・ハウス』(一九七八年、ジョン・ランディス監督)が公開され、次回作『ブルース・ブラザース』(一九八〇年、同監督)が話題になっていた。

このときローリーの勧めで、やはり「ナショナル・ランプーン」製作の映画『ミート・ボール』(一九七九年、アイバン・ライトマン監督)を見た。主演がSNLで大人気のビル・マーレイだったのが、ローリーの推薦理由だった。深夜にしては客の多い映画館で黒人の観客たちがさかんに嬌声を上げていたが、残念ながら、ぼくにはビル・マーレイの魅力が理解できず、映画自体もあまり面白くなかったという印象しかない。でも、マーレイが画面に登場しただけで笑いが起きるのは、SNL人気のお陰なのだろうということだけは強く感じた。

ここでSNL出身のコメディアンたちを、ひとまとめに紹介しておこう。

まず**ジョン・ベルーシ**だが、彼は一九四九年生まれで、七〇年代初頭にシカゴの即興劇団「セカンド・シティ」に加わり、七三年に「ナショナル・ランプーン」誌がプロデュースしたオフ・ブロードウェイの「レミングス」に出演、そのまま同誌のラジオ番組の作者兼出演者として参加した。SNLには初回から七九年まで出演していた。（註：「セカンド・シティ」はⅣの3の「セカンド・シティと即興芝居」に詳しい）

この番組で、ベルーシはエキセントリックな喋りと、ジョー・コッカー、エリザベス・テイラー、ベートーベンまでをも堂々と演じてしまう無責任さで人気を取った。とくに三船敏郎の『用心棒』（一九六一年、黒澤明監督）をネタにしたサムライ役は、「サムライ・デリカテッセン」「サムライ・ナイト・フィーバー」などの珍無類のスケッチ（寸劇）を後世に残すことになった。この番組から生まれた最大のヒットは、ダン・エイクロイドと組んだ「ブルース・ブラザーズ」で、このコンビは八〇年代のスカトロジカルなアボット＝コステロと評された。この時期のベルーシのすがたは『ベスト・オブ・ジョン・ベルーシ』というビデオで見ることができる。一九七七年に同番組の構成作家としてエミー賞脚本賞を受賞し、八二年にコケインなどのドラッグが原因で急死した。（註：二〇〇七年に「サタデー・ナイト・ライブ・ベスト・オブ・ジョン・ベルーシ」というDVDが発売されている）

ダン・エイクロイドは一九五一年生まれ。ベルーシと同じ「セカンド・シティ」（ただしシカゴではなくトロントの）出身で、SNLには初回からのレギュラーとして七九年まで出演していた。映画『１９４１』（一九七九年、スティーヴン・スピルバーグ監督）の戦車上の演説に見られるマシンガンのような彼の喋りは、コミック・クラブよりも即興劇団で培われたものだったのだろう。

ベルーシとのコンビでは『ブルース・ブラザース』

の大ヒットの他に、蜂の扮装をした「キラー・ビーズ」や、ニクソンとキッシンジャー、二人が若いエルヴィスと中年のエルヴィスに扮した「ジ・エルヴァイズ」などがある。ニュース・ショーのパロディ「ウィークエンド・アップデイト」や、とんがり頭の宇宙人一家が登場する「コーン・ヘッズ」も、SNLのヒット・シリーズになった。最近では『ドライビング Miss デイジー』（一九八九年、ブルース・ベレスフォード監督）の息子役など、性格俳優としての評価も高い。

チェビー・チェイスは彼らよりも年上の一九四四年生まれで、やはりスタート時からSNLに参加している。当初は作家としての参加だったが、やがてコメディアンとしても出演するようになり、その後、一年ほどで番組を降りた。学生時代から雑誌「マッド」「ナショナル・ランプーン」に寄稿するかたわら、「ナショナル・ランプーン」誌のラジオ番組にかかわり、「レミングス」にも作家、出演者として参加している。SNLのニュース・パロディ「ウィークエンド・アップデイト」は、そもそもは彼のコーナーだった。

レギュラーはわずか一年間だったのにSNLメンバーとしての印象が強いのは、エイクロイドたちとの共演映画が多いせいだろう。七八年、ゴールディ・ホーン（一九四五年生まれの彼女はダンサー出身。一九六八年、ローワン&マーティンのテレビ番組『ラフ・イン』で人気を得るようになる）とダドリー・ムーア（一九三五年生まれ。イギリスの音楽家出身。『ファール・プレイ』は米映画初出演）と共演した『ファール・プレイ』（一九七八年、コリン・ヒギンズ監督）は、SNLのメンバーにとって記念すべき最初の映画進出作品である。

一九五〇年生まれの**ビル・マーレイ**も、シカゴの「セカンド・シティ」のワーク・ショップに参加している。「ナショナル・ランプーン」誌のステージ・

ショーでベルーシの弟ジムと知り合ったのがきっかけで、七六年から八〇年までSNLに加わった。マーレイ自身にも映画『3人のゴースト』（一九八八年、リチャード・ドナー監督）などで共演している兄弟がいる。SNLにおける彼のシリーズで笑わせてくれたのは「ラウンジ歌手ニック」――ろくに聞いていない客ばかりのナイト・クラブで一人でその気になっている歌手は、実際にそういう歌手がいるだけになんともおかしかった。

スティーヴ・マーティンは一九四五年生まれ。哲学の学位を持つ変わり種である。他の連中とは異なり、SNLには彼がスタンダップ・コメディアンとして有名になってからのゲスト出演で、その意味ではこの番組の純潔種とは言えないかもしれない。ディズニー・ランドのすぐそばで育った彼は、カリフォルニア州立大学に在学中からここのショーを手伝いながらマジックを覚え、ジャグラやマジックをやるスタンダップ・コミックとして多くのクラブに出演するかたわら、テレビの台本を書き続けた。

SNLではエイクロイドとのコンビの元気のいいチェコ人「フェストルンク兄弟」が受けたが、「ヨークのセオドリック」シリーズで中世の床屋兼医者に扮しての乱暴な治療も笑わせた。

エディ・マーフィーは一九六一年、アマチュア・コメディアンを自認するNY市警の警官の息子として生まれた。一五歳からコミック・クラブに出入りしていたが、一九歳のとき、クラブのオーナーがマネージャーを買って出てSNLに売り込んだ。八〇年から八四年までレギュラー出演。ビル・コスビー、スティービー・ワンダー、ジェームス・ブラウンらの物真似とマシンガン・トークで人気を得て、レギュラーの座をつかむ。そして二年もたたないうちに『48時間』（一九八二年、ウォルター・ヒル監督）の主役として映画界にデビュー、爆発的な人気スターになった。数々の証拠品を出してビートルズの元メンバーだとわめき散らす「五人目のビートルズ」や、子供に道徳や名言を教える「ミスター・ロジャース」という有名なテレビ番組のパロディ「ミスター・ロビンソン」の人種差別ネタなど、最盛期にはベルーシに匹敵する勢いを見せた。だが売れっ子になりすぎて、最近はやや落ちめの感がある。

マーティン・ショートは一九五一年、カナダ生まれ。トロントの「セカンド・シティ」で、ジョン・キャンディやダン・エイクロイドと知り合う。ライターとしても演者としても売れっ子になり、SNLには八四年からレギュラーになった。少年ぽさの残るキャラクターで、貴重な脇役で映画でも活躍している彼は、九三年春に始まったミュージカル『グッバイ・ガール』でブロードウェイ・デビューをしている。

ビリー・クリスタルは一九四七年生まれ。映画『恋人たちの予感』（一九八九年、ロブ・ライナー監督）や『シティ・スリッカーズ』（一九九一年、ロン・アンダーウッド監督）の印象が強く、SNL出身という感じはあまりしないが、アカデミー賞の軽妙な司会ぶりなどを見ると、なるほど彼もスタンダップ・コミックなのだな、ということがよく分かる。日本でも放映された連続物のシチュエーション・コメディ『ソープ』（ABCテレビ／七一年～八一年―ただしビリーは七七年から参加）のホモセクシュアル役も印象的だった。ニューヨーク大学でマーティン・スコセッシに師事。卒業後、地方劇団に入り、ザ・スリー・シーズというコメディ・トリオを結成。その後、自力でスタンダップ・コメディアンとしての勉強を七四年まで続けた。SNLには八四年から約一年間、レギュラーとして出演、ヒスパニック訛りの、やたらに誉めまくるインタヴュアー、フェルナンド役で当てた。彼はユダヤ人だが、特殊メイクでメキシコ人や黒人など、あらゆる人種に扮した物真似を得意にしていた。やはり、特殊メイクで七三歳の毒舌家の老スタンダップ・コメディアン、バディ・ヤング・ジュニアに化けたシリーズは、のちに映画『ミスター・サタデー・ナイト』（一九九二年、ビリー・クリスタル監督）に発展することになる。

他にも、レギュラーではないが、ゲストとしての出演で人気を博したトム・ハンクスやロビン・ウィリアムズなど、八〇年代に活躍したコメディアンの大部分がSNLを通過して来ているのだ。そして、そこにはつねに「スタンダップ・コミック」という言葉がつきまとっていたのである。

スタンダップ・コミックの源流

ボブ・ホープは話芸、『サタデー・ナイト・ライヴ』はスタンダップ・コメディ、そしてウディ・アレンもスタンダップ・コミック出身ということになると、スタンダップ・コミック抜きにアメリカのコメディアンを語ることはできないのではないか、という気がしてくる。アメリカのコメディアンは、その出身から整理すると、おおよそ次の三つのタイプに分けられるだろう。

①ボードビリアン（寄席芸人）出身
②スタンダップ・コミック出身
③舞台役者出身

ミュージック・ホールなどを活躍の場としてきたボードビリアンは、歌って踊って、少しばかり話をする。戦前から戦後にかけての古いコメディアンたちがこのタイプで、トークと様々な芸を売り物にしていた。グラウチョ・マルクス、ミッキー・ルーニー、ローレル＝ハーディー、ダニー・ケイ、ジョージ・バーンズ、ジェリー・ルイスなどがそうで、ボードビリアンからコミックに、うまく転向している。チャーリー・チャップリンもボードビル出身のコメディアンだ。ピーター・セラーズもロンドンのミュージック・ホールの芸人を両親に持ち、自らも芸人として身を立てたのち、ＢＢＣのラジオ番組で人気者になった。古いボードビリアンのうちで、ラジオや映画の時代にまで生き残ったのは喋りのうまい芸人だけだったのである。

サイレントの時代はともかく、ラジオ、トーキー、テレビの時代になると、トークのできない芸人には住みにくい世界になった。当然、お喋りの達者なコメディアンのほうが重宝がられる。喋ること自体が芸になってくる。そのあとに出てきたのがスタンダップ・コミックの純潔種である。それまでにも「スタンダップ・コミック」という呼び方があったかどうかは定かでないが、どうやら、この純潔種が出現してきたあたりからこの呼び名が定着したようだ。先に上げたＳＮＬ出身者の他にも、マイケル・キートン、ロビン・ウィリアムズなどのスターがいる。

一九五一年生まれのキートンは、早くも一九七三年に「キャッチ・ア・ライジング・スター」に出演していた。七五年、ロスに移り、バーテンダーを二年半経験したのち本格的なスタンダップ・コミックの道に入った。名前のキートンはもちろんバスター・キートンからいただいた。芸名を付けざるをえなかったのは、本名がマイケル・ダグラスだったからだ。彼のコミックの特徴は『バットマン』(一九八九年、ティム・バートン監督)よりも『ビートルジュース』(一九八八年、同監督)を見たほうがよく分かる。

アメリカのコメディアンのもう一つのタイプは、ジャック・レモンやウォルター・マッソーなど、舞台出身の俳優である。彼らは役者としてスタートし、コメディ映画にも出演したということであって、根っからのコメディアンではない。

戦前はミュージック・ホールのボードビリアンが一流コメディアンになる第一歩だったのが、戦後、とくにテレビが盛んになったあたりからスタンダップ・コメディ的なものがコメディアンの主流になってくる。同時に、ミュージック・ホールが徐々に姿を消してゆき、ラジオやテレビに同調するようにして生まれた新しい形のコメディ・クラブの出現が、こうした傾向にいっそう拍車をかけることになった。いまや、「アメリカのコメディアンはスタンダップ・コミックである」と言いきってしまってもいいのかもしれない。

日本では漫談といった

スタンダップ・コメディは日本では「漫談」と訳されてきた。通常、一人で立って、客を笑わせる話をするのが漫談である。かつて牧野周一という漫談家がいた。無声映画の弁士から漫談家に転じた人で、派手な上着に蝶ネクタイ、大きな耳をもつ小柄な芸人だった。この人の弟子がウクレレ漫談の牧伸二である。

牧野さんが活躍したのは昭和三〇年代頃までだが、正統的なスタンダップ・コミックの一人だったと言って言えなくもない。『サザエさん』にも登場している。寄席で波平が耳の大きな漫談家の話に大笑いしている。ぼくの記憶によれば、それはこんなネタだった。（『サザエさん』は四コマ漫画だから、もっと短くアレンジされていたはずだが）

……最近の子供さんには、大人が一本取られることが多いですねえ。この間もこんなことがありました。


「ねえ、お父さん」

「なんだい」

「英語知ってる？」

「そりゃ英語くらい知ってるよ」

「じゃあ英語で鼻のことをなんて言うの？」

「ノーズだろ」

「じゃあ、薔薇は？」

「ローズ」

「続けて言うと？」

「ノーズロース」

「ワー、お父さん、いやらしい！」

とんでもないことを言わされたりしますからねえ。


『サザエさん』では、寄席で聞いてきたばかりのこの話を、さっそく波平が家族たちの前で披露する。「鼻は？」という波平の質問に「フラワー」と答えられ、「フラワーローズ？　どこがいやらしいの」と言われてきょとんとする波平で終わっていたように思う。

これは牧野さんの言葉だったと思うが、「一人で座って話すのが落語で、立って話すのが漫談」という漫談家の定義があった。そして、それを補足するように「ストーリーのあるのが落語で、ストーリーのないのが漫談」とも言っていたような気がする。

ただし落語でも、ストーリーよりも地の噺をメインにした『源平盛衰記』や『お血脈《けちみゃく》』などの話があるし、新作落語でも桂米丸（四代目）の『電車風景』のような漫談に近いネタもあった。とりわけ林家三平（初代）の落語には従来のものにはない強烈な特色があった。テレビ時代の日本的なスタンダップ・コミックをつくりあげたのは林家三平だったのではないかという気もする。（三平さんのステージについては、のちに詳述する）

もう一人、亡くなるまで自分はボードビリアンだと言い続けていたトニー谷がいる。戦後アメリカのコメディアンたちの影響下につくりあげられたトニー谷の話芸は、おそらく本場物にいちばん近かったはずである。

「みんなでやるのがコミディアン、いちばん最後から一人で来るのがボードビリアン。それで俺はボードビリアンなんだよ」

トニーさんは酔うといつもそう言っていた。

アメリカでは、スタンダップ・コメディは必ずしも一人でなくてもいいらしい。その意味では漫才もスタンダップ・コメディの範疇に入りそうだ。とくに八〇年代初頭のＭＡＮＺＡＩブームは、日本に本格的なスタンダップ・コメディを生みだす温床になった。その筆頭が「ツービート」である。その一人ビートたけしは、そのあとも週刊誌の連載トークなどで和製スタンダップ・コミックの姿勢を貫き続けている。

テレビの場合、芸人が一人で長時間喋り続けるケースは滅多にないが、ラジオの世界では一人喋りが基本になる。いわゆるディスク・ジョッキーである。タモリもたけしも深夜放送のＤＪで一人喋りに自信をつけた。そういえば、タモリがデビュー寸前の頃の、ジャズのライブ・スポットを借りてやった「四ヵ国語麻雀」「各国語のターザン」「ひるのいこい」などの持ちネタをはさんだ九〇分のトーク・ショーは、いま思えば、完全にスタンダップ・コミックだったといえそうだ。

タモリやたけしがラジオに出現する以前に喋っていたのがフォークやニュー・ミュージックの歌手たちである。ラジオで鍛えられた彼らのトークがステージに持ち込まれ、客を笑わせることに主眼を置くようになったのも、それがスタンダップ・コミックの要素を持っていたことの証拠かもしれない。

2 アメリカは笑っている

スタンダップ・コミックを目指す人びと

ダスティン・ホフマンが演じた『レニー・ブルース』（一九七五年、ボブ・フォッシー監督）は、スタンダップ・コミックを主人公にした映画の代表的なものだが、他にも何本かの映画でスタンダップ・コミックを見ることができる。

マーティン・スコセッシ監督の『キング・オブ・コメディ』（一九八二年）は、売れないスタンダップ・コメディアンのロバート・デ・ニーロがジェリー・ルイス扮する喜劇王を誘拐する話だが、全体的に暗い映画なので好感が持てない。

最近では『ジャック・ルビー』(一九九二年、ジョン・マッケンジー監督)という『JFK』(一九九一年、オリヴァー・ストーン監督)の後追いみたいな映画があった。その中で、クラブのオーナーの主人公ルビーが、自分のクラブのストリップ・ショーの司会をするシーンで、スタンダップ・コミックを披露していた。

現代のスタンダップ・コミックを知る映画としては、デヴィッド・セルツァー監督の『パンチライン』(一九八八年)が一番だろう。「パンチライン」という言葉は「オチ」と訳されている。冒頭がおかしい。サリー・フィールズ扮する女主人公ライラが、人目を忍ぶように深夜のカフェ・レストランにやってくる。誰もいないカウンターに腰を下ろすと、背後のテーブルに座っていた怪しげな男にさりげなく合言葉を告げる。男は何かの売人らしい。彼女は男のテーブルに行く。男が言う。

「一個二五ドル。二〇個で五〇〇ドルだ」

見本を一つ見せてほしい、ブツを見ないと信用できない、と彼女が言う。やむなく男は一つだけブツを手渡す。ドラッグ? 違う。それは、小さく畳んだ紙に書いたスタンダップ・コメディのジョークだったのである。

タイトルになる。この映画の舞台となるコメディ・クラブ「ガス・ステーション」の十数人の常連スタンダップ・コメディアンたちのジョークのフラッシュ・バックである。

ライラはデブの保険勧誘員の妻で、三人の幼い娘の母親なのだが、コメディアンになるという夢が捨てられず、いまも「ガス・ステーション」に出演してチャンスを狙っている。もう一人の主役がトム・ハンクス扮する医学生スティーヴンで、日常生活とコミックとの両立に悩む二人が、おまけに恋愛感情などというやっかいな代物を背負い込んでしまうことによってストーリーが展開して行く。これに並行して、二人と同じように世の中に認められたいと切望している仲間のコメディアンたちの葛藤が描かれる。

冒頭の場面でライラが売人から買ったジョークは、まったく客に受けない。亭主との旅行資金として貯めた五〇〇ドルはどぶに捨てたも同じになってしまう。

スティーヴンのジョークは医学ネタである。これは受ける。そんな彼を見て、ライラは客にウケるコツを聞き出そうとする。あわよくば金になると考えた貧乏学生のスティーヴンは、まずきみの住居、家庭構成、亭主の職業といった日常生活の話をしてくれ、と彼女に言う。質問に答えようとすればするほど、彼女の話は愚痴になってしまう。

「それを話せ！　おかしいじゃないか！」

ライラは、笑いごとじゃない、と反論する。

「ベビー・シッターのチャーリー・マンソンも文句を言うし……」

「ちょっと待て、マンソン？……ベビー・シッターの名前がチャーリー・マンソンだって！　こいつは笑える！」

彼はライラを飛び入りのきくマンハッタンのコミック・クラブに連れて行き、いま聞いたばかりの彼女の愚痴をそのまま客の前で喋らせる。客は大ウケだ。

「ガス・ステーション」のギャラは一晩一五ドル。日本のジャズ・クラブに出演するミュージシャンのほうがまだましかもしれない。それでも明日を信じて、この店のスタンダップ・コメディアンたちは、修業を続ける。いつか新しいコメディアンを探しにテレビ局の連中がやって来るかもしれないという希望にすがって。そして、ついに「ジョニー・カーソン・ショー」のオーディションという大チャンスが訪れる……。

といった具合に映画はヒューマンなアメリカ映画としてじつにうまく展開して行くのだが、ライラが夫と子供たちに語る次の言葉が、スタンダップ・コミック志望者たちの心情をうまく表現していると思う。

「ママに好きなことが三つあるの。一つはあなたたちの母親であるということ。もう一つは妻であること。そしてもう一つは人を笑わせること。ママには自分が特別だと思えるの」

子供の頃から他人を笑わせるのが得意だった。そのことで、自分は特別な人間だと感じはじめ、これこそ自分の天職だと信じてスタンダップ・コミックの道を歩み出す。

自分が特別だと思えること。

ここにもアメリカン・ドリームの一つのかたちがあるのだ。

舞台に立ちたい

『パンチライン』は、現代の最前線を目指すスタンダップ・コメディアンたちの世界だが、ビリー・クリスタル製作、監督、脚本、主演による『ミスター・サタデー・ナイト』(一九九二年)には、それより一昔前のコミックが登場する。

この映画の主人公バディ・ヤング・ジュニアは、

八四年のSNLの人気シリーズから生まれたことは前にも触れた。シリーズでは、特殊メイクで真に迫った七三歳の毒舌家の老スタンダップ・コメディアンのキャラクターが売り物だったが、ビリーはこの老人に人格を与えて、彼の一代記を映画にしてしまったのだ。

日本で上映されたときのプログラムに、ビリー・クリスタル自身によるこんなコメントが載っていた。

「バディは、ぼくが何年も演じてきたキャラクター。ぼくの持ち役の中でもっともおかしくて複雑なキャラクターなんだ。映画にしようと思ったのは、演じていくうちに、彼には何か語るに足る十分な物語があると感じたからだ。それを具体的なかたちで脚本にするのに九年かかったよ。バディは人前でパフォーマンスをすることが根っから好きな男。『舞台に立ちたい』という飢餓感こそが、彼のアイデンティティを支えているんだ。また普通の生活でも『おどける』ことで人とのコミュニケーションを図ろうとする。彼にとってパフォーマンスをすることは自衛の手段でもあるんだね」

映画はブルックリンのユダヤ人一家の台所のシーンからはじまる。豪華な夕食の支度をする母親の手元と材料の映像に、幼少時の食卓について語るバディのインタヴューがナレーションのようにかぶる。この語りはスタンダップ・コミックそのもので、それぞれのエピソードが気のきいたオチでまとめられている。

「母親は、コレステロールのことを考えてくれなかったんで、ぼくは七歳にして心臓病を患っていたんだ」

バディは一九五六年、CBSテレビで『コールマン・コメディ・アワー』というレギュラー番組を持つ。たちまちのうちに人気番組となって、バディは有頂天になっていた。

　ある日のゲストは、パティ・ペイジとホーギー・カーマイケル、特別出演はミッキー・マントル。インディアンに扮した四人の男性コーラスの歌で、番組はすでにはじまっているが、バディの姿が見えない。マネージャーの兄、スタンがやっとのこと女性出演者たちの楽屋でハシャイでいる弟を見つけ、スタジオに引っ張って来る。コーラスが終わるとMCの紹介になる。

「さぁ、お待ちかね、ミスター・サタデー・ナイトの登場です。みなさん、安全ベルトと安全帽をお忘れなく。お待たせいたしました！　バディ・ヤング・ジュニア！」

　ステージのセットの壁を破って、グラウチョ・マルクスのように葉巻をくわえたバディが勢いよく登場する。MCが声をかける。

「バディ、ちょっと顔色が悪いんじゃないか？」

　ここでバディは客と一緒に決まり文句を叫ぶ。

「その先は言わせないでくれ！(Don't get me started!)」

　客の、お待ちかねのフレーズだ。

　客席のざわめきの納まるのを待たずに、バディのスタンダップ・コミックになる。

「夕べ、うちに帰ったら、カミさんがぼくの親友と寝ていたんだ。……そこで俺は言ってやった。おまえも物好きだねぇ」

　客席で見ていた、バディの娘が母親に聞く。

「ママのこと？」

「あれはジョークなのよ」

　バディの話が娘のことになる。

「うちの娘は、毎朝、起きると頭が痛いって言うんだ……。だから言ってやったのさ。ベッドから下りるときは、足から下りるようにしなさいって」

バディの妻が娘に言う。

「あれもジョークよ」

絶好調の若き日のバディの顔にオーヴァー・ラップして、老人ホームのショーに招かれて、楽屋で支度をしている七三歳の現在のバディの顔が現れる。以下、ストーリーはこの七三歳の老人の回想のかたちで進行していく。

過去の栄光に反して、老コメディアンの現在は決していいものではない。ニューヨークのチャイナ・タウンの食事の最中、兄に新しい仕事のキャンセルの話を聞かされて、バディは怒り出す。兄は、前から考えていたことだが、そろそろマネージャー業を引退したいと言い出す。ののしる弟に、兄は、

「おまえは客を傷つける言い方を平気でしているんだ」

バディの人気が下降したきっかけは『エド・サリバン・ショー』への出演だった。なんとバディの出番が、あの歴史的なビートルズの出演のあとだったのである。ビートルズの歌が終わって、MCに紹介されてステージに登場したバディは驚いた。興奮した観客がバディの存在に気づかないのだ。バディは頭に来て、つい口走る。

「ビートルズだって？　馬鹿面を並べやがって！」

客席から、爆発的なブーイング。フロア・ディレクターの指示で、バディを無視してバンドが演奏をはじめる。

バディの初舞台は、週末の自宅の居間だった。観客は家族と親戚。兄のスタンと二人でレコードに合わせて歌い、親類のパン屋の叔父兄弟の物真似をして見せた。叔父にウケたバディは、デブの叔父を肴にした

ジョークを連発する。親類中が笑いころげる。

一五歳のある日、バディは兄と二人で地元の劇場のアマチュア・ナイト（プロが審査する素人参加のオーディション）に出場する。本番ぎりぎりで、怖じ気づいた兄のスタンが出場を拒否する。「なら、一人でやる」という弟に、兄は「これを着て出たほうが客にウケる」と言って、弟にはダブダブの自分の上着を着せてやる。バディは一人でステージに出て行く。

「キング・コングのラスト・シーンで……」

バディのジョークは一五歳の少年にしては、ませたネタだった。オチのところで、客席が静まりかえる。凍るような客席の反応。「引っ込めー！」の声。バディはジューイッシュ・ジョークをやり出す。

「ガキには一〇年早い！」

という客席に、バディは鋭い視線を投げつける。

「すみませんが、いま言った人、立ってくれませんか？」

デブのおやじが立ち上がる。ここでバディはパン屋の叔父に向かって言ってウケたジョークを喋り出す。

「すごいな、それじゃ、ズボンが可哀想ですね」

客席に、はじめて笑いが起きる。

「もうずいぶん長い間、ご自分でご自分の足を見たことがないでしょう？」

太ったおやじも笑い出す。

「椅子が気の毒だ。ヒンデンブルグ（飛行船）さん」

それから週末に自宅でウケたジョークを立て続けに喋り出す。一度つかんだ客は、そう簡単に離れない。客席に笑いの渦が起きた。

バディの売り物は、その日から客いびりになる。

一九五〇年のキャッツキル（ニューヨーク近郊のユダヤ人の多い避暑地）のホテルで、プロとしてスタートしたスタンダップ・コメディも客いびりだった。

人気はどんどん上がり、ラスヴェガスでは、リナ・ホーン、ジミー・デュランテ、フランク・シナトラの前座を務めるようになる。

こうしたバディの華やかな過去が、やりたくないと文句を言いつつも気の進まない舞台に立つ落ちめの現実と、並行して描かれる。私生活での兄との葛藤、母親、妻、娘への愛……。ストーリーは後半に行くほど、センティメンタルな色彩を帯びて来る。だが、ストーリーの甘さとはべつに、スタンダップ・コミックの厳しさは十分に伝わる。

会員制クラブで会ったジェリー・ルイス（本人）に言われる。

「この間、古代博物館で君を見たよ」

それから、スタンダップ・コメディアン同士の、ジョークの応酬がはじまる。

「噂を聞いたけど、ディーン・マーティンと別れたんだって？」

「三六年前の話だよ」

「ウチの新聞配達は、のろまなんでね。そういえばフランスに行くんだって？」

「フランス？……いいねぇ……。トロリーに乗って行こう！」

母の葬式の挨拶では、その思い出を語るうちに、いつの間にかスタンダップ・コメディになってしまう。

その翌日、台所のテーブルで年老いた兄弟二人が、お茶をすすっている。バディがポツリと言う。

「考えてみると、俺たちは孤児になっちまったんだな。孤児院にいれられて、年上の子にいじめられたらどうしよう」

普段の生活では、すべての会話にジョークを持ち込まないと気がすまない。そしてつねに舞台に立ちたいと思っている男。彼こそ、スタンダップ・コメディアンの典型なのかもしれない。

バディは、このままで終わるつもりはない。

「芸を完成させたい。いままでもあと一歩なのに、何かが欠けていた……」

ベトナム戦争と笑いの変質

……しかし、この日の午後はどこかが少しおかしい。波板のトタン屋根がついたサイゴンの粗末な野外ステージに立って、ボブ・ホープはカーキ色の群衆に向かってジョークを喋る。観客の大多数の兵士は、ボブ・ホープが二五年前ヨーロッパで公演したとき彼のジョークに笑ってくれた兵士の息子たちだ。しかし、あれはヒットラーに対する戦争で、この戦争はちょっとわけが違う。どこがどう違うのかは彼にもよく分からないのだが、とにかくちょっと違うのだ。とにかく、息子たちはあのときの父親たちではない。それに、闘志をかきたてる敵としてのヒットラーもいない。いま客席には二五年前とまったく違う雰囲気が漂っている。客席は憤慨しているようですらある。まるで彼、つまりけたはずれに金持ちのコメディアンであり、大統領の友人であり、この戦争の支持者であるボブ・ホープが自分たちをベトナムに送った張本人なのだと無言で抗議しているかのようだ。

マーティン・バークの『戦争ですよ』(『Laughting War』小林宏明訳　晶文社)という小説の中で、サイゴンに慰問に来たボブ・ホープがステージに登場するシーンである。ぼくが子供だった頃、朝鮮戦争の慰問で兵隊を笑わせていた自信満々の彼の顔をニュース映画で見た記憶がある。昔から慰問に熱心な芸人だったのだ。

この小説は、ベトナム和平協定から七年後の一九八〇年に出版された。主人公は、ベトナムに慰問に来たバーニーである。彼はボブ・ホープよりもレニー・ブルースに近いタイプの若い芸人で、当時の代表的なスタンダップ・コミック、アビー・ホフマンに一目置いている。一方、彼の先輩に当たる老コメディアンのシェルドンは、敬愛するボブ・ホープが兵士たちの反感にさらされているのを見て気が気でない。

……そして六列目にいたシェルドンは、胸を躍らせている。彼は新聞を頭に乗せ、毛穴という毛穴から汗を吹き出しながら、太陽に焼かれつつ座席に座っている。他の人のためだったら、けっしてこんな不快な状況に耐えはしない。しかし、これは耐えるに値する。ボブの絶妙のタイミングを見るのは、この不快な状況を耐えるに値するのだ。信じられん！　あの眉毛のつりあげ方。あの渋い顔の作り方。ジョークが受けなかったときの口のすぼめ方。完璧なからくり人形みたいだ。ある種の雰囲気を作り上げ、むりやりにでも笑いを引き出そうとして、職人が作り上げたからくり人形のようだ。シェルドンはすっかりとりこになって、知らずしらずのうちにすぼんだ唇や渋い顔の真似をしはじめる。そうしているときは、彼とボブ・ホープは一体なのだ。観客の笑いは彼が引き出した笑いになる。しかし、やがてようすがおかしくなってくる。ジョークがまるで受けない。大統領と話し合ったことをボブ・ホープが喋っているときは野次が飛んでいる。会場ぜんたいが笑いに反応する地雷源みたいになっている。ボブ・ホープはちょっと不安げなようすを見せて、素早く話題を変える。しかし、会場の雰囲気はすでにかたまっていて、野次がおさまっていくにもかかわらず、彼のジョークは一瞬もたつく。シェルドンは仰天する。彼は憤慨する。肥満した額から汗が吹き出し、野次っているのはいったい誰かとまわりを見まわす。冒涜だ。祭壇に小便を引っかけるようなものだ、と彼はつぶやく……。

今世紀の半ば、アメリカの笑いはシェルドンが考えていたような方向とは別のものになってしまった。いまや笑いは、高いところにいる者、強い者に対して向けられる武器である。わが国の指導者たちは笑いの爆弾によって暗殺されようとしているのだ、とシェルドンは嘆く。

だが若いバーニーの考えは違う。ベトナム戦争はこれまでのどの戦争よりも豊かな笑いの土壌である。戦争が泥沼化して悲惨になればなるほど笑いが必要になる。そして、もっとも優れたコメディアンは戦場の兵隊たち自身なのだ。周囲の世界に追いつめられた一兵卒の口をついて出る気ちがいじみたユーモア——そこにはどんなコメディアンのジョークも太刀打ちできないものすごい力がある。

シェルドンに代表される古いタイプのコメディアンは、アビー・ホフマンに代表される破壊的なタイプのスタンダップ・コミックを破廉恥だと言って否定する。ホフマンは一九六六年八月のシカゴ民主党大会事件で暴動をあおったとして逮捕された「シカゴ・セブン」の一人で、ジェーン・フォンダの前夫でもある。

戦場で、

「大統領のズボンをズリサゲロ！」

という便所の落書きを見たシェルドンは、こいつはアビー・ホフマンの発想だ、と腹を立てる。戦争を笑ってしまえ。それがやつの発想なのだ。

他方、そんなアビー・ホフマンをバーニーは肯定する。ヒットラーのズボンがニュールンベルグ大会の途中でずり落ちたとしたらどうなったろう。必死でズボンをたくし上げる滑稽な小男を思わず笑ってしまったら、誰が彼のあとについて戦争なんかへ行くもんか。ズボンをずり下げたジョンソン大統領。誰が戦争に行くだろう？　世界中のあちこちでズボンがずり落ちていたら、われわれの歴史はべつのものになっていたに違いない。

この「大統領のズボン」に類するおびただしいジョークが、ベトナム戦争の最前線で戦う兵隊たちによって生み出された。スタンリー・キューブリックの『フルメタル・ジャケット』（一九八七年）以下の数々のベトナム反戦映画にも兵隊たちのジョークが出て来る。『グッドモーニング・ベトナム』（一九八七年、バリー・レヴィンソン監督）でＤＪに扮したロビン・ウィリアムズも、兵隊向けのラジオ放送でこんなジョークを喋りまくっていた。

なあ、どんなキンタマ持ってるんだ？　ソフトでライトで、その気になんないやつ。つまり？　たくましさゼロ？　奥さんのパットとの性生活はうまくいってる？　刺激が足りないんじゃないの。……最近、性転換を考えたことない？　すごいいい女に変身させてくれる手術があるんだぜ。マリファナを吸ってるって噂があるけど。どうやって国に持って帰ろうか？　飛行機とヘリコプターと車をつかう？

マーガレット王女が英国から靴を投げたって？　お手やわらかに頼むぜ、おい。マジー。エリザベス女王じゃないよ。テイラーのほうね。結婚六ヵ月で離婚はまだ？　頑張れ！　濃いカプチーノよりもエスプレッソ浣腸よりも刺激的なベトナム、聞いているかい！　マジメ軍曹のファッション報告。この秋、ダンディなＧＩは緑で決めます。なぜ？　ヘルメットに落ちた緑葉に素敵にマッチ！

彼の前には一台のマイクがあるだけ。ラジオ放送では空白の間は許されないから、機関銃のように途切れ目なく喋り続けるしかない。でまかせでもいい。ダーティー・ワードをちりばめておきさえすれば、勢いだけでも笑わせることができる。話の内容で笑いを取ろうとする必要なんか、さらさらないのだ。

おそらくはそこがＤＪとスタンダップ・コミックの

違いなのだろう。一人で喋るという点をのぞいては、ＤＪとスタンダップ・コミックは似て非なるものなのだ。

目の前の観客を笑わせなければならないスタンダップ・コメディに対して、ＤＪの前に観客はいない。リアクションのない不特定多数の人々に向けて一方的に話しかけるだけ。スタンダップ・コミックと違って、ジョークの質が問われることもない。ロビンの喋りは兵士たちの質の悪いジョークと同程度のものだ。でも、ベトナムで戦う兵士にとってはそれで十分なのだ。ボブ・ホープよりもずっと身近だ。しかもロビンのＤＪのほうがボブ・ホープよりもずっと攻撃的なのだ。

ベトナム戦争はアメリカの笑いを変えた。それは戦争を笑いのめす兵隊たちと、ボブ・ホープから遠く離れた攻撃型のスタンダップ・コミックを生んでしまった。

ロビン・ウィリアムズの攻撃的笑い

『グッドモーニング・ベトナム』でスターの仲間入りしたロビン・ウィリアムズも、五年後の『フック』（一九九一年、スティーヴン・スピルバーグ監督）ではすっかり貫禄と落ち着きを見せはじめた。

ロビン・ウィリアムズは一九五二年、シカゴに生まれた。ニューヨークのジュリアード・アカデミーで三年間、演劇の勉強をしてサンフランシスコのコミック・クラブで、スタンダップ・コメディアンとしてデビューした。その後、ロサンジェルスに移り「コメディ・ストア」のレギュラーになり、一九七六年、テレビ番組『ラフ・イン』の「ハッピー・デイズ」シリーズで、オーク星から来た宇宙人モークに扮したのが人気を呼び、モーク主演の新シリーズが生まれるまでになる。ぼくらが彼を知ったのはロバート・アルトマン監督の映画『ポパイ』（一九八〇年）と『ガープの世界』（一九八二年、ジョージ・ロイ・ヒル監督）によってだった。

その彼が本来のスタンダップ・コミックぶりを見事に示しているレーザー・ディスクがある。一九八九年に出た『コミック・リリーフⅢ』というアルバムである。

このLDはホームレス救済のための二時間のショーをもとにしている。入場料とレコードやビデオの収益を救済資金に当てることになっているらしい。ロビン・ウィリアムズとビリー・クリスタル、それに映画『ゴースト／ニューヨークの幻』（一九九〇年、ジェリー・ザッカー監督）で霊媒師を好演した女性コミックのウーピー・ゴールドバーグの三人が司会を担当している。一九四九年生まれのウーピーは、八歳からスタンダップ・コミックとして舞台に立った。映画デビューは『カラーパープル』（一九八五年、スティーヴン・スピルバーグ監督）で、それ以降も目ざましい活躍をしている。

オープニングで三人はこんな歌を唄う。

♪お金を寄付してください　ペリエなんて飲まないでフツーの水を飲んで
いいか、トランプ　お前に言ってるんだ

歌詞が画面に出る。いま歌っている歌詞の上をピョンピョン飛びうつる黒玉の代わりに、このビデオでは当時の副大統領のクエールの顔が飛ぶ。トランプとは、もちろん、あの大金持ちのロナルド・トランプを指す。

オープニングが終わると、ルーイー・アンダーソン、イレイン・ブーズラー、リチャード・ルイス、ジョー・ピスコポ、スティーヴン・ライトなど、十数人のスタンダップ・コメディアンたちが持ち時間五分くらいで次から次へと登場して来る。なかでも、マーティン・ショートのコントもある。マジックをベースにした二人組ペン&テラーの奇妙な出し物がおかしい。

大男のペンと小男のテラーのコンビが同じスーツを着て登場。テラーは頭に鳥カゴをかぶっている。ペンがトランプを出してシャッフルする。適当なところで観客に止めさせる。スペードの3。このカードにポケットから出したベーコンをなすりつけ、ベーコンは客席に投げてしまう。もう一度、トランプをシャッフルする。鳥カゴのふたを開けて、トランプの束をテラーの口にくわえさせる。奇術よろしく、この鳥カゴに白い布をかぶせる。

「これから、この鳥カゴに一ダースのハツカネズミを入れます。するとネズミがベーコンの匂いをかいで、お望みのカードを抜き出してご覧に入れます」

かたわらのバケツには体長一五センチくらいのネズミが一ダース入っている。これをテラーの頭にかぶせた鳥カゴのふたから流し込む。鳥カゴを覆った白い布に血が飛び散る。客席から笑いの混じった悲鳴が聞こえる。ペンが布をとる。ネズミたちでいっぱいの鳥カゴの中で、血だらけになったテラーの額にスペードの3が張り付いている……。

こうした多彩な出し物に挟まれて、ストレートなスタンダップ・コミックがある。トリはもちろんロビン・ウィリアムズだ。こんなトークを聞かせてくれる。

（客席に下りる階段に片足を踏み出して）あなたのヘアーをお直ししましょう。特別にスプース（スパームとムースの造語）を御ぐしに、おかけしましょう。精子とムースのコンビネーションでございます。ホラ、あなたを持ち上げますよ、浮き上がる感じ。うんと高いとこまで、もう下りてこれないくらい。さて、こいつ（客のしていたサングラスをとって）をかけてと。「カリフォルニア・ハイウエイ・ポリスだ。ちょっと止まってもらおうか。その前にオイ、俺のダンスのステップを見ろってんだ」

と意味不明のおどけ方をしたかと思うと、ちょっと真面目になって、このショーの締めの話をはじめる。

今夜もずいぶんたくさんのお金が集まりました。みんな結構やるじゃない！　でもこれだけ集めたって、ステルス爆撃機は一機一〇億ドルもするんだぜ。ステルス爆撃機？　レーダーに映らない爆撃機なんだってさ。まったく見えないんだってよ。だったら、そんなもの、いらないっての。(笑)ステルス爆撃機なんかつくる代わりに、森にでも行ってレコードを何枚かばらまいて、「ステルス爆撃機が一機、墜落したぞ！」とかなんか言ってりゃいいんだよ。そのうちロシア人も、

「うちもつくったほうがいいかな」

ステルス空軍にステルス陸軍、ステルス海軍をつくって、そのうち、これ以上金をかけなくたってよくなるのさ。だってさ、俺たちはいま、一〇兆円もの負債があるんだぜ。誰に金を借りりゃいいってんだよ、ヴィニーって名の奴か？「(客に)お前たち(国民)は今日中に金を用意しろ！　核爆弾から身を守りたいならな。この袋に金を入れるんだ！」

なんてこったい！　いまは軍縮しててさ、平和でいいよ、ほんとにね。でも本当は、「アメリカ、金ない。ロシアも金ない」

まるで薬中(ジャンキー)が二人で一さじの粉の取り引きをしてるようなもんさ。やばいよ、これは。でも、いいか、俺たちは自分たちで出来る限りのことはしてるんだぜ。

『最後の誘惑』(一九八八年、マーティン・スコセッシ監督)っていうキリスト映画があったろ？　プラカードを持ってデモをしてたろ？「この映画は真実ではない！」って。待ってよ、おい、このドジ、

どんな映画だって作り物だぜ。（大きな笑い）それから、でっかいプラカードに「天国へは行けないぞ！」そいつを見て俺は思わず言ったよ。

「あんたたちは行くわけ？　じゃ俺は行かねぇや。あんたたちと一緒にはなりたくないもん！」（笑）

あの映画はべつに問題じゃないよ。ただ言えるのは、キリストにはいつもテッド・ニュージョンのような奴が扮してるってこと。ユダヤ人のキリストが、

「俺は羊飼いを待ってたんだぞ、このクソ野郎！　水の上を歩いて来たんだからな！　来るんだ、チンポ！　ドアを開けろ！」

なんて言うか？　イタリア人がローマ人に扮してるのを見たことある？　たいていはイギリスの役者がローマ人役でさ、

「おお、トーマス、フェラチオはどこだ？　ここに迎えよ！」

イタリアの役者がローマ人をやって、

「（黒人口調で）シーザー、ケツなめな」

なんて言うのを見たことないだろ。

なんか変なのは、もうセックスじゃないんだよ。感情なんだ。フロイトだよ。心理学。誰かと付き合うようになってセラピーを受ける。思わず言っちゃうよ。

「お袋は男だったよ、だからどうした！」

知ってる？　現代の心理学の父フロイトは子馬を一頭殺せるくらいのコケインをやってたんだぜ。やつは自分のお袋が彼のチンポを欲しがったって説を打ち出した。ま、コケインをやってる連中は「悪い説じゃないな」と言うだろう。なぜ？　コケインやってる連中はみんな、自分のチ

ンボを人が欲しがってると思ってるのさ。相手が気づいてくれないだけだってな。俺もやってたよ、コケイン。べつにどうってことないよ。みんなやってた。でも俺は、コケインよりもっと怖い物を見つけたぞ。……ニンテンドー！（笑）
あれはガキ用のコケインだな。ガキがやってるのを見たことある？　マリオ、マリオ、マリオ！八時間後、
「ヨウ、どうだい？」
「アハハハハ、おい、いいか、パックマンを買う金をよこせって、コンチクショウ」（笑）
で、後ろを向いて、また遊びはじめる。ニンテンドーのカートリッジで、
「戦争に勝った！　戦争に勝った！　戦争に勝った！」（笑）
もし文明の夜明けにコケインがあったら、五分か一〇分で進歩しちゃったろうね。そしたら洞窟で、
「（腕を組んで落ち込んだ感じで）どうしていいか分からない」（コケインの効き方）
夜明けの時代にマリファナがあったら、
「（妙に明るく）おい、こいつぁ、火、だぜ！」（マリファナの効き方）
オゾン層に穴が開いてるんだってね。やばいぜ、これは。チビッてるのとはわけが違うぜ。穴を埋めりゃいいってもんじゃないぜ。神様が戻って来て、こんなことを言い出すんじゃないの？
「どこのどいつだよ、こんなことしたのは」
そしたら、動物たちが揃ってこう言うのさ。
「俺たちじゃないって！　人間。あいつらがやったんだ。殺しちまえ！」
……ずいぶんと長い夜でした。声がかれて来ち

まった。まるでピグマリオンをやってるみたいだ。

今夜はありがとう。今夜は最高！　俺にも少しは喋らせてくれてありがとう。（股間を見て）モッコリ、おまえもさ。お気をつけて。素晴らしい夜を！　お幸せに！

かなり危ない、かなり下品なネタを、こうしたチャリティ・ショーの司会でやってしまうというロビン・ウィリアムズの精神は高く買うべきだ。何よりも攻撃的だ。

ロビンのこうした攻撃性をスクリーンで見せてくれたのがディズニーのアニメ『アラジン』（一九九二年、ジョン・マスカー、ロン・クレメンツ監督）のランプの魔神ジーニーだ。もちろん声だけの出演だが、ロビンの半ばアドリブのスタンダップ・コミックに、あとから映像をつける手法をとっている。早口の喋りの中で、ロバート・デ・ニーロやジャック・ニコルソンの物真似が出ると変幻自在に顔形も変わる。ディズニー・アニメの脇役の中でもっとも早口でお喋りなキャラクターとして漫画映画史に残ることは確実だ。

声の出演ではもう一人スタンダップ・コメディアンが出演している。悪役ジャファーの相棒のオウム、イアーゴ役のギルバート・ゴットフリードだ。イアーゴの場合もジーニー同様、台詞の収録を終えてから作画に入ったそうだ。

映画に、ベトナム戦争に、チャリティに、ディズニーに、アメリカは、いつもスタンダップ・コミックで笑っている。

3 レニー・ブルースとウディ・アレン

レニー・ブルース

ボブ・フォッシーが監督した一九七四年の映画『レニー・ブルース』が、われわれ日本人がスタンダップ・コミックの仕事ぶりに接した最初だったと思う。もちろんダスティン・ホフマンは本物のスタンダップ・コミックではないが、そのまま舞台に立っても少しもおかしくないくらいのあざやかな芸を見せてくれた。

レニー・ブルースは一九六四年、ベトナム戦争拡大のきっかけになったトンキン湾事件が起きた八月に、麻薬中毒で死んだ。だから、彼の喋りにはアビー・ホフマン的なベトナム戦争がらみのジョークはない。しかし敵はホフマンと同じだった。お笑いのもっとも過激な部分は、いつの時代でも体制に対する反逆なのだ。レニーが単なるお笑い芸人としてでなく、一九六〇年代のアメリカの若者たちにとっての英雄になったのもそのためである。

一九七四年に出た『レニー・ブルースに捧ぐ』というLDの冒頭では、レニーのスタンダップ・コミックのエッセンスとも言えるダーティ・ワードを使うレニー自身が登場する。

> 人間ていうのは、何かに寛大になっているときって馬鹿になってしまうものだ。ちょうど何が分からないかを、いつでも分かっているように。
>
> ユダヤ人は考えというものを持ってない。だからダーティ・ワードの点数表を作るんだ。つまり、F・U・C・Kに九〇点、S・H・I・Tに五点という具合に。ラビや司祭は、S・H・I・Tは年中するがF・U・C・Kはたった一回だけだけどね。

ここではレニーは四文字のダーティ・ワードを、単語読みして発音していない。

ダスティン・ホフマンが映画で演じたレニーは、ステージで「ファック」とか「コック・サッカー」といった言葉を連発し、何度も逮捕される。つまりはダーティ・ワードで笑いをとる芸人だったわけだ。言葉の汚さでは終身刑も免れないであろうエディ・マーフィーが、二〇年以上もたったのちにデビューしたのは幸運というしかない。官憲に逮捕され、それをネタにしたトークをやりつづけることで、レニーは六〇年代初頭の若者たちの支持を集めた。だが、そのうち客が彼のトークに飽きて来る。お定まりの麻薬。そして死。まさにベトナム戦争以前のアンダーグラウンド・カルチャーの英雄だったのである。

映画『レニー・ブルース』は、レニーの母とかつての妻とマネージャーの証言、裁判所でのレニー、それにステージにおけるレニーの体制攻撃のトークによって構成されている。それらを通じて、われわれ観客は、売れない無名芸人の時代、ダーティ・ワードで客に受けて逮捕された時代、そして逮捕をネタにした喋りの時代と、三つの時期のレニーのスタンダップ・コミックぶりに接することができる。人気者になってからのレニーは髭面なので、それぞれの時代のトークが明確に分かる仕組みになっている。

まず初期のレニー――。ぼくは八歳まで親から「シャラップ！」と言われ続けていたんで、それが自分の名前だと思った、という古典的なネタで客をつかもうとする（これと同じジョークが映画『ミスター・サタデー・ナイト』（一九九二年、ビリー・クリスタル監督）では、料理好きの母親の「テイスト・ディス［味見して］」という台詞になっている）。もちろん客は笑わない。「では次に」と言って鳥の鳴き真似をする。これもウケない。袖に行き、鼻を付けてマイクに戻る。大きな鼻が売り物のジミー・デュランテ。さんざんやりつくされた物真似にお客はうんざりする。要するに、レニー・ブルースも最初は凡庸な芸人だったということを紹介するシーンなのであり、おかげでわれわれはごく当たり前のスタンダップ・コミックの典型を見ることができるわけだ。

そして、いよいよダーティ・ワードを駆使した絶頂期のレニーのトークになる。字幕スーパーはトークの一部を割愛しているので、直接、映画から聞き取ったものをいくつか紹介しておく。

「ファック・ユー！」は人に向かって言ういちばん悪い言葉なんだって？　でも、そいつはおかしいぜ。本当に相手を傷つけたいんなら、「アンファック・ユー！」って言うぜ。だってそうだろ、「ファック・ユー！」は気持ちがいいんだから。

そこで久しぶりに母親に電話をかけているシーンを演じて見せる。

「ママ？　俺だよ。（親愛の情をこめて）ファック・ユー！　本当だよ。パパ、パパはいる……パパ！（同じく親愛の情で）ファック・ユー！」

のちに結婚することになる女性とのエピソードをはさんで、同じ頃のレニーのステージ。

奴は下着一枚で哀願したんだ。（股間に目をやって）駄目だったんだね。


「触ってくれよ」

「あたし触りたい気分じゃないの。頭も痛いし」

「そんな」

「こっちは楽しくもなんともないのに触ってほしいわけ？」

「うん、とにかく触ってほしいんだって。触ってくれるのを待ってたら、おまえはいつまでも触ってくれないじゃないか」

「何言ってんのよ、いつも触ってるじゃない」

「嘘だ。触っていない。お前はいつも触ってるつもりでも、触ってないんだ。いまじゃおまえに触ってもらえるのはよっぽどのことじゃないと……たとえば、休戦記念日とか」

「分かったわよ。そんなに私に罪悪感を与えるんだったらいいわ、こっちに持って来て。触ってあげるから」

ここで大きく笑いを取って、

「いや、いい。お情けは結構、自分で触る」

そんなもんさ、俺たちゃ。みんなアホさ。

男女の会話を演じ分けるとき上下《かみしも》を切るのは落語と同じで興味深い。

何がダーティで、何がクリーンなんだ？　どっちかに決めろと言われたら、俺は自分の子供がポルノ映画を見たほうが、クリーンな『キング・オブ・キングス』見るよりよっぽどいいと思ってるぜ。なぜ？　『キング・オブ・キングス』は殺人シーンだらけじゃないか。それにキリストが生き返って俺の子供にキリストを殺しに行かれちゃ困るもんな。あれは残酷な映画だよ。ポルノは誰も殺しやしない。せいぜいネクタイで縛ったりベルトで叩いたりするくらいさ。一時間半のほとんどが（うっとりして）抱き合ったり、キスしたり、うめき声を上げて、よがり声をたてて……。（厳かに）映画のラストには「死」を暗示させるものが出て来る。（間）「枕」さ。こいつで女の声を殺したり、女の尻の下にそっと滑り込ませてみろって。軽くいっちまう。誰も死なない。いいじゃないか。それが映画の結末。

その他、いくつかの絶頂期のトークが紹介され、その少し前、ようやく売れ出した頃のレニーについて母親が語る。

「ギャグや物真似は止めて、インプロヴィゼーション（即興）をはじめるようになったの」

髭なしのレニーのステージになる。物真似時代よりもずっと落ち着いたレニーが、

「誰の話をしようか？」

すかさず客から「アイゼンハワー」という声がかかる。

「アイゼンハワーね。それ行こう」

という新しいスタイルのスタンダップ・コミックになって行くくだりを見せる。新しいスタンダップ・コミックでは即興が大事な要素なのである。売れっ子のコメディアンのトークは即興か、さもなければ、あたかも即興であるかのように喋るケースが多い。

原爆の件で彼を責めちゃいけない。奴は原爆がどこにあるかも知らないんだから。（爆笑と拍手）あれは爆弾じゃない。ただのボタンさ。どこかのカブ・スカウト（八〜一〇歳までのボーイ・スカウトの幼年団員）のズボンの前についているボタンさ。だからある日、どこかのスカウトマン（ホモセクシャルの男という意味）が触れれば、たちまち世界は爆発さ。

ここで笑いと拍手の間を十分に取り、話題を変えていく。

この国のホモのやつらへの刑罰は最高だぜ。す

ごく不細工な男だらけの監獄にぶち込むんだ。最高の刑罰だ。

こうしてレニー・ブルースのスタイルが確立されて行く。このシーンに続いて、もっとも代表的な彼のスタンダップ・コメディの真髄が紹介される。同じく髭をはやしていない時代だが、前のシーンとは着ているものが違うからべつの日なのであろう。ちなみに、彼はスーツやタキシードを着ないでステージに出るようになったスタンダップ・コメディアンの走りでもある。

差別語と笑い

「今夜はここにニガーはいるかい？」

少し考えて、レニーはいきなりそう言う。クラブの客は反応しようがなくてシーンとなる。むっとした顔の黒人紳士の顔が何人か映る。

「会場のライトを付けてくれるかい？　それからウエイターもウエイトレスもちょっと休んでいてくれ。俺のスポット・ライトも切ってくれ。俺はなんて言ったっけ？　今夜はここにニガーはいるかい？」

そう言いながらレニーは客席に下りる。

「まずあそこに一人。あそこに二人、ニガーがいるね。それからニガー二人の間にカイク（ユダヤ人蔑称）がいる。あそこにもべつのカイクがいる。二人のカイクに三人のニガーだ。（顔を覗き込み）スピック（ラテン系アメリカ人。とくにプエルトリコ人、メキシコ人の蔑称）？そうだよな。もう一人、スピックがいた。おや、ポーラック（ポーランド人の蔑称）もいるし、グリース・ボール（ラテンアメリカ系、とくにメキシカンの蔑称）も何人かいるな。それにアイリッシュの混血もいるじゃないか」

このあたりで会場がややなごんで笑いも起きて来る。黒人の席に行くと黒人を見つめながら……。

「ヒップで（hip）ずんぐりした（thick）筋肉もりもりの（hunky）イカした（funky）くろんぼ（boogie）。ブギブギ（しばらく笑顔で黒人を見つめてから）カイク三人、五人はいるか？　スピック六人、ニガー七人、みんな肝っ玉はアメリカ人だ。ニガー七人、六人のスピック、混血五人、四人のカイク、ギニーズ（イタリア生まれの人、外国人の蔑称）三人とワップ（北米イタリア人）一人。（さっきの黒人に）もう少しで俺をぶん殴るところだったろう？（黒人は微笑む）俺が言いたいのはこういうことだ。『言葉の抑圧』。それこそが暴力と悪意の元凶だ。ケネディ大統領がテレビに出て『政府にいるニガーを全部紹介しよう』と言ったら？　大統領が『ニガー、ニガー、ニガー、ニガー、ニガー』と連発したら？　ブギ、ブギ、ブギ、ブギ、ニガー、ニガー、ニガー、ニガー。もうなんの意味もなくなる。六歳のガキも学校で『ニガー』といじめられなくなる」

会場から大拍手が起きる。

封切り当時も話題になったシーンである。映画にするための感情的な盛り上げは演出されたものだろうが、これに近い事実はあったらしい。

口に出してはいけないとされている言葉を何度も口にすることで、その言葉を形骸化させてしまう。あらためてビデオでこのシーンを見ているうちに、ふと昔のタモリを思い出した。一五年ほど前、まだラジオなど一部で密室芸人として騒がれていた頃の、京都産業大学の学園祭におけるタモリのステージだ。校舎の中庭に集まった八〇〇人くらいの学生を前に、一連のハナモゲラのネタや寺山修司などの物真似で沸かせていたタモリが、突然、こう話しはじめた。

「それではこれから、ここに集まった全員で『オマンコ』の大合唱をしよう！　この京都の夜空に向かって、全員で『オマンコ』と叫ぼうではないか！　そして言葉の持つ余計な意味を崩壊させようではないか。いまや、このなんでもない四文字の言葉が放送禁止用語となっている。われわれ全員が『オマンコ』と叫ぶことによって、この言葉を無意味なものにしよう！　いいか！　行くぞ！」

校舎の窓も全部開いて、その夜、京都の夜空に八〇〇人の「オマンコ！」がこだましたのである。レニー・ブルースと違って、タモリの場合はそこに何一つヒューマンなものを感じさせなかっただけ思い出としてもさわやかである。

放送禁止用語として恐れられている言葉を口にすることによって、その本来持つ恐ろしさをなくしてしまうという攻撃性は、いまも深夜テレビで「コーマン」と「チンポ」が頻出する替え歌を歌い続けているたけしにも見られる。

年号が平成になったばかりの頃、立川談志の漫談を

ホール落語で聞いた。予定されていた演目は人情噺だったので、談志さんは一応着物を着て高座に上がった。だが、いきなり、

「この客の前で人情噺をやってもしゃ〜ねぇだろう。今夜はオマンコの連発をいくか」

にはじまり、天皇問題、人種問題を含むかなり危ない噺をはじめてしまった。あの晩の談志さんにはレニー・ブルースが乗り移っているようだった。「オマンコ」と発すること一七回。特殊な人種差別発言一二回、その他放送禁止用語延べ数十回。そのたびに、

「聞いてるだけだと思って安心するなよ。喋ってる俺に罪があるなら、聞いてる手前たちも同罪だってことを忘れるな」

あのフレーズこそ、スタンダップ・コミックに特有の凄さではなかったろうか。

レニー・ブルース以前

『やつらを喋りたおせ!——レニー・ブルース自伝』(原題『How to Talk Dirty And Influence People』藤本和子訳　晶文社)の中で、レニーが自分に対する批評について、こう語っている。

「ジャーナリストや批評家が、俺のスタンダッ

プ・コミックを「シック（退廃的な、病的な、不快な）・コミック」とレッテルを貼ってすましているのは、やつらに創造力が不足しているからだ、「シック・コミック」というレッテルのあとには、きまってこういう批評がつく。

「どうしちまったんだ、この頃じゃ、舞台に上がって客を楽しませる正常なコメディアンはもういないのか。昔はコメディアンを説教したり、宗教がどうのこうのと攻撃したり、身体障害者を笑い者にしたり、下卑た『便所ジョーク』に頼ったりしなかったものだ」

だがレニーによれば、一九三〇年代、四〇年代だって決して下卑てなかったわけじゃないのだ。当時の「健康なる衝撃」ジョークの例を挙げる。

ハネムーンで何発やったかとかいう初夜ジョーク、それも、小型テントの入口から象が鼻を突っ込み、反対側から女が首を突き出して気ちがいのように「ジョージ！」と呼んでいるといった観光絵葉書みたいに陳腐な光景。「かくの如き健康さはどこに消えたのだ」だと？ あんなに趣味の良いコメディアンが大勢いたじゃないか。「みつ口ジョーク」や「白痴ジョーク」をやっていたコメディアンに聞いてみるといい。「白痴が孤児院に遠足に行った」とかいうやつだ。

そしてレニーは古いスタンダップ・コミックの芸人たちを片っ端から血祭りに挙げていく。一方的すぎるきらいもあるが、ともかく列記しておこう。

[ジョー・E・ルイス]

神の如きポーズで酒神バッカスは耐えることでコメディに貢献した。暗黙のうちに了解されていた彼のメッセージ。「もし、カッコよくやりたい、一緒にいて楽しい人だと思われたいなら、いつも酒を手にしているることだ。遊び人にはなれなくても、肝臓だけは駄目になること請け合い」というものだ。

【ヘニー・ヤングマン】

彼は毎晩、サリー（あるいはローラ）と呼ばれる女性を題材にした心理劇をやって見せた。ヤングマンの引き出しには、悪魔的な醜さが明確に分類されてしまってあった。

「彼女は鼻がでかすぎて、くしゃみするたびに……」

「彼女の足と来たら、ひどい鰐足で、歩くたびに……」

「片方の足はもう片方より短いから……」

という調子で、ヤングマン氏の不具者たちは彼に金銭的成功をもたらした。そのうち「醜女」がらみの彼の決まり文句は古典になってしまった。このような肉体の欠陥をあげつらう傾向は、おそらくナイト・クラブの客たちに幸福感を抱かせたのだろう。

【ジェリー・ルイス】

彼がやって見せた日本人男性のネオリアリズム風物真似は、日本人の人相の微妙な特色をとらえていた。出っ歯はシュールリアリスティックな手法で戯画化され、歯はベン・ハーの戦車から突き出た刀身の如くであった。コーラの瓶のような厚手の眼鏡は、日本人の学生が合衆国に対して抱いていたファナティックな愛着をさらに助長してくれた。嘘だと思ったらアイゼンハワーに聞いてみな。

【ミルトン・バール】

彼はボーリングの選手権試合に女装を持ち込み、それまでそこを縄張りにしていたレズたちの文化を動揺させた。『チャーリーの伯母さん』から『お熱いのがお好き』、そしてミルトン・バールに至る一連の現象において、倒錯者が人畜無害のおかまに変化したのである。だがバールは、公衆に対する責任を忘れることはなかった。たしかに彼はホモセクシュアルを世間一般の暗く湿った否定的なイメージからわずかばかり救い出したが、徹底的にはやらなかった。彼の演じるおかまに、ちゃんと危険な汚名を残しておいたのだ。「ううん、本当にもう、殺してやるわよ」

レニーはこの本を一九六三年に書いている。いずれも、「せっかく俺が期待しているのに、みんな、もう一つ伸びがない、いったいどうしたんだ」という励ましを含めての批評である。だが、この批評からも分かるように、どのコミックにも、レニーの死後の、あのベトナム戦争を通過して行く時代の鋭い切れ味は見られない。

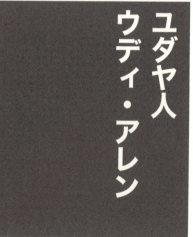

ユダヤ人ウディ・アレン

ユダヤ人であるレニー・ブルースは、当然、自分がユダヤ人であることをネタにする。再びレニー・ブルースの映画から引用しよう。

「俺はセム民族。ユダヤ人だ。ユダヤ人とはユダヤの古い血を引く者。そうみなされている。だが俺の知っているユダヤ人は……キリストを殺した奴だ。このことがこのウエスト・コーストでどれほど新聞ネタになったかは知らないけどね。なんせ二千年も前の事件だから時効になってもよさそうなもんだ。だが実際は違う。いまだにあの罪を償わされてるんだぜ。

（叫ぶ）なぜあのことでいまだに俺たちを責めるんだ？

ユダヤ人よ、それはお前たちがこの問題を避けて、ローマ兵のせいにするからだ。よし、腹を決めて白状する。俺たちがやった。地下にメモを見つけたのさ。

「俺たちが殺した……哀悼の意を込めて」

二千年前で何よりだ。あのとき、釘付けにしておいてよかったぜ。もし五〇年ほど前に俺たちがやってれば、何世代にもわたって、学校で俺たちの子供たちが首に電気椅子をくくりつけて走り回されてるだろうしな」

一流スタンダップ・コメディアンの大半がユダヤ系アメリカ人である。キリスト教徒や日本人の間では地位の低いものと見なされがちな笑いも、ユダヤ人の社会では高い地位を占めている。「笑いの民族」と言われるゆえんだ。ユダヤ人であるアインシュタインも、自分にとっての最大の学校はジョークであったと前置きして、

「世間が信じているルールだけを鵜呑みにしてはならない。そのルールに縛られていては、そのルールを覆す新しいものを生み出すことができないからだ」

と語っている。権威を笑うことこそがユダヤ人の力になって来たのだ。

そしてじつは、これこそがスタンダップ・コミック

の底流に流れる最大のテーマなのだが、ここでこの問題に触れると、アメリカのショー・ビジネスにおけるユダヤ人の役割について本格的に論じなければならなくなってしまう。そこで、ここではコミックの世界だけに目を向け、その一例としてウディ・アレンのスタンダップ・コミックに触れておくことにする。

ウディ・アレンは学生時代からテレビのギャグ・ライターとして稼いでいた。六〇年から六二年にかけては、ジョニー・カーソンの「ザ・トゥナイト・ショー」のレギュラー作家の一人だった。そして六二年から六四年にかけて、彼はしばしばジョニーの代わりにホストを務めるようになった。すでにスタンダップ・コメディアンとしての名声を確実にしていた六四年夏のシリーズでは、ジョニーの休暇中、何週間かホストを務めている。

フォスター・ハーシュは『ウディ・アレンの世界』（堤雅久・沢田博訳　CBS・ソニー出版）で、アレンのスタンダップ・コミックについてまずこう記している。

スタンダップ・コミックという仕事は、じつに驚くべきものだ。マイクロフォンを唯一の友として、単身、スポットライトのまばゆい中で見も知らぬ大勢の人間を楽しませなければならない。自分のウィットと個性の輝きで、何もない暗闇から笑いを誘い出すのである。自分一人を頼りに裸同然の直接さで客の前に立ち、そして面白がってもらおうというのである。大勢の酔客と対峙し、コントロールして行く、その仕事は、ウディのような内気な人間には、怖じ気づくほどのものだったろう。ステージに上がる直前のウディは、目に見えて気分が優れなかったという。「彼はおそるおそるマイクの前に歩み寄る。まるでマイクが彼に食いつくのではないかといった様子である」とかなり初期からウディを評価しているアーサー・ゲルブは一九六三年に書いている。

ウディ・アレンは、一九六二年六月、ニューヨークの「デュプリュー」というクラブでデビューした。たちまちスノッブなニューヨーカーに受けて、「ブルー・エンジェル」「ビター・エンド」、サンフランシスコの「ハングリー・アイ」といった一流店に登場するようになった。おなじくフォスター・ハーシュの本から。

ナイトクラブの雰囲気は、メリハリの効いた早いテンポで繰り出される酔客受けする威勢のよいユーモアを求めている。そこに静かな口調で喋る、見るからにインテリ風の一人の若者が登場する。長々しい愚痴をこぼすという点とユダヤ人だという事実を除けば、彼には旧来のスタンダップ・コミックたちとの共通点は皆無に等しい。自分の神経質な気の小ささをステージに取り入れたウディは、悪罵で客をやり込めるがむしゃらなタイプのユダヤ系のクラブ芸人とは違っていた。彼は、ミルトン・バールやヘニー・ヤングマン、もしくはアラン・キングなどが持っていた攻撃的な卑俗さに匹敵するものとして、どこかまごついたような滑稽なウイットを備えていた。スレたところがないように見えるウディは、客席を埋めた酔客とはどこか場違いな感じだった……客席から二、三の野次を浴びると、ウディはあたかも舞台から崩れ落ちんばかりの様子に見えた。

かぼそい声の抑揚のある喋り方で彼は自分自身について語り始める。そのほとんどが、家族や恋人や大学にまつわる失敗談である。

「ぼくの私生活についてお話しましょう」

よく彼はこんなふうにしてショーを始める。

「で、そのあとで質疑応答に移りたいと思います」

彼の話すエピソードや小噺から浮かび上がって来るのは、つきに見放されたような気のいいダメ男としての一人の芸術家の横顔だ。ウディのお決まりの主人公は幼年時代に癒えることのない心の痛手を体験している。例えば、母親からパットを当てたままで母乳を与えられる。ベビー・シューズの虫干しは、それを履いたままで行われる。彼の家は貧しく（父親の職業はベビー・ゴルフのキャディーである）、両親は彼を「体の不自由なペットの店」に連れて行き、彼に好きなものを与える。その店で売られているのは猫背の雌猫やこぶのないラクダなどだ。幼いウディが選んだペットは、どもりの犬だった。

「そいつはバ、バ、バ、バ、バウ、ワ、ワ、ウーって吠えるんです。でもって、その後で赤面したりするんです……」

おなじくこの本から、ウディのいちばん有名なキャバレー・ジョーク。

ヘラ鹿を射止めたんですけどね。そいつはまだ生きてたんです。ニューヨークには、火、木、土に限り、生きたヘラ鹿を車のフェンダーに乗せて走っちゃ行けないという法律がありますからね。ある日、仮装パーティーがあったんで、そのヘラ鹿を連れて行ってソロモンの末裔って紹介したんです。彼も皆とすっかり打ち解けましてね。でも困ったことになったんですよ。バーコウィッツ夫妻がヘラ鹿の仮装で来てたんですよ。それで彼らが仮装コンテストで一位になってしまったんで、二位になったヘラ鹿は逆上しましてね。仕方がないんで彼を田舎に連れ戻したんです。そしたらどこで間違ったかバーコウィッツ夫妻を連れて来てしまったんです。火曜、木曜、そして特に土曜には、車のフェンダーにユダヤ人を乗せて走ってはいけないという法律がニューヨークにはあるでしょう。夫のバーコウィッツは、銃で撃たれ、剥製にされてしまいました。いま、ニューヨークのアスレチック・クラブに飾ってありますよ。でも、気の毒なことをしました。あのクラブはユダヤ人お断りのクラブですからね。

こうしたウディのスタンダップ・コメディは彼の映画にも登場している。たとえば『アニー・ホール』(一九七六年)で、彼はアルヴィー・シンガーという名のスタンダップ・コメディアンを演じて、いかにもウディらしいスタンダップ・コメディの一部を披露してくれた。冒頭、彼はこんな小噺をカメラのレンズを見ながら話しはじめる。


古いジョークを一つ。キャッツキル・マウンテンに避暑に来た老女二人の会話です。一人が言います。

「ここの食事ったらほんとにひどいもんね」

するともう一人が言います。

「本当、盛りもケチって」

じつはこれがぼくの人生観なんです。人生は寂しく惨めで苦しくて不幸でしかもあっという間です。

キャッツキル・マウンテンは、ニューヨーク州の東部にある避暑地、ユダヤ人の客が中心になっている。スタンダップ・コメディの芸人たちがニューヨークの一流クラブに出る前の足がかりとして出演しているクラブも多い。老女二人が避暑地の楽しいはずの食事の最中に愚痴をこぼす。料理がまずい。そのうえ、量が少ない。ユダヤ人としてアメリカで長い人生を送って来た二人が、ユダヤ系のホテルに来てそこの悪口を言う。彼女たちは、あやうく自分がユダヤ人であることを忘れて、こうつけ加えそうになる。

「本当にユダヤ系のレストランていやね。マンハッタンのチャイニーズ・レストランのほうがおいしくて量も多いわ」

アルヴィー・シンガーはそこに人生を見る。彼はもう一つのジョークをはじめる。

もう一つぼくにとって重要なジョークがあります。グラウチョ・マルクスが作ったといわれるものです。ネタはフロイトかも知れませんが、無意識に関するものです。こんな内容です。分かりやすくお話ししましょう。

「私のような者を会員にするようなクラブには絶対入りたくない」

これは大人になってからの女性関係でのぼくの重要なジョークです。四〇にもなると考えも変わって来る。人生の危機かな。よく分かりません。つまり、その、齢を気にしてるわけじゃありません。ぼくはそういうタイプじゃないんです。ええ、頭は少し寂しくなりましたけど。でも悪くってもそのくらいですよ。齢とともにもっと良くなるとも思ってますし。お考えのように、白髪よりも強いといわれる禿になって行くでしょう。もしくはどっちでもないか。買い物袋を下げ、口からよだれを垂らしながら、食堂に入り込んで来て社会主義の演説をぶつような男にもなりそうにありませんが……（ため息）。

アニーと別れましたが未練はあるんです。いまも二人の関係を変えようとか、自分の人生を見つめ直し、どこで壊れてしまったのかを考えてる毎日です。一年前、ぼくらは愛し合ってました。ぼくはがっくり落ち込むタイプじゃない。で、その、ぼくは……明るい少年だったと思うんです。第二次大戦中、ブルックリンで育ったんです……

グラウチョ・マルクスも当然ユダヤ人である。その彼が「ユダヤ人を会員にするようなクラブには所属したくない」と言ったのだ。出来ればユダヤ人お断りのクラブのほうに入りたい。アルヴィはこの言葉が自分の女性観によく当てはまるという。自分のような男を恋人にするような女性は信用できない。齢を取ったという理由ではない。自分の見かけにコンプレックスがあるというわけでもない。にもかかわらず、グラウチョのそうした言葉を自分の女性観に重ね合わせてしまうこと自体が彼のコンプレックスなのだ。

そこで、映像はお定まりのウディの少年時代になる。子供時代の映像にウディのナレーションがかぶさる。このナレーションこそが、彼のスタンダップ・コミックなのである。

この手法は、彼の映画でいたるところで使われている。『マンハッタン』（一九七九年）の冒頭におけるモノローグもそうだ。ウディはここではアイザック・デイヴィスというユダヤ名の小説家に扮している。サウス・フェリーの映像にかぶさるモノローグはアイザックがいま書いている小説の書き出しである。その部分を書き直しながら声に出して読んでいるという設定である。

「第一章。彼はニューヨーク市をこよなく愛した。彼にとってこの街は、白黒画面で存在するジョージ・ガーシュインの名曲に震える街であった」

この部分はスタンダップ・コミックというよりも、ウディ・アレンが自分だけのマンハッタンについて語るという主張性のほうが強い。ぼくはこのニューヨークで生まれ育ったユダヤ人である――それが彼を支えるバック・ボーンなのだ。

武市好古氏の責任編集による『ウディ・アレンの時代』(芳賀書店)という本の中で、平尾圭吾氏が、ウディ・アレンの映画の中からユダヤ人に関する部分の台詞を映画から引用して訳している。

『ブロードウェイのダニー・ローズ』(一九八四年)で、マフィアに追われたダニーが海っぺりまで来て、数ドル払えば向こう岸まで船で連れてってやると言われて、

「水上を行くのは私の主義に反します。私は陸封されたユダヤ人でして(Travel by water is against my religion. I'm a landlocked hebrew.)」

『マンハッタン』(一九七九年)からの、アイザックの台詞。

「ぼくは女と関係を持ってもヒットラーとエヴァ・ブラウンの関係より長続きしたことはないよ(I've never had a relationship with a woman that's lasted longer than the one between Hitler and Eva

Braun.)」

『ハンナとその姉妹』(一九八六年)からミッキーの台詞。

「君はテレビでとても退屈なアウシュヴィッツ収容所の番組を見逃したよ(You missed a very dull TV shew about Auschwitz.)」

フォスター・ハーシュは、ウディ作品を考えるうえで無視できないのは、彼が生まれついてのユダヤ人だという事実である、と述べる。

「ボブ・ホープ、モート・サール、マルクス・ブラザーズ、イングマル・ベルイマン、セルゲイ・エイゼンシュタインらから受けた影響と等しく、ウディの作品を考えるうえで無視できないのが、生まれついてのユダヤ人だという事実である。ユダヤ的なコミックから彼が受け継いだものは、低俗で自己卑下やボルシチ・ベルトの風刺的ギャグから倒錯した現代小説――アイザック・シンガー、ソール・ベロー、バーナード・マラマッド、フィリップ・ロス、J・D・サリンジャー、ノーマン・メイラー、ジョセフ・ヘラーなどが含まれる――にまで至る」

これらのユダヤ人文学とウディの笑いをつなぐ主要な環となっているのは、除け者=道化が主人公という点だ。

フィリップ・ロスにしてもサリンジャーにしても、その主人公たちは人間的な弱さを持っている。決してスーパーマンではない。むしろ道化だ。道化は、人生を舞台にして自分を客観的に見ている。自分自身はいつも素材でしかない。だから彼は自分で自分を笑うことができる。このことはウディ・アレンの作品の主人公にも当てはまる。権威を笑うにはまず自分といういちばんの権威を笑い飛ばさなければならない。こうしたユダヤ系アメリカ人の自己撞着性こそが、スタンダップ・コミックにとっての必要欠くべからざる要素なのではないだろうか。

グラウチョ・マルクスのビット

ユダヤ人の笑いとなれば、スタンダップ・コミックの元祖的存在、グラウチョ・マルクスに触れなくてはならない。

こんな有名なエピソードがある。グラウチョの一〇歳の娘メリンダが、非ユダヤ人の友達に連れられてあるカントリークラブのプールで泳いでいると、ユダヤ人という理由で追い出されてしまった。グラウチョは、ここの支配人に電話を入れた。

「わたしの娘は混血で、半分だけユダヤ人なんだよ。腰まで入らせたっていいじゃないか」

グラウチョはアドリブ的なジョークがうまかった。捨台詞でも笑わせる。デーブ・スペクターの著書『イッツ・オンリー・ジョーク――アメリカからものすごいジョークがやってきた』――で、こうしたグラウチョ的なジョークについて触れた箇所がある。この本は、彼が一九八四年に日本で最初に出した単行本だ。アメリカのジョークについての本だが、英語ブームのさなかだったこともあって、本来のアメリカン・ジョークの紹介本というより、英語関係の面白本としての印象が強くなりすぎ、損をしてしまった。

デーブの解説では、タイミングを見計らって放り込み、笑いを誘うようなアドリブ的な一言は、ジョークというよりビット（ｂｉｔ）と呼んだほうがいいらしい。マイクを頭にぶつけたりする仕草もビットに入る。アメリカ人はもともとビットのうまい人が多いが、ビットの天才といえばグラウチョ・マルクスをおいていないだろう。

グラウチョは映画の中でも、しばしばこのビットを連発する。ポール・Ｄ・ジンマーマンの『マルクス兄弟のおかしな世界』（中原弓彦・永井淳訳　晶文社）には、こうしたグラウチョのビットが大量にあつめられている。パラマウント時代最後の『我輩はカモである』（一九三三年、レオ・マッケリー監督）に、こんなビットがある。億万長者の未亡人のミセス・ティーズデール（マーガレット・デュモン）が、グラウチョに、再び祖国を導いてくれるよう哀願するシーンである。

「夫の志を受け継ぐことを約束してください」
（グラウチョがカメラに向かって言う）
「いったいこれをどう思う？　まだ仕事をはじめて（映画がはじまって）五分と経たないのに、もう彼女は私を口説いているよ」

ボブ・ホープもよく使う手だが、これもビットである。

それから彼女に向かって、

「ご主人はどうしたんですか？」
「主人は死にました」
「彼はそれを口実に使っているのですよ」

これもビットだ。

「私は最後まで主人のそばにおりました」
「それじゃご主人が死んだのも不思議はない」

ビットである。

「私は主人を抱いて接吻しました」

思い出にふける彼女におかまいなしに、グラウチョのビットが出る。

「それじゃあ殺人だったんですか？」

こうした揚げ足取り的なビットはグラウチョに多い。

大統領になったグラウチョに、書類が回ってくる。

大臣の一人が、その内容が分かるかと質問する。

「分かるかって？　こんなもの四歳の子供だって分かる。（それから秘書のゼッポに耳打ちして）四歳の子供を一人連れてこい。私にはさっぱり分からん」

まさにグラウチョならではである。

トイレの中に閉じ込められたグラウチョが「出してくれ！」と叫ぶ。そのあとだ。

「それがだめならせめて雑誌を一冊放り込んでくれ」

切迫した状況の中で、その切迫感をぶち壊すようなことを平気で言ってしまう。それがビットである。こうしたグラウチョのビットを、後年、テレビでレギュラーとして聞かせたのが『ベット・ユア・ライフ』という素人参加の番組だった。これもビデオになっている。

トレード・マークの葉巻をくわえたグラウチョが机を前に座っている。そのグラウチョの顔の前で、いきなりカチンコが叩かれる。グラウチョの葉巻がカチンコに挟まって下へ落ちる。カチンコを叩いた男がほうきを持って来て葉巻を掃き出すと、すかさず、

「これで大学出なんだからねえ」

素人とのトークがはじまる。中年の堅物といった男が自分の仕事について話し始める。

「フェルトを作る仕事をしています。フェルトは大変大事な物です。フェルトを使っていない女性はいません。飛行機もフェルトなしでは走らないし、カリフォルニアのファッションはフェルトなしでは考えられま

せん」

するとグラウチョが言う。

「フェルトがなくても、女性はぼくが触ると走り出すけどねえ」

どんな素人が出て来ても、グラウチョは揚げ足取りに専念する。こうしたビットもスタンダップ・コミックの基本なのである。

4 サタデー・ナイト・ライヴ

一九九二年四月のSNL

スタンダップ・コメディの代表的なテレビ番組として、しばしば引き合いに出されるのがSNLこと『サタデー・ナイト・ライヴ』である。すでに紹介したように、一九七五年以来、毎週土曜日の深夜、NBCテレビで放映されている一時間半の生番組だ。

ただし、スタンダップ・コメディとはいうものの、実際にこの番組を見ると、冒頭のホスト司会者の喋りの他は大半がスケッチ（コント）とパロディである。それを演じているのが、スタンダップ・コメディアンたちなのだ。

この番組の感じをつかんでもらうために、とりあえず一九九二年四月一八日の『サタデー・ナイト・ライヴ』を紹介しておこう。

タイトルの前に、いきなり「クリントン／ブラウン——ディベート・トゥナイト」という看板がかかった建物が映される。このクラブで今夜、二人の大統領候補クリントンとブラウンがディベートをやるらしい。控え室に男が二人。

「『右か左か』というテーマでディベートをやることになったら、俺は右を選ぶからな」

「マリファナの話は出さないようにしようぜ」

といった会話が秘かに交わされている。要するに即興であるはずのディベートなのに、クリントンとブラウンが事前の打ち合わせをしている、ということで笑わせたいらしい。でも観客の笑いは少ない。スタッフが出番を伝えに来て、二人が楽屋を出て行く。

ここでようやくタイトル。マンハッタンの夜景、地下鉄、町の映像に、バー、レストラン、楽器店の場面がインサートされ、今夜の出演者が紹介されるといういつものパターンである。『ウェインズ・ワールド』(一九九二年、ペネロープ・スフィーリス監督)で人気のマイク・マイヤーズの顔もある。

盛大な拍手の中、今夜のホスト司会者ジェリー・サインフェルドが登場する。飛行機についてのジョークに続いて、ニューヨークではお巡りと清掃夫を一緒にしちまったほうがいいと言って盛大な拍手と笑いを取り、車のステッカーのフレーズ、スタンガン、そしてタクシーの運転手についてのジョークを五分ほど話す。

「ニューヨークのタクシーの運ちゃんはどうやって資格を取るんだろうね。顔の違いかな。仕切りガラスの向こうにいる運ちゃんを見ていると、テレビか映画みたいだろ。危険がいっぱいって感じ。実際、三ドルばかりで命を預けているんだからね。何しろプロだからね」

プロなのにすさまじい運転をするという皮肉なのだろう。はじめのコントの三倍以上の笑いが来る。ここでCM。次は、クイズ番組のパロディだが、中身はⅢの12の「パロディになったコミック」で詳しく紹介する。そのあと短いブルース・バンドの演奏があってCMになる。

CMが終わると、馬鹿な生徒と我慢強い先生の教室コントである。先生はサインフェルド。生徒は出演者全員――。

歴史の時間。テストの結果があまりにも悪すぎる、もう一度勉強しなおそう、と先生が言う。一九三〇年代にイギリスと戦争した国はどこだろう？　先生は「ドイツ」という国名を生徒の口から引き出したい。「ドイツ」が出たら「ナチ」という言葉も出させたい。ところが生徒は反抗的な態度もとらないかわりに、徹底した馬鹿ばかりである。どうしても「フランス」と答えてしまう女生徒。誰かが何かを言うと「いま、それを言おうとしてたのに」と答える生徒。やっと「ドイツ」という国名が出たが、今度は「ナチ」が出ない。

「インディ・ジョーンズが闘う相手だよ」

と先生が言った途端に、得意そうに手を上げるでぶの生徒。

「……と言っても蛇じゃないぞ」

そろそろと手を下ろすでぶ。

「あのう、ビデオを持って来ていいですか？」

と質問する馬鹿。

ようやく「ナチ」が出たところで、先生が「ナチは何をしたんだっけ？」と聞くと、さっきビデオを持って来ていいかと聞いた生徒が、『失われたアーク《聖櫃》』のストーリーを得々と話しはじめる。とうとう先生も諦めて、明日はみんなでビデオでも見よう、と授業を終わらせようとすると、一人の女生徒が手を上げる。

「ヨーロッパって名前は誰が考えたんですか？」

ここまで来ると、馬鹿より非行のほうが扱いやすい。

次にミュージカル・ゲストのエリー・レナックスの歌があって「ウィークエンド・アップ・デイト」というニュース・パロディの長寿コーナーになる。

キャスターのティル・ハートマンが政治関係のパロディ・ニュースをひとくさりやって、自分の隣に座っているオペラマンを紹介する。タキシードにマントを着けた男が、三面記事をイタリア語のような英語で歌いながら紹介していく。英語のスーパーが出る。マスカラを付けた女性の写真を前に、ただ「マスカラ！マスカラ！」と歌い上げたりするだけのイタリア・オペラのパロディなのだが、観客は大喜び、歌い終わると大きな拍手が来る。

再びCMがあって、ユダヤ人の家庭に、サインフェルド扮する神様が訪れるというスケッチになる。この神様がじつに柄が悪い。

CM。

「有料広告です」というテロップが出て、次のコーナー、テレフォン・ショッピングのパロディがはじまる。今日の商品は「アイ・アム・ア・ハンサムマン」というハンサム男になるためのハウトゥー・ビデオだ。その一部を紹介し、姉妹品の「アイ・アム・ア・ハンサム・ブラックマン」の宣伝もする。ランク・トンプソンがハンサム男になるための三つの基本――

「笑顔で喋る」「目線をはずさない」「好ましい感じ」の例として、片手で握手をしながらもう片方の手で相手の肩を抱く実演をやってみせる。抱かれた男が「奴はいい感じの男だなあ」と、テレフォン・ショッピングの大げさな男の感じで言うと、隣で見ていたべつの男が「そうさ、奴がハンサムマンさ」……これはただただおかしい。

CMのあとは、オフィスを舞台にしたスケッチ。オフィスには型にはまった人間のほうが向いているということで、頬に手を当てた男は頬に手を当てたまま、足を組んで座っていた男は立ち上がっても足を組んだまま、飛びはねて移動している場面からはじまる。両手を首に当てて、うつむいた男がオフィスに入って来る。椅子に座ってそっくり返ると、型にはまったオフィス向きのたたずまいになる。ドアの向こうを、しゃがんだまま新聞を読みながら横歩きして来た男がトイレの場所を聞く。早くもトイレ向きの格好をしているのだ。社長が来る。書類を見ながら長椅子に直角に倒れ、そのままの格好でいる。

「あれが、社長の明日の型だ」

どちらかというとモンティ・パイソン的なスケッチだ。即興ではなく、こうした台本のあるスケッチをうまくこなすのも、スタンダップ・コミックの重要な条件の一つなのかもしれない。

短い演奏があってCM。エリー・レナックスの歌。高原の花と蜂のムービーが映る。「深い想い」というタイトルが出て、詩の朗読になる。

「私はオペラ歌手のヌードが見たい。高音で歌い出すと中まで見えそうだから」

詩の番組のパロディなのだろう。

続いて「アイム・チリング」という、これもまた奇妙な番組。黒人と白人の二人組が出て来て、黒人のほうがラップで、視聴者から送られて来たジョークを読む。続いてニューヨークのホテルの写真だけのＣＭパロディ。

「この番組のゲストたちの定宿《じょうやど》です。ニューヨークの一等地にあって、差別が好きなあなたにはぴったりのホテルです」

　で、次が「レニー・ワイズ・ショー」というラジオのトーク番組のパロディ。ゲストがスーパーマンということで、インタヴューの内容も想像がつく。聴取者からの電話質問。

「この間の清掃局のストでニューヨークがゴミだらけになったとき、なんであんたはゴミを拾いに来なかったんだ」

「俺はゴミ屋じゃないってところで一線を引いているんだ！」

　と怒りながら答えるスーパーマン。

　このラジオ番組の終わりのテーマが流れはじめたところで、

「ふだん君はどんな格好をしているんだい？　ここだけで教えてくれよ」

　と聞かれて、ニコッと笑ってホストの耳元で内緒話をするスーパーマン。

　ＣＭのあとはエンディング。テロップには作家の名前が一五人と、スケッチ作家が三人出て来た。

　あえて番組をまるまる一本紹介したのは、ここでアメリカのバラエティ番組の実際に触れておきたいと思ったからだ。こうした構成は基本的には番組のスタート時と変わっていない。現在の、まだ日本には馴染みの薄いレギュラーたちの中からも、いずれ映画で主役を取るような新しいスターが現われてくるに違いない。そう思わせるあたりが、この番組の持つ貫禄なのだろう。

スティーヴ、ロビン、ビリー

『サタデー・ナイト・ライヴ』一五周年ビデオの日本語版が出たと思ったら、今度は、スティーヴ・マーティン、ロビン・ウィリアムズ、ビリー・クリスタルの三人がそれぞれホストを務めた回のビデオが三本同時発売された。

それぞれがゲスト・ホストを務めた二本分がCM抜きで収録されている。スティーヴ・マーティンが一九七八年と七九年。ビリー・クリスタルが八四年と八五年。そして、いちばん新しい。ロビン・ウィリアムズが八六年と八八年と、「サタデー・ナイト・ライヴ・ホーム・ビデオ・コレクション」というシリーズ・タイトルがついているので、評判がよければ、他の回も日本版として発売されるのだろう。

一九九三年五月二八日発売という話を聞いて、一週間前に、二つの大手ビデオ・ショップに電話予約をしたのだが、予約がいっぱいで「六月までお待ちください」という答えが返ってきた。日本版の発売を待ち望んでいたファンの数は予想以上に多かったのだ。

スティーヴ・マーティンのものはSNL全盛と言われる七〇年代後半の二本なので、そうそうたるメンバーで固められている。後年から見た「そうそうたる」だから、いま見ると、いずれもその若さに驚かされる。

　最初に登場するのが、映画化以前のジョリエット（ベルーシ）とエルウッド（エイクロイド）の「ブルース・ブラザーズ」だ。通常の番組では、この部分はタイトル前のスケッチであるはずだが、すでに二人の人気が大きなものになっていたので、あえてトップに持ってきたのだろう。テレビに慣れない評論家ふうに喋るドン・カシュナーの紹介があって、二人が登場する。この形式はのちに「ロック史上の偉大な瞬間」というシリーズになった。二人のブルースが終わると、タイムズ・スクエアーの電光掲示板にタイトルが出る。主演スティーヴ・マーティン、スペシャル・ゲスト「ブルース・ブラザーズ」に続いて、路上の出演者たちが「プライム・タイムのスター予備軍」として紹介される。

あらためて私服で登場するエイクロイドとベルーシにはじまり、ジェイン・カーティン、ギャレット・モーリス、ビル・マーレイ、ロレイン・ニューマン、ギルダ・ラドナー、そして最後にナレーターがスタジオのスティーヴを紹介する。

　白いスーツに黒ネクタイのスティーヴがテーマに乗って登場、スタンダップ・コミックを披露する。

「よく人に聞かれるね。スティーヴ、コメディのアイデアはどうやって仕入れるんだ？　ぼくは日常生活の中からと答えるんです。ぼくたちが毎日出会う、いろいろな関わりの中から、とね」

　そこで実例を挙げる。

「早朝ぐっすり眠っているところに電話が鳴る。仕方ないから、かすれた暗い声で電話に出ます。あーあー。電話の向こうの声はいつも『オタクのペンギンを暗殺してしまったんですが？』」

　ひと笑い取って、

「あなたにもよくあることでしょう?」

それから、コメディアンという肩書きを付けられてしまったので、毎年夏、シェークスピア・フェスティヴァルに出ることにしています。『リア王』ではリトル・リチャード役でした、と笑わせて次のネタに移る。

「二ヵ月前にフランスに行って、シャルトルの教会でじつに感動的な経験をしました。おそらく四百年程前の建物で、素晴らしいステンド・グラス……とても感動しました」

と思い入れたっぷりに話して、その顔つきのまま、

「ちょうどスプレーで名前を書いていたときでした」

同じ顔つきで笑いの間を取って、

「一年ほど前に読んで、ぼくの人生をすっかり変えてしまったフレーズを思い出しました。今夜は、そのフレーズをみなさんと一緒に味わってみたいと思います。文学では、自分に大きな意味を持つ文章にはめったにお目にかかれないものなんです」

内ポケットから出した二つ折のメモをゆっくり開く。

「『患部に湿布してください』」

笑いが起きる中、なんとも困ったような表情でメモに視線を落とし続けている。途中で宙を見て再びメモに目をやり、ゆっくり畳んでポケットにしまう。大きな拍手を取って、次のネタに……。

「ぼくはクラブなどでマジックをやっています。ちょっと手伝ってください」

そう言って観客席の最前列から男を引き上げる。あまり頭がよさそうでない客に扮したビル・マーレイだ。スティーヴのマジックは、客と話しながら時計をはずしたり、シャツを抜き取ってしまったりするものだが、ビルの身体がネタだらけなのは誰にでも分かる。その内、ネタもクソもなく、ベルトや財布を盗み

とり、髭をはがし押し倒して、靴からズボンまで無理やり脱がそうとする。大ウケのうちに終了する。

スティーヴ・マーティンがスタンダップ・コミックとしての絶頂期のネタだけに、いま見ても相当に笑える。

彼のヒット・シリーズ「元気のいいチェコ人フェストルンク兄弟」はエイクロイドとのコンビで、社会主義政権時代の東欧からアメリカに来て、アメリカ人になり切ろうとする兄弟のスケッチだ。ダサい格好をしたダサい連中で、時流に乗っているつもりが一昔前のアメリカだったりして、ズレにズレた明るい二人が大いに笑わせてくれる。

やはりヒット・シリーズになった「ヨークのセオドリック——中世の床屋兼医者」は、中世ヨーロッパでは床屋が医者を兼ねたという設定のもとで、スティーヴが、無謀な新技術を駆使して、患者を血だらけにして殺してしまう正義感あふれる理髪師を演じる。

以上が一回分だが、あとの一回分についても少し触れておこう。

冒頭のスタンダップ・コミックは、スティーヴがファッション・モデルのポーズをとると予定外のバンド演奏がはじまり、それに抗議しているうちについ踊り出してしまう、という安易なネタでお茶を濁している。とはいえダンスは彼のおハコでもあるので、最後に置かれたヌレエフのパロディ「旧ソ連の亡命したいバレエ団」とともに、ファンにとってはまことに嬉しい映像なのである。

スケッチが二本——一般家庭に入り込んで強引にスペイン語を教える「押しかけスペイン語教師」と、いたずら好きの蛮族の、糞とトイレット・ペーパーによる襲撃に怒るローマ兵の隊長をスティーヴが演じる「ローマ帝国兵と若きバルタン人」——。

どちらもおかしさはもう一つだが、「ロック史上の偉大な瞬間」シリーズの一篇――かつて名曲「ユー・ガッタ・フレンド」が生まれた際、ロレイン・ニューマン扮するキャロル・キングに締め出された男友達のヘンリーに扮したマーティンはじつにおかしい。ドアから押し出された途端、彼はギャレット・モーリス扮する黒人の物盗りにナイフで刺される。窓の内側にいるキャロルに必死で助けを求めるが、彼女は気づかずに「ユー・ガッタ・フレンド」を弾き語りで歌っている。「私の名前を呼んで」とキャロルが歌うと、それに答えるように、ヘンリーが「キャロル!」と叫ぶ。まさにスティーヴ・マーティンの魅力満載ビデオである。

ロビン・ウィリアムズは、LD『コミック・リリーフⅢ』(一九八九年)と、一部分、同じネタを一九八六年版のSNLの冒頭でやっている。八八年のものは政治ネタにはじまり、前日のマイク・タイソンの試合でセコンドがゴム手袋をはめていたといった話から、コンドームを連想させる下ネタに行く。これだけの下ネタを堂々とやらせるSNLも、下品さを少しも感じさせないロビンの芸も大したものである。

スケッチでも、補聴器型スピーカーで側近の言われたとおりに記者会見に答えるレーガン大統領を演じたり、シェークスピア本人の前で、いきなりスタンダップ・コミックの乗りで即興をやってしまうハムレット役者を演じたりで、じつに過激にやっている。

ビリー・クリスタルのものは『SNLフィルム・フェスティヴァル』と題し、過去五年間(一九八〇年〜八四年)のスケッチやCMパロディのフィルムを並べて、二人の口うるさい(本物の)評論家に批評させていく形式をとっている。いわば総集編である。

最初にそのことを断っておいてから、ビリーは番組のテーマにちなんだ映画の話をはじめる。

「ぼくは子供の頃から映画が好きでした。きっかけはドライヴ・イン・シアターなんですけど（笑）、みんなそうでしょう？ 若い頃は貧乏だったんで昼間に行ったんですが、うまくいかなかった」

ビリーは、ドライヴ・イン・シアターに行った目的はカー・セックスだったと言ってしまい、このくだりをカットしてもらうため、あとでテープを編集しやすいように「一、二、三、四」とカウントしたうえで、話を最初の「ぼくは子供の頃から映画が好きでした」という部分に戻して笑いを取る。この番組が生放送なのは誰でも知っているのに……。そのあと、ドライヴ・イン・シアターを走り回る子供の真似をして笑いを取り、「じつはあれはぼくだったの」と、まとめる。

ここで十八番の物真似芸になる。誰にでもできる物真似を教えようと、ハンフリー・ボガートの顔写真のパネルを持ち出し、口のところに開けた穴から自分の唇を突き出してパクパクやって見せる。拍手。次は同じ手口でマット・ディロン。そして最後は『名犬リンチンチン』のパネルからダラリと舌を出す。拍手。

「ぼくが好きな映画は、みなさんもそうだと思いますが『十戒』（一九五六年、セシル・B・デミル監督）です。これはおかしな映画でした。聖書の映画には決して出るべきじゃない役者が出ている。悪役のエドワード・G・ロビンソン」

そこで「メシアはどこだ。モーゼはどこにいる」という台詞をギャング映画ばりにやって見せる。日本でいえば、少し古いが上田吉二郎や進藤英太郎の物真似のようなものだ。

「先週、ぼくはすごい役者に会えてドキドキしたんです。いま、ブロードウェイで『王様と私』に出演しているユル・ブリンナーです。ぼくは彼の真似をする世界でも稀な人間の一人なんです。これからやって見せますが、ご家庭ではやらないようにお願いします。ぼくはプロですから。『十戒』でユル・ブリンナーが父親ハードウィック卿に話す場面。まずは歩き方から」

そして『十戒』の音楽をバックにブリンナーの物真似をはじめて、最後はブロードウェイの『王様と私』のポスターでお馴染みの両手を広げて上げたポーズをとって見せる。

二本目の番組は通常のスタイルだ。この回のトークは、オーソドックスな発情期の高校生時代のネタにしている。この二本を見るかぎり、ビリーのステージにはスティーヴやロビンにあるようなエキセントリックな烈しさは見られない。それよりもスケッチで見せるサミー・デイヴィス・ジュニアの物真似のほうがおかしい。とくにメイクは秀逸である。ビリーであることが、まったく分からないのだ。

こうしてSNLに出た三人のゲスト・ホストを見比べてみると、スティーヴ・マーティンはオーソドックスなスタイルとパロディ・ネタ、ロビン・ウィリアムズは過激な時事ネタ、そしてビリー・クリスタルは物真似と、それぞれが独自のスタイルを売り物にしていることがわかる。いずれにせよスタンダップ・コミックで大事なのはスタイルなのである。

放送コードとの闘い

CMネタとニュース・ネタは、どこの国でも視聴者ウケする。SNLでも毎回、何本かのCMパロディが作られている。

なかでも八〇年代前半に本物のスティービー・ワンダーを使って作った「誰にでも写せます——カノンAE1」というカメラのCMパロディが傑作だ。

テニス・ウェアのスティービーが、テニスに興じるジョー・ピスコポの写真を撮りまくる。シャッター音のたびに映像がフリーズする。目の見えないスティービーが写したスナップだから、ピンぼけだったり、画面に空しか写っていない失敗写真ばかりである。「君もやってみな」と、今度はピスコポにカメラが渡される。ラケットを振るたびにすべての球を外してしまうスティービーのスナップになる。

——おいおい、ここまでやっていいのかよ?

放送コードを気にして仕事をしている日本の放送関係者なら、誰しも同じ思いを抱くだろう。ケーブル・テレビならいざ知らず、これは一般放送なのである。にもかかわらずSNLには、際どさの限界を大幅に踏み越えてしまったような過激なスケッチが多い。とうてい日本では放映不可能であろう危ないコントが平然とまかり通っている。エディ・マーフィーがレポーターを務めるドキュメント番組のパロディもその一つである。

アメリカの黒人社会と白人社会では何がどれだけ違っているのか？

エディは友人の特殊メイクアップ・アーティストの協力を得て白人になりすまし、白人社会の体験レポートを試みる。「白人」エディはスーツにアタッシェケースという姿でマンハッタンに出かけ、ドラッグ・ストアーに立ち寄る。新聞を買って代金を支払おうとするのだが、白人の店員は「いいから黙って持ってけ」と受け取ろうとしない。「白人社会の一面を垣間見た」というエディのナレーションが入る。

バスに乗ると、白人たちに混じって黒人が一人だけ乗っている。その黒人が降りてしまうと『キャバレー』のBGMが流れ、コートを脱いでホステス姿になった乗客の女性がカクテル・サービスをはじめる。

銀行に行ったエディが、係の黒人に担保もIDカードもなしで融資を頼むが、あっさり断られてしまう。奥から出て来た白人の行員が黒人に替わると、金庫を開けて「いくらでもどうぞ」と札束を渡す。

これもかなり過激なものだが、黒人のエディ・マーフィーが自分から喜んで皮肉っぽくやっているので許されるのだろう。

『007／黄金銃を持つ男』（一九七四年、ガイ・ハミルトン監督）にも出たコビト役者ヘルヴェ・ヴィレシェイズ（一九九三年九月、ピストル自殺）に扮したビリー・クリスタルがテレビでインタヴューを受けるスケッチがある。ジム・ベルーシが司会をするインタヴュー番組のパロディ「間違った転職」がそれだ。ヴィレシェイズは八三年に七七年から続けていたテレビ番組『ファンタジー・アイランド』を契約問題がこじれ降りている。ソファーに腰かけたヴィレシェイズのカウボーイ・ブーツを覆いた短い足が、真っ直ぐ伸びたまま宙に浮いている。

「調子は？」と聞かれると、

「一日一〇〇メートルから一〇五メートル走ってぃる。元気のいいときは、さらに三〇メートル走る」

最近「ファンタジー・ワールド」という番組を降りた理由を聞かれる。

「俳優として成長したかった。伸びたかった。ギャラも、もっと欲しかった」

「どれくらい？」

「週七万五千ドル」

「トム・セレックだって週五万ドルだよ？　それじゃ三〇センチ五千ドルになるぞ！　それは間違った転職だ。で、今度は何を？」

「小さなディナー・シアターでコビトだけの『セールスマンの死』をやる」


コビトのプロレスも中継できない日本であれば、コビト役者に扮してからかってしまうことなど、怖くて考えることもできない。

「ウィークエンド・アップデイト」というニュースのパロディ・シリーズも相当に危険な代物である。このシリーズの初代キャスターはチェビー・チェイスだ。もともと構成者だった彼がこの番組の初回から出演者に転身したのは、ニュースのパロディを書いているうちに自分で読んだほうが早いと思ったせいだろう。その後、キャスター役は七〇年代後半にジェイン・カーティンとダン・エイクロイドかビル・マーレイ、八〇年代半ばにはデニス・ミラーに替わっている。

このコーナーは実名と本人の写真を使ってパロディ・ニュースを作ってしまう。八六年、デニス・ミラーがキャスター役を務めた回を紹介しよう。

キャスター席の後ろのモニターに「金日成暗殺！」

という文字。続いて金日成自身のポートレートが映し出される。

「昨日、『金日成暗殺！』のニュースが流されましたが、本日、元気な本人の写真が公表され、その生存が確認されました」

金日成が毛沢東と歓談している写真に替わる。

「この写真から、一九七六年に死んだはずの毛沢東も生きていることが分かりました」

モニターに「レーガン大統領、いすゞ自動車のCMに出演」と出る。

「レーガン大統領がCMのカメラ・テストを行いました。そのテスト・フィルムの一部をお見せしましょう」

モニターに、イランへの武器輸出について苦しい弁明をするレーガンのニュースが流れる。こうした調子でパロディ・ニュースを一〇本ほど読み上げてから、ミラーが言う。

「先週の土曜、SNLは、今シーズン二度目の検閲によるカットを受けました。その件に関して、当番組のスポークスマンであるA・ホイットニー・ブラウン氏に解説をお願いしましょう」

隣に座っていた番組ライターの一人（この回には一五人の作家が参加している）であるA・ホイットニー・ブラウンが本音で語り出す。

「どうも。今夜はスポンサーの方々に所見を述べさせていただきます。みなさんのCMが豊かな果実だとしたら、私たちの番組はそこにからまる蔓草（刺身のつまみたいなもの）にしか過ぎません。しかし最近、それを妬む用地管理人たちが蔓草の根っこを掘り刻んでいるのです。放送検閲をなさるみなさんは、私たちが視聴者の方々を大人扱いして怒らせていると考えているようです。ですが、過去一二年間でこの番組に腹を立てた方々は二度とSNLを見ないだろうと思われたので、こちらも、面の皮の厚いスリルを求める方々だけに視聴者層を絞ることができるようになりました」

ここで客席から大歓声。

「スポンサーのみなさん、私たちはみなさんが、検閲官がご機嫌を取ろうとしている節約主義のピューリタンよりも、勝手気ままで派手好きな消費者を味方にしたいと思っていらっしゃることを存じ上げております。広告主のみなさん、競争相手は明らかなのです。当番組の時間帯は、とくにケーブル・テレビやレンタル・ビデオの攻撃の的になっています。子供だましの出し物を放送すれば、フィービー・ケーツが脱ぐよりも早く映画チャンネルに替えられてしまいます。

テレビは戦争です。敵は道徳的な大衆ではなくフィービー・ケーツの胸です。現代の社会ではナマクラ刀では戦えません。コメディの鋭い刃が必要なのです。私たちの勇気を視聴者に示させてください。そうしたら視聴者は浴びるほどの可処分所得税をあなたたちに支払ってくれるでしょう。これは芸術を守るための礎です。私たちは自由を望むだけです。ものをつくる自由は、一八歳から三四歳の新しい購買力層を嘘のない楽しい気持ちにさせます。立ち上がって言いたいことを……言いたいことを言える自由を……何が言いたいことかはこちらで考えますから、どうか私たちを信じてチャンスをください。ありがとうございました!」

後半、演説を盛り上げるようにアメリカ国歌が流れるのがおかしい。

一九九一年に出版されたハンク・ガローの文にエド・エダールの写真で四〇人の注目株のスタンダップ・コメディアンを紹介した「COMEDY EXPLOSION/A NEW GENERATION」を見ると、A・ホイットニー・ブラウンはスタンダップ・コメディアンとしても活躍していて、ＳＮＬでは、この「ウィーク・エンド・アップデイト」社会評論のコメンテイターとしてたびたび出演していることが分かった。もちろん、まじめなふうを装ったコメンテイターのパロディではあるわけだ。

とはいえ放送コードに触れたり検閲されたりしても、「二度とやりません」などと簡単に謝罪したりせず、きちんと言い返すことができる言葉を番組が持っている。これは素晴らしいことだと思う。

スタンダップ・コミックのジョーク　A・ホイットニー・ブラウン

●湾岸戦争

「ベトナム戦争がはじめてのテレビ戦争なら、湾岸戦争ははじめての任天堂戦争だな。フランスは、この戦争でわれわれの背後にいるんだ——たぶんどこにいても後ろにいるんだろうけど。

ジョージ・ブッシュは教育の大統領になるんだと言ってたけど。彼が教育するのがサダム・フセインだなんて思ってもみなかったろうね。

新しい爆弾は、わが国の高卒連中より頭がいいらしいんだ。少なくともクエートが地図のどこにあるか知っているしね。これ以上、優秀な爆弾を作ると、その爆弾自身が戦争に対して考え直したりし出すかもね」

5 テレビのトーク・ショーが笑いを育てた

ザ・トゥナイト・ショーの伝説

一流スタンダップ・コミックを目指すコメディアンたちの憧れの番組――それがジョニー・カーソンの『ザ・トゥナイト・ショー』である。スタンダップ・コメディアンだけではない。作家も歌手も、この番組にゲスト出演しないことには一流と見なしてもらえないのだ。

ジョニー・カーソンはネブラスカに生まれ、はじめ地方のラジオ局に勤めたあと、中央に進出した。一九五五年から一年間、『ザ・ジョニー・カーソン・ショー』というタイトルの番組を持ったこともあるが、六二年一〇月、それまでのジャック・パーに替わって『ザ・トゥナイト・ショー』の司会を務めることになり、テレビ界への本格的なデビューを果たす。以来、『ザ・ジョニー・カーソン・ショー』と言えば『ザ・トゥナイト・ショー』を指すまでの大成功をおさめ、年収三〇〇〇万ドルと噂されるテレビ界の大物としての地位を築き上げた。そして一九九二年五月二二日に降板するまで、じつに三〇年ものあいだ、この番組一筋に生き続けたのである。

このショーはカーソンとゲストとのお喋り、ゲストの歌や芸といった内容で構成されている。月曜から金曜までの毎日、一一時三〇分にはじまる一時間番組だ。まずジョニーの短いお喋り。たいへんな高視聴率番組であるだけに、彼の政治ジョークはアメリカの運命を左右するとまで言われている。ジョークが受けないと、バンドが「ティー・フォー・トゥー」を演奏し、ジョニーが昔の芸人のようにステップを踏んで見せる。コマーシャルに入る前にゴルフのスイングをして見せるのも、客ウケのよいギャグなのだという。

デーブ・スペクターの著書『イッツ・オンリー・ア・ジョーク――アメリカからものすごいジョークがやってきた』で、一九八四年のある日の『ザ・トゥナイト・ショー』の冒頭が紹介されている。

ポール・アンカが作曲したテーマ・ソングが流れ、ショーがはじまる。まずはアナウンサーのエド・マクマハンだ。

「ハリウッドより、ジョニー・カーソンのトゥナイト・ショーをお送りします。ぼくはエド・マクマハン。ドク・セバリンスンとNBCオーケストラの演奏にのって、あのデヴィッド・スタインバーグ（コメディアン）、モーガン・フェアチャイルド（女優）、ジョー・ウィリアムズ（ジャズ歌手）、そしてマイティ・カーソン・アート・プレイヤーズ（ジョニー・カーソンの劇団）。さて、レディース&ジェントゥルメン、ヒアアアアアアズ、ジョニー！」

盛大な拍手。

「ありがとう。どうぞお静かに。ジョニー・カーソンです。あなたの笑いのバーテンダーです。いまはハッピー・アワー（飲み物が安くなる時間）です。何にしますか？ ジョークにしますか、それともいつものやつ？（誰も笑わない）たったいま、大拍手をくれた人たちとはべつのお客なのかい？ このお客はヘルペスのチャリティ・テレソンで電話番をしていた人じゃないかな。（派手な服装で有名なドクを見ながら）まるで色のシンフォニーだね。地中海ミバエよけのスーツに違いない。みなさん、金曜の夜らしいお客さんだね。けっこう遠くから来た人も多いみたいだ。ビバリー・ヒルズのロデオ・ドライヴでゾーディズ（安物雑貨店）の買い物袋を持っているところを見つかったら、ヘリコプターにぶら下げられてレシーダ（郊外の町）に連れ帰されてしまうんだ。

ぼくは南カリフォルニアに住んでいるけど、ここは決して知的な考えの温床とは思われていない。その証拠に、最近ＵＣＬＡで三〇〇人の学生が泥レスリングで奨学金をもらったくらいだ。（笑）

いいニュースと悪いニュースがある。悪いニュースから言うと、いま、一ドルは三六セントの価値しかない。いいニュースって言うのは三六セントでいまでも五セントのキャンディ・バーが買えるってこと。（笑）

明日またアメリカの伝統をテレビで見られますね。アトランティック・シティでミス・アメリカのコンテストをやる。それはそうと今日のリハーサルで、ちょっと恥ずかしい事故があった。何人かのいたずらっ子が、水着コンクールに馬を忍ばせたら、その馬が予選を通過してしまったんだ。

レーガンの内閣の話はよく聞くでしょうけど、シェルドン・フィッシュバック（つまらない名）のことは聞いたことがないと思う。じつはシェルドンはワシントンで三番目に重要な仕事をしている。仕事っていうのはエド・ミース（大臣）を起こすこと。そうすればミースはレーガンを起こせるから（誰も笑わない）。エド・ミース知ってる？

さてワインバーガー（国防長官）が今度、同盟国と話し合いに行くそうだ。同盟国が見つかるといいけどね。（笑）

もうちょっと政治の話をしようか。行くよ。今日のロサンジェルス・タイムズの見出し。アンケートが載っていたけど、見ました？　いちばん尊敬するアメリカ人は誰かってやつ。誰が一位だったと思う？　ロナルド・レーガン。エイブ・リンカーンは二位だった。レーガンがリンカーンに勝ったのは、これが二回目だ。最初はリンカーンが生きてるときだった。これでもうぼくはホワイト・ハウスのディナーに招待されないだろうなあ。今晩も素敵なショーを用意してますから、テレビの前から離れないように……」

二〇年以上も続いたと聞くと、どうしても体制迎合的な番組だろうと考えてしまうが、とんでもない。『サタデー・ナイト・ライヴ』も『ザ・トゥナイト・ショー』も体制への批判を決して忘れていないのだ。

レイト・ナイト・ウィズ・デヴィッド・レターマン

同じNBCでやはり月曜から金曜まで、『ザ・トゥナイト・ショー』が終わった午前〇時三〇分から放映している一時間番組が、『レイト・ナイト・ウィズ・デヴィッド・レターマン』である（ただしレターマンは一九九三年六月に番組を降りてCBSに移籍した。これについては後述する）。

この番組は一九八二年に開始されたニューヨークからのショーで、ロスのジョニー・カーソンに比べるとクールでアナーキーな印象を与える。デーブによると、放送中にピザ屋に電話をして出前を頼み、運んできた青年を観客と一緒に拍手で迎えてインタヴューをするというように、やりたい放題のことをやってのける自由さがレターマンの真骨頂らしい。企画がつまらなかったことをわびて観客の一人ひとりに一ドルずつ支払ったというエピソードもある。こうしたレターマンのジョークは人口の一〇パーセントにしか通じないと言われているそうだ。つまりは玄人好みの笑いなのだ。

夜のマンハッタンや無人のオフィスやバーをカメラが駆け抜けるタイトルはSNLによく似ている。だが、こちらのほうがはるかにスピーディである。演奏は、カーソンのスイング・バンドと違ってロック・グループである。ここで飛びはねて六弦のベースを弾いているウィル・リーは渡辺貞夫さんのお気に入りで、過去三回ほど来日している。

音楽に乗ってレターマンが登場し、しばらくトークになる。ジョニー・カーソンよりはきつい内容とは言え、彼の番組のすぐあとの時間帯で、一〇年以上も毎日やっているだけに、トークは初期に比べたらかなりソフィスティケートされているに違いない。

この番組に、なんでもベスト・テンにしてしまうというコーナーがあって、『ブック・オブ・トップ・テン・リスト』というタイトルで二冊の本（一九九〇年、九一年）になっている。そこから二つほど紹介しておこう。

ニューヨークに関するいいことトップ・テン

10　街角にさしかかるたびに車の窓をきれいにしてもらえる

9　新ルール——検死結果は三〇分以内で。さもなければ無料

8　恒例廃車ショー

7　四つの言葉——レジス・そして・キャッシー・リー

6　ステーキ・ハウスでギャングのドンパチがあれば、勘定を払わないで逃げてよい

5　日本人は自社ビルをきれいにしている

4　マンハッタン教会には空席がたくさんある

3　九一一は料金無料番号

2　売春婦が世界一きれい！

1　一杯三ドルのコーヒーで、気持ち悪いほどの汚さ、耳をつんざくような騒音と、恐ろしい危険から逃れられる

アーノルド・シュワルツェネッガー映画で没になった台詞トップ・テン

10「まぁ、なんてすてきなレースのドイリー（フィンガーボールなどの下に敷く布ナプキン）なんでしょう！」

9「ウワッ！　紙で指を切っちゃった！」

8「ファッジ（キャンディの一種）にはほんとに目がないの！」

7「これは財布じゃない。小物入れなんだ」

6「バンドエイドある？」

5「このオリーブのびんを開けてくれる？」

4「ドーナツを作る時間だ、野郎ども！」

3「クレジット・カードだけは置いてってくれる？」（泥棒にあって、こんな台詞を彼が言うわけない）

2「助けて、レターマン！　助けて！」

1「他に誰かミュージカル・ナンバーの好きな人いない？」（パーティーでしらけさせるのは「ハロー・ドーリー」などの古いミュージカル・ソングを歌う奴。こんな台詞を彼が言うわけない）

デーブ・スペクターは「面白い」と言うが、アメリカのテレビ番組やCMを知らない限り理解できないものが多い。日本でもバラエティ・ショーを単行本にしたものがあるが、現物をまるで知らない人にはまったく面白くない。それと同じことだ。

「日本の新天皇の義務トップ・テン」もある。8位は「ダン・クエールに午前三時に電話して、万歳！　と叫ぶ」、6位が「マイク・タイソンとモスラのタイトル・マッチの企画」といった程度で、あまり危ないものは入っていない。

さて、ジョニー・カーソンの『ザ・トゥナイト・

ショー』の最終回（一九九二年五月二二日）が終わった夜、その感動が冷めやらぬうちに『レイト・ナイト』がはじまった。冒頭は、カーソンがゲストでこの番組に出演した四回分を編集したものだった。この番組も基本的には生放送なので、二人を同時に生で出すとなるとロスとニューヨークの二元中継になってしまうはずだ。カーソンがレターマンのスタジオに来たのは、おそらく『ザ・トゥナイト・ショー』が録画だった回なのだろう。

カーソンが登場するやいなや、小脇に抱えてきたボードを組み立ててデスクをつくる。

「こいつがないとできないんだ」

レターマンが、

「俺のデスクより大きいじゃないか」

「あと二〇年もすればこれくらい大きくなるさ」

アメリカのトーク・ショーはホストがデスクの前に座り、ゲストがデスク脇の椅子に座ってトークするという形式のものが多い。

このときの二人のやり取りを見ていると、お互いがお互いを認め合っていることがよく分かる。『ザ・トゥナイト・ショー』よりも攻撃性の強い『レイト・ナイト』が、カーソンの番組をきちんと立てている。もともとカーソンに認められて、レギュラーを持つようになったレターマンとして、それは当然のことだったのだろう。

検閲とバディ・ハケット

スタンダップ・コミックとして認められるのは、『ザ・トゥナイト・ショー』か『レイト・ナイト』のどちらかに出演できてからだ。もちろん、バディ・ハケットも出演経験がある。彼の『検閲なし《アンセンサード》』というＬＤには全部で一二の出し物が並んでいる。そのすべてが「無検閲」というわけだ。彼は「ブルー・マテリアル」の代表的コメディアンといわれている。テレビでは絶対やれない（最近はケーブル・テレビでもやるようになったが）排泄物ジョークやわいせつジョークのことを「ブルー・マテリアル」という。日本語では「下ネタ」に当たる言葉だ。

最初の出し物は「ジョニー・カーソン・ショーのＣＭの間の話」というタイトル。スタンダップ・コミックのステージのジョークのタイトルになるくらいだから、『ザ・トゥナイト・ショー』の威力はさすがだ。だが、中身はジョニー・カーソンとまったく関係ない、かなりの下ネタである。ＣＭの間のわずかな時間に、その場に居合わせた客とスタッフへのサービスとしてこうした下ネタを話すのだろう。バディ・ハケットのショーを見に来た観客には「ジョニー・カーソンのショーのＣＭの間の話」と言われただけで、かなりの下ネタが飛び出すものと分かるに違いない。

「今夜、俺がカーソンのショーで喋った話を聞きたくて来ている客は何人くらいいるかな？　ある男が便所に行って便器の前に立っている。あの夜、カーソンのショーでコマーシャルの間に喋った話なんだけど……いや、待てよ……午後だ……ジョニーが来る前だった。コマーシャルの間に喋ったのはべつの話だ。

　コマーシャルの間に喋ったのは……あの話だ。ある男がね、彼のメンバーが……メンバーって分かるかい？　そう、正解！　ディック（ペニス）のこと、当たり！　好きだな俺、こういう解剖学について知識のある連中って。それで、奴のメンバーがねじれて折れて、もうひどい状態になっているのさ。だから医者に行ってこう言ったんだ。

「ちょっとこれ見ていただけませんか？」

　そしたら医者が、

「長い間はいやだよ」

「治していただけますか？」

「こわれてるのか？」

「はあ？」

「そこから放尿するのか？」

「なんですっ？」

「そこから小便をするのか？」

「ええ」

「それでセックスをするのか？」

「ええ」

「ま、そのために出来てる物だからな。ショーウインドウに飾っておくわけじゃないんだから」

「でも、先生、どうもこいつが気にいらなくて」

「言っておくけどね、私もべつに気にいってるわけじゃないんだよ。いまさっき、私も看護婦と昼食に行って、そいつを使わなきゃならなかったんだ（気持ち悪そうな顔をする）。手術してもいいが、機能を果たさなくなる恐れがあるぞ」

「そりゃ困ります」

「そうだろうな」

「おいくらでしょうか？」

「いらない。すぐに持って帰ってくれ！」

それから一年後、彼はまた医者のところに来てこう言ったんだ。「見てください！　完全にまっすぐになりました」

「誰が手術したんだ？」

「誰も」

「どうやってまっすぐにした？」

「ぼくがしたんです」

「どうやって？」

「叩いたんです」

「なんだって？」

「便所で隣り合わせになった男が、そいつのものを叩いていたんで聞いたんです。『何をしてるんだ？』そしたら『下着が湿らないように余分な水分を払っているのさ』って。それでぼくも叩くようになって、一年間叩き続けました。それでこの形に叩き上げたんです」

医者が言った。「前はどうしていたんだ？」

「ただこうやって（自分の物をねじる動作）……」

（十分な笑いの間を取って）

午後はね、便所に立っていたある男の話を喋ったんだ。そいつは東洋人のご婦人と関係を持ってね。数日後、自分の……メンバー、そう、それを見たんだ。そしたら色とりどりになってて……茶色、青、緑、ピンクにね。それでやつは医者に行ったんだ。そしたら医者が、

「うん、そういうのをフィリピンで見たことがある。取らなくちゃ駄目だ、それは」

「取れないんです。洗剤とか漂白剤とか試したんですが、取れないんです」

「いや、そうじゃなくて。それは毒だ。このままじゃ君は死ぬ。切断しなきゃならんよ」

「ぼくのディックを切っちゃうって言うんですか？」

「そうしなければ死ぬよ」

「死なせてください。これなしでは生きてなんかいたくない！」

それで男はすっかり落ち込んでしまう。歩きながら考えた。ちょっと待てよ。東洋人の女だったんだから東洋人の医者に見せればいいんだ！　男は東洋人の医者がいる界隈に行き、階段を下りていい、いすだれをノックした（笑）。医者が言った。

「（中国人っぽいアクセントで）いらっしゃいな、なんの用あるね？」

「こいつを見てもらいたいんです」

「なんてことあるね！　なんてディックあるね！色とりどりあるね！　茶色、緑、青、ピンク……わたしイエローだけあるよ（笑）。アメリカの医者には行ったあるか？」

「はい」

「なんて言ったあるか？」

「切断したがってました」

「なんてことあるね！　君のディックを切り落としたいあるか!?」

「はい」

「あいや〜、駄目あるよ、そんなことしちゃ！」

「（嬉しそうに）あーよかったあ！」

「当たり前のことあるね、三日か四日すれば勝手にもげてしまうあるね」

（十分な笑いの間を取って）

なんで女というのは結婚するまでは、目茶苦茶突っついているのに、だんだんしなくなるんだろうね？　頭が痛いとかなんだかんだとさ。なんでかね？　なんで女はしばらくするとねじ込むのをやめちまうんだい？　なんでだろうね。俺は自分がしなくなったわけは分かってるさ。もうできなくなったんだもん。年取っちゃってさ。でも女房は若い、十分ね。まだ四七歳。まだ若いって」

テレビではできなかったこうしたネタも、規制の緩い有料ケーブル・テレビの出現以来、自由にやれるようになった。まさしくダーティ・ジョークだが、これもまたスタンダップ・コミックのオーソドックスなスタイルの一つなのだ。

ライヴの笑いとテレビの笑い

バディ・ハケットは下ネタを避けることで『ザ・トゥナイト・ショー』にも出演できたが、彼のようにやや敬遠され気味のスタンダップ・コメディアンは他にもいる。こうした芸人たちは、むしろ『レイト・ナイト・ウィズ・デヴィッド・レターマン』に向いている。ハウス・バンドにも象徴されているように、前者はスイング系、後者はロック系のスタンダップ・コミックがふさわしい。

八〇年代に入って突如人気が出たコメディアン、ギャラガーの一九八四年のライヴ・ビデオがある。タイトルは『ザ・マッデスト』——「最高の気ちがい」「最高の変わり者」「最高の暴れ者」「最高の救世主」「最高におかしい人」といった意味だが、ギャラガーを見るとどれにでも当てはまりそうだ。彼は人種ジョーク、身障者ジョーク、ドラッグ・ジョークを得意にしている過激派だ。小道具を使わせたら右に出る者はないと言われている。

有名な「セブン・イレブン」ネタがある。

「二四時間開いてるのに、どうしてセブン・イレブンは入口に鍵があるのだろう?」

デーブによれば、彼はオヴザベイション・ユーモアの天才なのだと言う。日常生活の細部についての観察をステージから客に頻繁に話しかけていくうちに、客のほうもそれと気づかないまま彼の共犯者になってしまう。彼の英語は文法がめちゃくちゃで、それが喋りに迫力を持たせている。ここではデーブ・スペクターの本に載っているギャラガーのジョークを紹介しておこう。

「この世界で身体障害者がどれほど役立っているか、ぼくが知らないとでも思ってるんでしょう? よく知ってますとも。だって、身障者のみなさんのお陰で、ぼくはいつも駐車場に困らないのです。(笑)(アメリカの駐車場には身障者用の駐車スペースがあり、いつも空いている)
……ねぇ、みなさんは公衆トイレにある身障者用の広い個室を使ったことがあります? 腰かけてやっと落ち着いた頃に、ドアの下の透き間に車

椅子が来たのが見えるんだ。（笑）

もし利口な人なら、足を引きずりながら出てって、こう言うといい。

「あなたのために暖めておきましたよ」（笑）

……身障者の人たちには有益な、いいアイデアがあるんだ。御存じのように、飛行場のそばって、誰も住みたがらないでしょう？　あの地域は耳の聴こえない人たちにあげちゃえばいいのにね？（爆笑）

あなたたち（客のこと）、自動車と空飛ぶ円盤とでは、どっちが欲しいですか？（「空飛ぶ円盤！」と、客の一人）じゃあ、そいつを作るようにニッポン人に言ってやろうじゃない？（笑）

ぼくたちは消費者、彼らは労働者なんだから。（笑）

需要と供給さ。ぼくたちは欲しがり、彼らは作るのさ。ぼくたちが花火や紙の傘が欲しかった時代には、彼らはちゃんと作ってくれたじゃない？（笑）

彼らは忙しいのが好きなんです。（笑）なんでも作れる人たちなんだから。スーツのズボンのすそだけは短か過ぎるけどね。（笑）」

だが、もっと客に受けるのは小道具を使ったネタである。大きな木槌《きづち》でいろいろなものを壊していく。アイスクリームのパック。もちろん中身が入っているから客席に飛沫が飛び散る。大声で笑いながら絶叫する客。アンモニアのプラスティック・ケースをぶち割るときは、なんと、客席前方の客はビニール・シートをかぶっている。そしてファミコンを叩きつぶす。その勢いでおもちゃのパトカーを出して、

「今度はパトカーをブッ壊してやる！」

というと客席は総立ちになって歓声を上げる。

ギャラガーのショーは劇場でやっている。劇場の客席を埋めるだけの人気と実力をそなえたスタンダップ・コメディアンはそんなにはいない。そして面白いことに、ここまでやるギャラガーに声援を送るのは大人の客たちなのである。ギャラガーの風体にふさわしいロック・コンサート的な若い客は一人もいない。同じくロック系のサム・キニソンの劇場を埋める客もそうだが、ネクタイの男性と着飾った女性が結構いる。ブロードウェイの観客層と変わらない。

もう一人、デーブ・スペクターは彼の本で、ベテランのコメディアンとしてロドニー・デンジャーフィールドの名を挙げている。三〇年以上の芸歴を誇るロドニーは中年になってから花が咲いた。そのきっかけは、やはり『ザ・トゥナイト・ショー』である。不運で、ついてなくて、醜い負け犬をテーマにした短いジョークを、目玉をぎょろぎょろさせながら汗だくになって喋りまくる。

「誰もぼくを尊敬してくれない」

という彼のキャッチ・フレーズが飛び出すと、大拍手と大歓声。しだいに喋るテンポが早くなって、ロック・コンサートのような興奮状態を作り出すことから、「ロドニーのステージを見るほうがドラッグよりも効く」と言われている。

信じてくれないかもしれないな。こないだの夜、ある男の財布を拾ったのさ。ぼくの二人の子供の写真が入ってたよ。(笑)
煙草をやめようとしてね、女房と決めたんだ。セックスのあとだけ煙草を吸おうって。ぼくは一九七五年からまだ一箱も吸いきってない。(笑)女房は一日に三箱吸ってるよ。(爆笑)

結婚したとき女房が言ってたな。ぼくは一〇〇万人に一人の男だって。……当たってたみたい。（笑）

息子に言ったことがあるんだ。

「おまえもいつかは、おまえ自身の子供が出来るんだぞ」

すると息子が言ったよ。

「あんたもね」（笑）

こないだ女房と寝たんだけど、ちっとも感じないわけ。ぼくは女房に言ったよ。

「どうしたんだい？　君もやっぱり、誰も想像できないのかい」（爆笑）

ぼくが醜いってことは自分でも分かってる。子供の頃、親父が動物園に連れて行ってくれたんだ。動物園の人たちが親父に感謝してたな。

「よくぞこいつを連れ戻してくれました」（笑）

そんなふうな人生ですよ。誰もぼくを尊敬してくれない。（爆笑）昨日なんか、アメリカン・エキスプレス・カードが、ぼくを忘れて出かけて行ってしまった。（爆笑）

実際のデンジャーフィールドは、決して負け犬タイプではない。それどころか映画『バック・トゥ・スクール』（一九八六年、アラン・メッター監督）では、大金持ちの役で主演している。内容は、事業で成功しても教育を受けていなかったということで、多大の寄付をして息子の通う大学に入学したデンジャーフィールドの学園生活を面白おかしく描いた喜劇だ。彼はタイトル後に出る自ら経営する企業化した洋服屋のテレビCMと、ラストの卒業生を送る送辞でスタンダップ・コメディアンの片りんを見せてくれる。だが、この映画の見どころは、当時の若手人気スタンダップ・コメディアン、サム・キニソンが現代アメリカ史の教授役で二シーンに出演していることである。

サムは授業の場面で、一九七五年のアメリカのベトナム撤兵の理由について、生徒に質問する。生徒の答えは正解である。だが、サムは血相を変えてその生徒のところに詰め寄ると「俺はあのときベトナムにいたんだ！　おまえらがビートルズにうつつを抜かしてるときに俺は戦っていたんだぞ！」と絶叫する。その異常さは映画デビュー時のジョン・ベルーシを彷彿させる。サム・キニソンが『レイト・ナイト・ウィズ・デヴィッド・レターマン』に初出演し「ＦＵＣＫ！」と叫んで話題になったのが、この映画の頃だ。

『レイト・ナイト・ウィズ・デヴィッド・レターマン』に出演し、そのあと『ザ・トゥナイト・ショー』に出る。それがスタンダップ・コメディアンの夢である。ジョニー・カーソンがジェイ・レノに替わり、デヴィッド・レターマンがコナン・オブライアンに替わってしまった現在でも、一流を目指す芸人たちはこの番組を目標にしているのだろうか。ジェイ・レノに腹を抱えて笑ってもらうよりも、やはりジョニー・カーソンに笑ってもらえるほうが嬉しいのではないだろうか。

6 一九九三年の劇場とコメディ・クラブ

時代遅れを売り物に

ロドニー・デンジャーフィールドは、ニューヨークに「デンジャーフィールズ」というコメディ・クラブを持っている。『NOTHIN' GOES OUT』は、この店での一九八八年のライヴを中心にまとめたLDだ。ジャケットでは、店をショー・ケース・クラブと紹介してある。ショー・ケースとは宝石店の展示ケースなどを指すが、それと同じで、これから売り出そうとするコミックを見せるといった意味合いになる。ラスヴェガスでは、コメディ・クラブという言い方が普通で、無名のコミックが出演するホテルのラウンジなどを、とくにショー・ケースと呼んで区別している。一方、地方都市にあるスタンダップ・コミックを見せるこうした店は、そのほとんどがショー・ケース・クラブと呼ばれている。だからといって、そこに大物が出ないというわけではない。

「キャッチ・ア・ライジング・スター」「コメディ・ストア」「インプロヴィゼイション」といったコメディ・クラブもショー・ケース・クラブと呼ばれる。そして、そこから新しいスタンダップ・コミックが数多く輩出している。「デンジャーフィールズ」も、本人が出るより、むしろ広く若手コミックに開放されている。サム・キニスンを映画に起用したり、こうした店を持つなど、デンジャーフィールドは若手の育成になかなか積極的だ。

ＬＤ（レーザー・ディスク）ではデンジャーフィールドは、レニー・クラーク、キャロル・リーファー、アンドリュー・ダイス・クレイといった若いスタンダップ・コメディアンを紹介しながら、自分の妻をネタにしたジョークや、別撮りしたスケッチで進行役を務めている。

デンジャーフィールドは、『ミスター・サタデー・ナイト』でビリー・クリスタルが演じた老コメディアン同様、時代遅れのコメディアンとして売れた。キャッツキル時代の終焉とともに、消えてもおかしくない彼のようなコメディアンが生き残ったのは、ジョニー・カーソンのおかげだ。『ザ・トゥナイト・ショー』に初出演したとき、彼は古臭くてまるでウケなかったのだ。額に汗をかいて、焦れば焦るほど客席はしらける。そこでジョニー・カーソンが、彼のジョークにいちいち反応して、客の笑いをとった。その日から、デンジャーフィールドは古臭いスタンダップ・コミックとして客にウケる方法を知った。

このライヴで異彩を放つのが、ダイス・クレイだ。ジョン・トラボルタ似の男で皮ジャンにサングラス、リーゼントに長いもみあげ——一昔前のヘルズ・エンジェルスだ。ステージに上がると、いきなり煙草をくわえる。ジッポーを出すと、フィンガー・スナップで点火する。目一杯、粋がった煙草の吸い方をして見せる。煙草を挟んだ右手を、左耳の後ろから回して吸って見せ、つかみの笑いをとる。おもむろに話し出す。その中身は、このスタイルにぴったりな、強烈な下ネタである。

『COMEDY EXPLOSION／A NEW GENERATION』には、ダイス・クレイがこんなふうに紹介されている。

ダイス・クレイは、現代人と正反対の男だ。髪を後ろになでつけ、耳の下までもみあげを伸ばし、巨大な銀のバックルに銀の鋲で飾られた皮ジャン姿のならず者のバイク乗りの典型がステージに現われる。まるでずっと未来のもっと繊細な時代に紛れこんでしまった五〇年代のヘヴィー・スモーカーだ。

彼のトークは期待どおり、荒っぽい。そして正しいセックスのテクニックについて、彼に豚だの雌犬だのもっとひどい言い方で呼ばれた女性たちに講義をする。害のない童話子守歌（nursery rhyme——アメリカ人なら誰でも知っている、韻を踏んだ子守歌）を、下品なフレーズに替えてしまう。彼は観客にどんなセックスをしているか尋ねる。あとはもうわいせつの極致になる。

アンドリュー・ダイス・クレイのステージには品のかけらもない。ファンがそれを望んでいるからだ。

猥雑なステージに反して、インタヴューになると平凡な答えが返ってくる。

「ぼくの観客は最高です。まるでぼくがビートルズでもあるかのように反応してくれるんです。ぼくは病的な利己主義者じゃありません。ステージでは隣のアンちゃんにはなりませんが、私生活は自分自身です。あれはジョークだって分かるべきです」

　しかし、この本が出てしばらくしてダイス・クレイの名前を耳にすることがなくなってしまった。彼のいちばんの売りの、童話を下品なパロディにするショック・コミックなどの下ネタが、あちこちで非難されるようになったのだ。それは予想以上のもので、本人に立ち直れないほどの打撃を与えた。レニー・ブルースらの反体制を目指した禁止用語乱発と違って、彼の場合はただ意味もなくタブーを侵してきただけなのである。今夜はフェラチオをやってやるのかいと声をかけられて、喜ぶ観客ばかりではなかったのだ。怒って帰ってしまうカップルのほうが普通だったのだ。

　デーブ・スペクターは、ダイス・クレイと比較してハワード・スターンの下ネタをあげた。スターンはラジオで、似たような下ネタを喋りまくって人気者になり、いまやテレビのレギュラーを持つまでになった。彼が生き残ったのは、同じ下ネタでもきちんとしたバックボーンがあったからだ。観客（聴取者）が言いたいことを代弁しているという彼の姿勢が支持されたのだ。

　デンジャーフィールドは、時代遅れの芸で時流に乗り、アンドリュー・ダイス・クレイは時代遅れのルックスが飽きられる前に、時代から見捨てられてしまったわけだ。

ブロードウェイのスタンダップ・コミック

話を数年前に戻そう。一九八八年の夏のことだった。ブロードウェイのブルックス・アトキンソン劇場で『The World According to Me!』というジャッキー・メイソンのショーを見た。彼はこの年、この作品でトニー賞を受賞している。

じつはこのステージ、ぼくにとって、久しぶりに見る生のスタンダップ・コミックだった。ビデオや、ラスヴェガスのショーの合間のスタンダップ・コミックに触れてはいたが、本格的な生のステージは、堺正章さんと一緒に見た「キャッチ・ア・ライジング・スター」のリチャード・ベルザー以来だったのだ。ラスヴェガスはともかく劇場で——しかもブロードウェイの——見るスタンダップ・コミックははじめてだ。場内で無料で配られるパンフレット「プレイ・ビル」には、こんな紹介が出ていた。

「ジャッキー・メイソン、『機知のランボー』はマンハッタンのローワー・イースト・サイドに生まれ育ち、ラビ（ユダヤ教の聖職者）たちに囲まれて育った。三人の兄弟はラビである。父はラビであった。祖父がラビで、曾祖父がラビで、曾曾祖父がラビで、曾曾曾祖父が……そういうことだからメイソンが二五歳の歳までユダヤ教会堂の独唱者だったことも驚くに値しない。その歳で彼はラビの聖職についた。その三年後、コメディアンになるためにユダヤ教をやめた。彼曰く「一門の中の誰かが働く必要があった」。そのとき以来、彼はナイトクラブでレギュラーの仕事をしてきている。何本かの映画にも出ていてメイソンがプロデュースして、ジョン・アヴィルドゥセン監督の『The Stoolie』（一九七二年）、カール・ライナー監督の『天国から落ちた男』（一九七九年、スティーヴ・マーティン主演）、メル・ブルックス監督の『珍説・世界史パートI』（一九八一年）に出演している。テレビは『エド・サリバン・ショー』、『スムーザーズ・ブラザーズ・アワー』、『ペリー・コモ／クラフト・ミュージック・ホール』、『マーヴ・グリフィン・ショー』などに出演。著書にアメリカ文化について批評した『ジャッキー・メイソンのアメリカ』がある。このブロードウェイの仕事のあとは、シェークスピアの『ウインザーの陽気な女房たち』を原作にした『ビバリー・ヒルズの陽気な女房たち』で主演する予定である」

導入と結びは洒落に違いないが、カール・ライナーやメル・ブルックスとの付き合いなど、興味深い経歴の持ち主である。

劇場に入るとすでに緞帳が上がっていて、舞台のタッパの半分以上の大きさの地球が浮かんでいる。それがなんともいい感じで、そのままロビーに戻らず開演までボーッと客席で眺めていた。『私しだいの世界』というタイトルに引っかけて地球ということになったのだろうか。それとも観客はこのショーで、地球を見る神のような存在だとでも言うのだろうか。

開演――。

場内が暗くなり、ジャッキー・メイソンが登場する。いきなり観客がどよめくように笑った。それから観客は笑いっぱなしである。ぼくには半分も理解できなかったが、理解できた部分にしてもそんなにおかしいとは思えない。とうとう一度も笑えずに一幕が終わってしまった。SNLに笑えて、なんでこうした本格的なスタンダップ・コメディになると笑えないのだろう？ もしかしたら一生、アメリカ人が笑うスタンダップ・コメディに笑えないいんじゃないだろうか、と不安になった。

ジャッキー・メイソンは、このブロードウェイで、たった一人のショーを一年以上続けて来た。そんな彼を、観客は尊敬の目で見ている。まさに彼は地球を手玉に取り、大衆に崇められる神のごとき存在なのだ。事実、彼のショーは笑いを越えて感動さえ呼ぶのだという。ところがぼくは感動どころか、ただ笑うことさえできなかった。その夜、その劇場で、ぼくだけが神に見捨てられた人間だった。

以前、「キャッチ・ア・ライジング・スター」のスタンダップ・コミックも決して馴染みやすいものではなかったが、その数年後、ラスヴェガスで見たものはもう少し分かりやすかった。

メインのマジックや、スペクタクルなショー・ナンバーの間に、箸休めという感じでスタンダップ・コメディアンが登場する。純粋にトークだけのコミックもあれば、腹話術だったり、ジャグラーとコミックを混ぜてあったりする。ラスヴェガスのショーにはアメリカ全土、世界各地からの観客が集まる。そういう理由で、コメディアンたちも複雑なジョークやダーティ・ジョークを避けているらしい。

こうしたジャグラーやマジシャンが、スタンダップ・コメディアンと同じように必ずやるジョークがある。一つのショーには、たいていスタンダップ・コミック一人とジャグラー一組はいる。だからショーを五つ見ると三回はこのジョークにぶつかる。客の顔を見て、どこから来たか聞く。気のきいたコミックはその国の言葉で質問する。たとえば客席を見渡して日本人がいると、

「コンニチワ、コンバンワ、アリガトゴザイマス。ナマエハナンデスカ?」

黙っていれば、

「ワタシシッテマス。カワサキ、ホンダ、ミツビシサンデスカ?」

少しスレたコミックだと、

「ギンザ、シッテマス。ヨシワラ、ホリノウチ、オゴト!」

つまりは「客いじり」である。こう何度も同じ日本人ネタを違う芸人でやられると、「黙れ、この毛唐!」と、思わずこちらもダーティ・ワードが出てくるくらい不快になる。

同じことをメキシコから来た客や、ドイツから来た客に向かってもやる。純粋のスタンダップ・コメディアンと違って、ジャグラーやマジシャンの連中は世界中のクラブでの需要が多い。半年もいれば、その国の芸人やスタッフと付き合い、外国人の芸人が口にすると客が喜ぶようなドメスティックなジョークを覚える。こうしたジョークは、たいていの場合、下ネタが多い。

客の国の言葉だけで客席を沸かすようなこの手の芸人が、ラスヴェガスには掃いて捨てるほどいる。わざわざ日本語を使って英語の分からない日本人の笑いを取ろうとする芸人根性は見あげたものなのかもしれないが、こうした芸人に媚びたような笑いで応えてしま

う観客の態度には、どこか卑屈で不快なものがある。だが、じつはぼく自身も、英語のスタンダップ・コメディには心から笑うことができず、こうした日本語ネタについほっとしてしまうような観客の一人なのだ。他人の卑屈さに不快な気持ちを持った自分の卑屈さに、さらに不快感が増幅されてしまう。外国の劇場では、ただ笑うということだけでも大変な仕事なのである。（註：ロビン・ウィリアムズは二〇〇二年、ブロードウェイ・シアターで『ロビン・ウィリアムズ・ライブ・オン・ブロードウェイ』でスタンダップ・コメディをやっている）

キャッチ・ア・ライジング・スターの10周年アルバム

アメリカのレコード屋（なんて言葉もなくなりつつあるが）には、ジャズ・カントリー、ソウル、ロックなどと並んでコミックというジャンルがあり、テレビの人気コメディ番組のサウンド・トラックや、スタンダップ・コミックのライヴ盤が幅をきかせている。

十数年前にこのコミックの棚をはじめて見たときは

妙に興奮して、買うのは三枚だけと心に決めて、派手なジャケットのスタンダップ・コミックを選んだ。最近ではエディ・マーフィーのライヴも、字幕スーパー入りの日本版がレーザー・ディスクやビデオで出ているが、当時はまだ、アメリカの人気テレビ番組の人気コメディアンたちも日本人にはまるで馴染みがない。手がかりと言ったらジャケット写真しかなかったのだ。名前を知っていて買ったのはメル・ブルックスとカール・ライナーの対談レコードだけだった。

コミックのレコードとしてヒットしたものに、古くは「チーチ&チョン」という二人組のアルバムがある。このアルバムは、いわゆるスタンダップ・コミックではなく、ある場面を設定して二人が演じたコントが一〇ほど入っている。マリファナをやりながらのすっとぼけた会話。テレビのレスリング中継のヴォリュームを上げて、階下の両親に見つからないようにセックスしている高校生の会話などなど。十数年前、このレコードに刺激されて、ラジオ番組にはじまりレコードにもなったのが、桑原茂一、伊武雅之（現・雅刀）、小林克也たちの『スネークマン・ショー』だ。かなり出来のいいアルバムで、いま聞いても笑える。アメリカ的な笑いを日本のものにしてしまった桑原たちのパワーとタレントに驚かされたものだ。

レコード屋だけではなく、ビデオ・ショップにもコミックの棚がある。マリファナとコークばかりなので日本では一般公開されなかった『UP IN SMOKE』などの「チーチ&チョン」の映画（何本かは日本でもビデオ化されて発売されているはずだ）もある。『ラフ・イン』や『サタデー・ナイト・ライヴ』から抜粋した『ベスト・オブ・ジョン・ベルーシ』などもある。

そんな棚の中に『キャッチ・ア・ライジング・ス

ター』のレーザー・ディスクを見つけた。ジャッキー・メイソンを見たのと同じ年の一九八八年、ホノルルのタワー・ビデオでレザー・ディスクを眺めていたら、そこのコミックの棚に『10TH ANIVERSARY／CATCH A RISING STAR』というアルバムがあったのだ。少しばかり胸が高鳴り、すぐレジに向かった。一九八二年の一〇周年記念のイヴェントを中心にビデオ化したもので、この店にかかわりのあるスタンダップ・コメディアンたちが続々と登場してくる。何よりも驚いたのは、ぼくがそれまでたった一つしか知らなかったコメディ・クラブが、これほどの歴史を持つ著名な店だと知ったことであった。

ＬＤは、いきなりマンハッタンのど真ん中のバス・ターミナルからはじまる。「一九七二年一〇月五日」というテロップ。イエロー・キャブが止まると、乗り込んで来たのはアンディ・カウフマン扮する田舎の青年だ。

「ビッグ・アップル！」

運転手（J・J・ウォール）がきょとんとしていると、

「ニューヨーク！　マンハッタン！」

と青年は叫ぶ。

「だから、どこに行くのさ？」

「ショー・ビジネスに行ってコメディアンになるんだ」

「ジョークを言ってるのかい？」

「そうなんだ。ジョークをやりたい」

「それなら『キャッチ・ア・ライジング・スター』に行くといいよ」

「星をつかめるのかい？」

「つかめるよ」

「でっかい星がつかめるんだね？」

「もちろん」

車は走り出し、夜の「キャッチ・ア・ライジング・スター」の店先で止まる。

「ありがとう」

「ちょっと待て金を払えよ」

アンディのおそらく得意ネタの泣き落としがはじまる。そこでタイトル。九人の出演者の名前に続いて、「一九八二年」のテロップが出る。店の中にカメラが入る。ホール手前の例のバー・カウンターで、この店の出資者の一人と名乗るリチャード・フィールズという男がこの店の説明をはじめる。


「ここは一九六九年にはピザ屋だったんだ。だいたいイタリアの食べ物は手を使うから食べる気がしないいんだよ。一〇周年といったって、オーナーと店にはいいんだろうが、俺にはどうってことないんだ。だいたいリック・ニューマンは八〇〇ドルくらいしか投資していない。いまでもやってる月曜のオーディションは俺が出した企画なんだぜ」

などと、ぶつぶつ言いながら店内に飾ってあるダスティン・ホフマンと一緒に映ってる写真を紹介したりしている。

そして、いよいよステージでのスタンダップ・コミックがはじまる。まずはこの店のレギュラーで今夜の司会のリチャード・ベルザーだ。ハウス・バンドの演奏で登場すると、まず「女房、子供を置いてボルチモアから出て来てここに来た」といった内容の軽いロックを歌い、盛大な拍手を浴びてスタンダップ・コメディがはじまる。客席にはライザ・ミネリの顔もある。

「俺はロスに住んでいる」

ブーイング。そこで地震のジョークをいくつか。女房にしようと思っていた女とベッドにいたとき地震が来たが、地震のせいだと気づかず本当にこいつを女房にすべきか考えた。次にレーガンのジョーク。そして、にわとりがハイの状態になるとまるでミック・ジャガーだと言って形態模写。続いて、あの黒人特有の歩き方はじつは白人用のトイレに入れない黒人が我慢しているときに生まれたんだと、これも形態模写。

最初の出演者が紹介される。ゲーブ・カプランだ。『デイティング・ゲーム』という番組をフロリダでやったら、出演者が老人三人ずつの男女で途中で一人死んじまった、といった他愛のないお喋り。続いて、「リックのやったことでいいことといったら、彼女を見つけたことくらいだ」とベルザーに紹介されて、パット・ベネターが一曲歌う。

続いて『アニー』などに出演してブロードウェイで活躍している女性スタンダップ・コミックのリタ・ルドナーが登場する。彼女の売り物はジューイッシュ・ジョークをカマトトっぽく喋ることらしい。

「私は一人っ子だったの。両親はバック・ギャモンが大好きだったの（ユダヤ人の特徴でもある）。それでバック・ギャモンばかりやってたの。とってもレートが高かったらしいの。あのね……あたしね、前は兄がいたのよ……（博打のかたで取られてしまったという意味か？）」

バレリーナは勇敢だ。ジャンプして受け止めてくれるのはホモの男なのに、必ず受け止めてもらえると信じているのかしら、といったジョークで客を笑わせる。

バー・カウンターではロビン・ウィリアムズとビ

リー・クリスタルが話している。お互いの誉め合いっこだ。そこにウディ・アレン（そっくりのバリー・ミッチェル）が来て会話に加わろうとするが、二人に「あっちに行ってろ」と言われてしまう。

「あいつの映画は面白くないんだ」

「今度はカラーでいい映画を作ってみろって」

レーザー・ディスクでは、ここでB面になる。ベルザーの紹介で、冒頭で田舎の青年を演じたアンディ・カウフマンが登場する。

一〇年前に、ここでオーディションを受けた。外国人訛りでジョークをやったが、まったく受けず、こんな奴は駄目だと言われた。そこでエルヴィスに変身して驚かれた――とアンディがそのくだりをやりはじめると、客席の最前列に座った男が彼のジョークを次々に先取りして喋ってしまう。アンディが困り果てると、男が、

「他に何かできるのか？　エルヴィスは古いし、お前の映画は七、八年前からさっぱり面白くない」

アンディは額から脂汗を流し、どうしようもない不安顔になる。客は男がマイクを付けていることから、やらせだと分かってウケている。

「お前の映画は名前で客が来ただけで、やっぱり駄目だ。何か新しいネタをやってみろよ」

顔面蒼白で汗だらけのアンディは、少し考えて、タクシー運転手の前で見せた泣き落としのネタをやりはじめるが、これまた男が先取りしてしまう。

突如、これがやらせだと気づかない真ん中の席の客が本当に怒り出す。アンディが客をなだめる。とうとう男が、俺はアンディに雇われた仕込みなんだ、とバラす。ほら、ちゃんとマイクがあるじゃないか。

じつは、このあたりから真相が分からなくなる。やらせをバラしてしまった男を、アンディが「それを

言っちゃあおしまいじゃないか」と罵倒しはじめるのだ。どうやら、本気らしい。そして、ここでなぜか画面はカット、次のシーンになる。アンディは相変わらず青ざめた顔で、

「何年もやっているから飽きて来た」

と言いながら、後ろを向いてかつらを付け、衣裳を引き抜くとエルヴィスになる。そして、ようやく物真似をはじめるのだが、本人も客も乗り切れない。物真似も最悪の出来だ。このカットからは、最前列の男の席が空席になっている。

客に扮した男がアンディを野次るところまではシナリオどおりだったのかもしれない。脂汗も、顔面蒼白も、アンディの迫真の演技だったのだろう。事実、アンディはこうした事実と虚構の境い目を演じるコメディアンとして高い評価を受けているのだ。だが男のすさまじい野次に応えて、演技を越えた演技を続けているうちにアンディ自身、実際に取りとめがつかなくなってしまったのかもしれない。

あるいは、「それを言っちゃあおしまいだ」と言うのも予定された台詞だったのかもしれないが、客のウケが(本気にしてしまった人もいて)いま一つだったので、失敗を認めて、男を帰して最後のネタをやったのかもしれない。あるいは、ここで起きた出来事の全部がアンディの計算だったのかもしれない。舞台の上で実人生を演じて、客を不安にさせることが目的だったのかもしれないのだ。

このくだりに関して、後日、デーブ・スペクターにビデオを見てもらって意見を聞いてみた。デーブは確信を持って、全部がやらせであると断言した。客たちのリアクションはともかく、エルヴィスの下手くそな物真似も含めて、すべてがアンディの計算だと言うのだ。面白くないジョークを言ってウケない自分を演じ

て見せて、そのまま種明かしもせず終わってしまう。古いアニメ主題歌をかけ、歌の部分だけ合わせてあとは何もしないで立っている。そういう芸風なのだそうだ。

バー・カウンターには、ベルザーとリックもいるが、アンディについては何もふれず、次に再登場するパット・ベネターとデートをしたときの話などをしている。パットの歌が終わると、またしてもウディ・アレンのそっくりが、

「パットは、ぼくが銀行で見つけたんだ」

ベルザーはすかさず、

「いいからお前は自分しか分からない映画を作ってろ！」

画面は店の正面に乗りつけるリムジンになる。ボディーガード付きで下りて来るのは、あまり顔の似ていないジョー・ピスコポの得意ネタのシナトラである。店に入り声援を浴びて一曲歌うが、客席もいま一つ盛り上がりに欠ける。さっきのアンディのステージが尾を引いているのだろう。ピスコポはシナトラのまま退場、こんどは素顔でステージに戻って来る。ベルザーが、シナトラに殺されないように、と忠告して客の笑いを取る。そしてエンディング。

「運がよけりゃ生まれ変われるんじゃない？」

拍手の中をベルザーが退場する。

リチャード・ベルザーのコメディアン入門

八年ぶりの「キャッチ・ア・ライジング・スター」との出会いに感激したが、偶然はそれだけではなかった。同じとき、ホノルルの本屋でリチャード・ベルザーの著書を見つけたのだ。

ホノルルのカラカウア通りに、ちょっと気のきいたTシャツや時計やインテリア・グッズなどを扱っている店がある。なぜか小さな本棚があって、ベストセラーや話題の映画のメイキング本が置いてある。それらに混じって、一〇冊ほど平積みにされていたのが『スタンダップ・コミックになる方法』（HOW TO BE A STANDUP COMIC』）という本だった。タイトルと同時に表紙の写真がぼくの目に飛び込んできた。なんと「キャッチ・ア・ライジング・スター」のベルザーではないか。

レコード屋やビデオ・ショップ同様、アメリカの本屋の棚には「ユーモア」というジャンルがあって、ジョークやパロディの本が集められている。日本の書店では見かけない棚だが、もしあったとしたら、バラエティ番組の単行本化された本などが並ぶことになるのだろう。八〇年代初頭、この棚にあったのが八〇年代の回顧本だった。五〇年代、六〇年代の回顧本が売れていた時代だったので、そのパロディとして、これから起こることをトリック写真でじつにでたらめに構成してみせたおかしな本が流行していたのである。

ダーティ・ジョークの本もよく売れている。数年前の話では「テイストレス（悪趣味）・ジョーク」の本が一年半で三五〇万部、「グロス（気持ち悪い）・ジョーク」は五ヵ月で二〇〇万部も売れたそうだ。

高校の卒業アルバムもあった。架空の高校の架空の生徒たちの思い出の写真や答案用紙などが、本物の卒業アルバムそっくりに作ってある。活字で組んだ部分だけではなく、自筆のメッセージやいたずら書きまでが印刷されており、じつにていねいな出来なので感心させられてしまった。

雑誌ではなんと言っても「ナショナル・ランプーン」が一番人気だが、「マッド・マガジン」にも捨てがたい魅力がある。「VOGUE」そっくりの「DOGUE」という雑誌（といってもこの号しかない）は、表紙が犬、ファッション・グラビアが犬、香水の広告までが犬という徹底的なパロディ本だ。

ハウツー本もある。ただし、これもすべてパロディである。『HOW NOT TO BE A MARATHON RUNNER』というペーパーバックは、どうしたらマラソン・ランナーにならないですむかを写真入りで解説している。走らないで歩けばいいということだけが、延々と、しつこく書かれているのだ。『HOW TO BE A JEWISH MOTHER』は、どうしたらユダヤ人の母親になれるかという教則本。どれもこれも、バカバカしいくらいていねいに作られているのがおかしい。

……さて、はやる気持ちで『スタンダップ・コミックになる方法』を手に取って、ページをめくってみた。大真面目にスタンダップ・コミックを目指す人たちのために書いているようでもあり、それすらも真面目なふりをした遊びに見える。とすれば、やはりこれもアメリカ人好みの「コメディ本」の一種なのだろうか。胸が高鳴り、すぐレジに向かう。部屋に戻って、すぐ本を開いた。

著者はリチャード・ベルザーの他に二人いる。ラリー・チャールズとリック・ニューマンである。そして、この本を企画したのは「キャッチ・ア・ライジング・スター」の代表者のニューマンらしい。まず巻末にある三人の略歴に目を通す。

ベルザーはコネチカット州のブリッジポートで生まれた。ショー・ビジネスの世界に入ったのは、のちにカルト・ムービーの決定版(本人による)と言われたカウンター・カルチャー映画『GROOVE TUBE』での主演だ。以来、オフ・ブロードウェイの『ザ・ナショナル・ランプーン・ショー』、ラジオは『ブリンクとベルザーのモーニング・ショー』(WNBC)、映画は『フェーム』(一九八〇年、アラン・パーカー監督)『アーサー、アーサー』『ナイト・シフト』『スカーフェイス』(一九八三年、ブライアン・デ・パルマ監督)など、テレビは『サタデー・ナイト・ライヴ』『ザ・トゥナイト・ショー』『レイト・ナイト・ウィズ・デヴィッド・レターマン』『シック・オブ・ザ・ナイト』(レギュラー)、『ホット・プロパティーズ』(ライフタイム・ケーブル・ショーの司会)。ナイトクラブには「キャロラインズ」「ザ・インプルヴ」「キャッチ・ア・ライジング・スター」などに定期的に出演。妻は女優ハーリー・マックブライド。

おそらく自分で書いた経歴なのだろうが、出演映画など華やかなキャリアのわりには、どこに出ていたのかも記憶にない。少なくとも本が出た当時は、アメリカではともかく日本ではまるで知られていないコメディアンだった。

テレビ・プロデューサーでもあるニューマンは、スタンダップ・コミックを中心とした今日のコメディ業界に大きな影響力を持つ人物らしい。現在活躍している一線級のコメディアンたちが売れない時代に仕事場を提供しただけではなく、スポンサーを買って出たり、ときにはマネージメントも引き受けてきた。この本のまえがきは、そのニューマンが書いている。

「いまコメディがウケているのは当然のことだ。ひどい世の中だから笑いが求められる。ただ驚くのは、その勢いに乗ってコメディアンが文化人としてもてはやされるようになったことだ。レニー・ブルース、ウディ・アレン、ロビン・ウィリアムズ、そしてリリー・トムリンといったコメディアン連中がコメディの概念を変えてしまったのだ。『サタデー・ナイト・ライヴ』、『レイト・ナイト・ウィズ・デヴィッド・レターマン』のようなショーが観客のウケ方を変えてしまったのだ」

そんな現在だからこそ、スタンダップ・コミックを目指す人たちのために何かを書かなくてはと思った、それがこの本を作った動機だと彼は言う。

現状では、コメディアンの数が足りない。そこで、コメディアン志望者のために、たとえ最低レベルのギャグを演じるときでも、何かをつかめる本をまとめようと思った。たとえば、マイクの扱い方、簡単なネタの書き方、そのネタの伝え方とかだ。客を笑わせるのがどんなに大変なことかを理解してほしいし、それで生活して行くことがどんなに大変なことかも理解してほしい。

そう考えたニューマンは、まず二人の仲間を誘った。まずリチャード・ベルザー。彼こそ八〇年代のコメディアンの見本のような存在だ。スマートで、タフで、弁が立ち、観察力に優れ、そして何よりも、おかしい。この本に関して二人の意見は「おかしくて教育的でリアルな本」という点で一致した。

さらに、もう一人の協力者として、『サタデー・ナイト・ライヴ』などのコメディ作家のラリー・チャールズが参加することになった。どんな演者にもボケやツッコミといったギャグを書いてくれる作家が必要だ。その点、ラリーはじつに頼りになるうまい作家である。

コメディアンとは、つらい職業である。役者ならグループの一人でいればいい。歌手ならバンドの一員だ。しかも、どんな歌でも終われば拍手するものと客は思っている。だが、たった一人で立って喋る場合はそうはいかない。ネタが気に入らなければ、そっぽを向かれてしまう。コメディアンの生死は、パンチライン（オチ）にかかっているのだ。

ニューマンは過去一六年間、この世界で生きてきて、以下の三つのことを確信したと語る。

一、お笑いは教えられない。背を低くする方法を教えられないのと同じだ。
二、私はコメディアンが好きじゃない。
三、私はコメディアンが大好きである。

この本は、ラリーのアイデアを借りた形でベルザーが進めていく。そしてニューマンは「まえがき」の他に、章ごとにいくつかの「メモ」を書いている（190ページ参照）。

まえがきは、こんなふうに結ばれる。

「よくコメディの基本は怒りから来ると言うが、いけ好かない自分の伯母さんにアイス・ピックを向けるよりは、怒りをコメディに転換したほうがいいに決まってる。もし世の中の人全部がこの本を買ったとしたら、もうこれ以上、戦争なんかなくなるだろう。『サリヴァンの旅』というプレストン・スタージェスの素晴らしい映画がある。ハリウッドで当たっている映画監督が、大衆喜劇映画を作るのがいやになってしまう。そんなものは、意味がないと思ったからだ。そこでサリヴァンは旅に出る。世間を知れば、きっと『意味のある』悲劇を作れると思ったのだ。結局のところ、悲劇は自分の身に起こることになる。彼はほとんど無一文で囚人になってしまう。ある日のこと、囚人たちに映画鑑賞が許される。といっても、漫画映画だ。サリヴァンはこの悲しい男たちの集団が笑いころげるのを見て初めて理解するのだ。人々を笑わせるという才能こそ素敵な素晴らしい天分なのだ。いつの世でもそうなのだ」

スタンダップ・コミックを目指す人たちのために書かれたこの本は、スタンダップ・コメディを知るうえで貴重な資料といえる。次の章でその概要を紹介しておこう。

スタンダップ・コミックのジョーク　**リチャード・ベルザー**

●健康診断

「医者って奴は、どうしてああ馴れ馴れしいんだろうね？

女性のみなさんにお教えしましょう。俺たち男性は医者にかかっても、足をあぶみ（産婦人科の診察台）に乗っけなくて済むんだ。カントリー＆ウエスタンじゃないんだから。

なぜか男性が診察に行くと、いきなりこっちのタマをつかんで『セキをしてみなさい』なんて言うんだ。なぜか知りたいね。あれで何が分かるんだい？

『鳥目ですね。何かな。テニス肘？　膝がガクガクする？』

——いいから先生、俺のタマから手を離せって！

医者がゴム手袋をして指にグリースを塗るあの傲慢さはなんとかならないのかね。

『ウワー、先生！　お金を払ってるじゃないですか。もう20ドル払いますから、お尻から離れてください。だからさぁ、食器洗いをするんじゃないんならその手袋をすぐはずしてくださいって！』」

Ⅱ

〈スタンダップ・コメディの勉強〉

スタンダップ・コミックになる方法

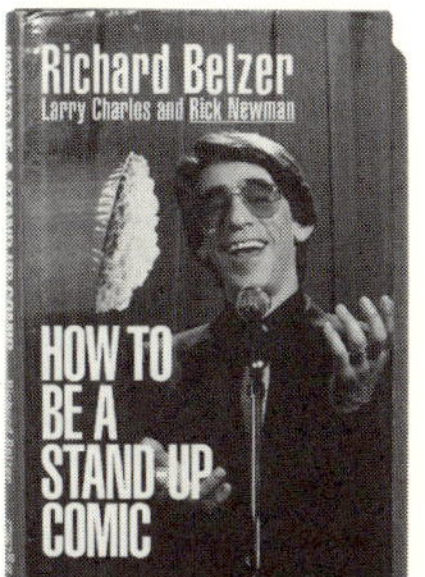

"How to be a stand-up comic"
Richard Belzer
Published by Villard Books, a division of Random House,Inc.

7 スタンダップ・コミックになる方法

コメディアンの適性と勉強法

大半の入門書がそうであるように、このリチャード・ベルザー著『スタンダップ・コミックになる方法』も第I章のタイトルは、その歴史ではじまっている。だがこの本では、きちんとした歴史が書かれているわけではない。こういうタイトルを第I章に持ってきたことで入門書のパロディを試みただけなのである。こんな年表が「スタンダップ・コメディの歴史」として書いてあるのだ。

紀元前四〇〇万年　　史上初の笑い……神様が初めて

裸のアダムを見たときに起きた。

紀元前一万二五〇〇年　史上初のオチ……「うちの女房と寝な……お願い！」（「Take my wife……please」は古いコメディアンのヘニー・ヤングマンの有名なフレーズ）

紀元前二五〇〇〇年　史上初の独白……モーゼが低木を焼く一節

紀元五〇年　史上初のキャッチ……「主よ、許したまえ、彼らは自分のやっていることが分かっていません」

一九三二年　ウィル・ロジャースが飛行機事故死（深い意味はない）

一九三八年　ニプシー・ラッセル生まれる（黒人のスタンダップ・コメディアン。それほどビッグにならなかった彼の名前をわざと挙げている）

一九六八年　ニクソン当選

一九七二年　『ハロー・ラリー』初公開（コメディ映画史上、いちばんこけたシチュエーション・コメディといわれている。「企画倒れ」というときによく洒落で例に出される）

一九七四年　マーティ・アレンが喜劇『医療施設』を瀕死の状態で演ず（コメディ・コンビのボケ役。『医療施設』はテレビのドラマだが、彼がシリアス・ドラマをやるなんてあり得ないことだった）

一九八八年　この本

カッコ内の註はデーブ・スペクターによる。誰が見たところで真面目に書かれた年譜とは思えないが、デーブにとってもそんなに面白い年譜ではないらしい。時代も、わりといい加減で、ウィル・ロジャースの死亡は一九三五年であるし、ニプシー・ラッセルは一九二〇年生まれだ。彼は映画には『ウィズ』（一九七八年、シドニー・ルメット監督）のブリキ男役でデビューした。

この年譜に続いて、先史時代から現代に至るまでの有名無名のキャラクターに扮したベルザーの写真が台詞付きで一ページ一点ずつ、数ページにわたって続く。本当のところ、スタンダップ・コミックの歴史などきちんと調べたところでなんの役にも立たない、と言いたかったのかもしれない。

続いてベルザーは、スタンダップ・コメディアンの適性を調べるとして、写真入りで以下のような質問を発する。

「君は近親者の死をおかしいと思いますか？」
「君は身障者の真似をするのが楽しいですか？」
「君はトロいクラスメートを容赦なくバカにできますか？」
「君はケツを蹴飛ばされないために、強い相手を笑わせますか？」

もしこれらの質問の全部あるいは一つにでも「はい」と答えたら、君はスタンダップ・パーソナリティー病という悪質な症候群に悩まされている、ということになるわけだ。これらの質問と写真に眉をひそめる人なら健康なわけで、この本など読む必要はない。

　さて、いよいよコメディアンになるための準備過程に入る。それまでとは一変して、ベルザーの口調は急に真剣さを帯びる。

　パートの脳外科医になれないように、パートのコメディアンにはなれない、とベルザーは言う。さらに、たとえどんなに面白い人間であっても、自分の芸にプロの構成がなければ、つまり正しいタイミングと正しい表現法がなければ、ウケるわけがない、とも言う。誰だって最初からウケはしない。毎晩でも、できるかぎり地元のコメディ・クラブに出られるよう努力せよ。与えられた時間はうまく使え——五分、一〇分、一五分のネタ。自分の決まりネタはどうか、話し振りはどうか、舞台上でどう自分を表現するか、そういう練習をするのだ。

　そして、どこで笑いをとれたかをたしかめられるように、必ず自分の芸をテープにとれ。初心者が犯しがちなミスに、笑いをとれないので急いで走ってしまうということがある。早口を芸にするのでないかぎりたっぷり時間をかけてやること。

　失敗を怖れるな。失敗して練習し、また失敗する。この他に方法はない。ただひたすら、続けて行くことだ。

　ジョニー・カーソンの『ザ・トゥナイト・ショー』、『レイト・ナイト・ウィズ・デヴィット・レターマン』のコミックを見て、彼らのやることから学ぶ。ただし、コメディアンの誰かが五分くらいのネタをやるのを見て「簡単じゃないか」などと思っては駄目。

　見た目に簡単そうなものほど、実際は大変なのだ。昔と違って、いまは仕事が出来るナイト・クラブは何百もある。スポーツと同じで二軍すらレベルが高くなっているのが現状なのだ。

自分のキャリアは舞台で作って行くべきである。芸にレベルがあると同様にクラブにもレベルがある。何年か前座をやり、中堅を経て、初めて看板になる。トントン拍子の成功というのは、決して現実的な目標ではない。テレビに出てスターになるということよりも、本当のスタンダップ・コメディアンになりたいと思うことだ。両方になりたいと思うかもしれないが、工場で働くかわりにコメディで稼げるということで、すでに報われていると思うべきだ。

ここでのベルザーは大真面目に書いている。ふざけたジョークは一行も入れずに、コメディアンを目指す者たちに真剣に忠告をしている。彼は本気で、なんとか良い後輩を育てたい、と考えているのだ。

「コメディアンとしてましな仕事が出来るようになるまで二、三年かかった」

当時、ベルザーは仕事を二本持っていた。オフ・ブロードウェイの『ザ・ナショナル・ランプーン・ショー』に出演し、ニューヨークのコメディ・クラブ『キャッチ・ア・ライジング・スター』で司会をしていた。ベルザーに言わせれば、こうした仕事は「ましな仕事」ではなかったことになる。それにしても、二、三年は早い。

ベルザーは、一人前になるには長い時間がかかると強調する。なかには、いまよりもっと売れっ子スターになっていておかしくない人もいるし、売れっ子にはなっても力が伴わない人もいる。いずれ才能が勝つと思いたいが、お話のようにはなかなか行かない。

ベルザーはコメディアン志望の人間が陥りやすい間違いの一つとして、七〇年代に彼自身が名づけた「ゲーブ＝ジミー＝フレディー・シンドローム」の例を挙げる。ゲーブ・カプラン、ジミー・ウォーカー、フレディー・プリンズは、みんな同じ道を歩んで来た。ショー・クラブで何年か仕事をしてきて、『ザ・トゥナイト・ショー』に出て、それから自分のテレビ・シリーズを持つようになったのだ。だから誰もがこのコースに憧れた時期がある。これが、「ゲーブ＝ジミー＝フレディー・シンドローム」だ。

まずはこの三人を紹介しておこう。

ゲーブ・カプランはキャッツキル・マウンテン（ニューヨーク近郊のユダヤ人の多い避暑地）とニューヨーク周辺の小さなクラブ（まだクラブはいくつもなかった）に出演していた、いわゆるジューイッシュ・キャッツキル系統のスタンダップ・コメディアンだった。

その後、『ザ・トゥナイト・ショー』に何度か出演していた時期に、運よく年寄り向けのデイティング・ゲームのネタが当たった。

「マイアミの平均年齢は故人です」（老後を過ごす老人の多いマイアミだから、平均年齢を出すと老衰で死んでしまった年齢になる？）

じつはこれは自前のネタではなくて、古くからあるジョークなのだが、おかげで人気が急上昇し、『ウェルカム・バック・コッター』（ABCテレビ、一九七五年〜七九年）というシリーズが生まれる。つまり、彼は成功したわけだ。

スパニッシュ・ハーレムから来たフレディー・プリンズは、小さなクラブに出演していた。ここではおもにリチャード・プライヤーとレッド・フォックスの出し物をやっていたが、オリジナルのネタを演じるようになって急に人気が出た。一九七三年に当時のマネージャーが、ABCの深夜番組に出演したテープを『ザ・トゥナイト・ショー』に送った。これが気に入られ翌週の出演となった。ここで伝説が生まれた。

当夜は、サミー・デイヴィス・ジュニアが出演して、唄と踊りで観客を十分に盛り上げていた。そしてフレディーの出番となったとき、サミーがソファーから立ち上がってフレディーを見るためにカメラの脇に立ったのだ。観客もそれを見逃さなかったし、フレディーもそのとき最高の出来を見せたそうだ。まさにマジック・ナイト――すべてが上手く運んだのだ。こんなことは予測できるものじゃない。彼のキャッチ・フレーズは、「こいつは俺の仕事じゃないぜ（It's not my job）」。

ハーレムで、ダシキ（アフリカの民族衣装のシャツ）を着てローカルなネタで仕事をしていたジミー・ウォーカーは、デヴィッド・ブレナーの勧めで、ダウン・タウンの『ザ・インプロヴィゼイション』（ニューヨークのクラブ。通称インプロヴ。ロスに支店がある）に出演するようになった。以来、ジミーはどんどん面白くなってきた。彼にもキャッチフレーズがあった――「ダイナマイト！」だ。その後、舞台の演技をベースにしたテレビ・シリーズに出演するようになった。

この三人にはいい意味でも悪い意味でも共通点がある。それは三人とも観客に簡単に覚えてもらえる出し物とスタイルを持っていたという点だ。彼らの扱うネタは分かりやすく、どんな人種にも通じた。

六〇年代後半の彼らの成功は時代ということを抜きには語れない、とベルザーは言う。

彼らが登場した当時は、コメディの客もずっと若かったし、ずっと教育のある連中だった。そのネタは、ケルアック、ジャズ、抽象画といった領域から取ってきたものだった。モート・サール、ボブ・ニューハート、シェリー・バーマンたちのようなコメディアンは、スプートニックだろうがマジソン・アベニューだろうがビート・ジェネレーションであろうが、自分たちの周りのすべてを吸収してネタにしていった。彼らを継いだのが、ベトナム戦争に対する不満をぶつけたジョージ・カーリン、デヴィッド・スタインバーグ、ロバート・クラインらのコメディアンたちだ。

六〇年代に、アメリカ人たちは初めて政府が嘘をついていると疑い、産児制限のような制度に不満を抱くようになった。そこでコメディアンたちも、それまでタブーだった事柄を笑うようになった。

そして七〇年代、ベトナムからレーガンへ移り変わる時代に、アメリカ人は文化の多様性を受け入れることを学んだ。ジミー、フレディー、ゲーブのようなコメディアンが、この多様性を単一化して、誰にでも分かりやすいネタをやるようになったのだ。だが、とベルザーは基本を忘れたコメディアンたちを批判する。

「いまの流行は、バカバカしく軽薄な言動と意味のないユーモアだ。あのレーガンの時代を反映しているのだろうか？　ある意味ではそのとおりだ。コメディアンになるにはまず、客が何を欲しがっているか、何を受け入れてくれるかという客の感性を知らなくてはならない。コメディアンになるためには恐怖心も必要だ。演じることはかなりの恐怖心とかなりの不安をともなうものなのだ。スタンダップ・コメディを演じていると、ジャズの即興演奏のように、何かミステリアスなものがほとばしりでることがある。演じるたびに同じことができるとは限らないのだ。不安を持ったコメディアンが人工増強剤（私はコケインや深酒をこう呼んでいる）に走ってしまうような恐怖心はまずいが、正しいコメディアンは恐怖心を『鋭さ』を出すために利用する。つまり、そのコメディアンだけの執念と恐怖心でしか表現できないユニークな視点だからこそ、『鋭く』なるのである。恐怖心はコメディアンに弱みを作る——そして弱みこそ価値があるのだ」

どんなコメディアンもこの種の恐怖心に、いろいろなしかたで対処している。ベルザー本人は、出番の前に人と話したり、ふざけたりすることを好むようになったと言う。要は自分のやりやすいパターンをつかむことだ、とベルザーは結ぶ。

自分のネタを分析する

コメディアンになるための準備と心構えを説いて、ベルザーはいきなり自分の演じたネタで客ウケの良かったものを取り上げ、それを自分で分析して見せる。ある日のステージで喋ったままを文章に起こし、その各フレーズに自分で解説を加えているのだ。自分のネタをあからさまに分析することで、スタンダップ・コメディのなんたるかを検証してみようというのだろう。

その冒頭の部分をちょっと紹介しておこう。

まぁ、見てのとおり、最近、トレーニングをしているのさ。そう、重量挙げをね。ハルク・ホーガンに会ったら、あいつのケツを蹴飛ばしてやるつもりなんだよ。ハルク・ホーガン、俺のアイドル――ハルク・ホーガンが大好きなの。

あの事件は本当だったのかっていまだに聞かれるんだ。知らない人のために言っとくと、ぼく「ホット・プラパティーズ」という番組をやっていたことがあるんだ。そこでハルク・ホーガンとミスター・Tが番組に出て、ハルク・ホーガンがふざけやがって（fucking）俺を殺そうとし

情報の組み立て

自己批判

嫌味

その男の声で

やがったんだ。ホントの話だって。楽屋にいたんだけど、俺のスタッフの誰かが――「俺のスタッフ」って言い方はないか――俺んとこで働いていて、いつでも俺がクビにできる奴がやって来てこう言ったんだ、

「ベルザーさん、そのう、ベルザーさんですが、ええっと、リチャード、ねえ――ハルク・ホーガンとミスター・Tを番組に出そうかと思ってましてね」

俺は「ほんと？」って。そしたら奴らは、

「いや、あの二人は視聴率にいいんですよ」

俺は「視聴率？　当然だろう。視聴率のためならなんでもやりましょう」だってそうでしょう。視聴率は大事だよね。

そしたら数分後にハルク・ホーガンとミスター・Tのところで働いているっていう女性から電話があったんだ。

商業主義的
vs. 芸術的考慮

「ミスター・Tはお客さんの中に子供が五〇人いなければ、この番組はやりません」

で、言ってやったさ、

「当然、分かってます」

電話を切って、俺は一体、どうしたらいいんだい？　番組の当日だったんで俺んとこで働いている連中に、こう言ったのさ、

「おい、どっかの学校に行って来いって。ガキが出て来たら、静かにさせて、ホット・プロパティーズのTシャツを着せてバスにほうり込め！　それでスタジオに連れて来るんだ！」

ナマナマしい表現

ベルザーがアンダー・ラインを入れて解説をつけている部分は原文でも手書きになっている。だからよけいリアリティーがある。解説があることでおかしさが増幅されているのかもしれないが、観客の笑うつぼを

うまくつかんでいることはわかる。

このあと「火星の消火栓」みたいなミスター・Tと、「サイにおかまを掘られたような歩き方をする」巨大なハルク・ホーガンの物真似を入れて、いよいよ本番の話になる。ベルザーはインタヴューで二人を怒らせてしまうくだりを話す。

最後の部分を、再び紹介しておこう。怒ったハルク・ホーガンはベルザーに、なんと本気で技をかけてきた。


俺はハルク・ホーガンにフロント・チン・ロックをかけられて意識を失っちまったんだ。奴は俺の首を締めていた腕をいきなり離したんだ。いいかい？　俺は倒れるしかないんだ――もう意識がないんだぜ――俺は地べたに倒れてスタジオの床に思いきり後頭部をぶつけたんだ。頭を割ったんだぜ。どういうわけかさ、俺は飛び起きて言ったんだって、

「コマーシャルのあとで」

どうやってそうしたか自分でも分からないんだ。実際、ショックのあまりやったんだね。根っからの芸人の血っていうの——そいつが俺のおまんこ頭から出てきてるんだ。業界全部が俺の脳から滲み出てきてるんだ。

で、楽屋へ行った。救急車に乗せられた。そのまま病院に行った。頭を八針縫った。その晩、病院のベッドの中でテレビを見ていて、もしかしたらニュースに出るかもしれないって思ったんだ。もしかして俺がおまんこニュースに出るかもしれないってよ。

あの晩、どの局でもやってたよ。

チャンネル2。

『リチャード・ベルザー、ハルク・ホーガン——なんと!』

チャンネル4。

空想の映像化

『やらせか！　ほんとか！——なんと！　ご自分の目で見て確かめてください、スロー・ビデオをご覧ください——なんと！　早送りでしましょう——なんと！　戻してみましょう、もう一度ご覧ください——なんと！　なんと！』

あんなおまんこニュースを見たおかげでもう一〇針増えたって。畜生め。で、あの晩、病院で悪夢さ。俺が見た悪夢はさ、復帰後の最初のショーがこんな感じでさ。

（変な声）

「ひんひ、ひくじょのみなはん、ども、ありがとぱんくみに、もとれへ、うれひいてす」

自分自身にそう言ったわけさ。

ま、この話はこんなとこかな。とんでもないネタの見つけ方だよね。

前ふりのせいで
わかりやすくなった
結果

このネタはスタンダップ・コミックとして大変分かりやすい。名前を聞いただけで誰もが分かる有名人がネタにされているからだ。ハルク・ホーガンの名前を、こわもてのスポーツマンか役者に置き換えれば日本でも通用するし、実際、この手の分野のネタは日本の漫才やトーク番組でも数多く取り上げられている。

お客がいてはじめて成立するスタンダップ・コミックを文章で判断するのは気の毒だが、このネタで笑えるとしたら分析部分があるからだろう。ベルザーという スタンダップ・コメディアンの背景を知っていれば面白いのかもしれないが、残念ながらアメリカのテレビ界での彼の認知度さえ定かではないのだ。

林家三平のネタを分析する

ベルザーの自己分析を真似て、亡くなられて一〇年、最近改めてその評価を高めている噺家、林家三平(初代・一九二五〜一九八〇)のネタを同じやり方で分析してみよう。

林家三平は、昭和三〇年代以降、つねに新作落語に新風を送り続けて来た天才落語家である。彼の落語は、いわゆる落語のマクラの積み重ねみたいな、つまりは小噺だけをつなげた形のもので、それを座布団に座らず立ったまま演じてみせた。いわゆる時事ネタが中心で、駄洒落自体よりも、自分の洒落に対する観客の反応にさらに反応してみせる、そのとぼけたリアクションが彼の芸のおかしさの核だった。

　では、一九七〇年代前半、東京青山のＶＡＮ99ホールにおける高座をそのまま文章に直して、三平落語の面白さを再現してみよう。それをベルザーに倣《なら》って分析する。もしかしたら日本のスタンダップ・コミックとは何かを考える糸口になるかもしれない。

VANの石津謙介社長と面識のあることを誇示

　えぇ、どうもありがとう、最大な拍手を、えぇ、賜《たまわ》りまして、本当にありがとうございます。

　えぇ、ここの石津先生のご好意によりまして、若手落語家は喋るところが全然ございません。それで、ここのご好意によって、えぇ、このホールはいいホールですな。夕方がいちばんいいんで、ＶＡＮホールというくらいで、

さぐり

えぇ、いろいろと、ですからお客様は神様でいらっしゃって、えぇ本当に身体だけは大事にお願いをいたします。もうお客様の笑い声が、われわれ若手、えぇ一同の、もう、(間)あたしゃ古手ですけど、これから出る若手のみなさんに、本当にどれだけ励ましハゲアヤ……あんまり難しい言葉は使わないほうがいいですけど、本当になんか、このホールは内々でやってるような。

いらっしゃいませ、前の方空いとりますからどうぞ。いまいらっしゃるんじゃないかと噂してたところなんです。(間)えぇどうもありがとうございます。こうなればおひとかたでも増えたほうが心強いスから、本当に、あぁ、いらっしゃいませ、どうも。(間)大分長かったですね。(間)手はよく洗ってらっしゃい。あっ、そういう失礼なことを申し上げてはいけない。

自己批判　つかみ　キャッチフレーズ　つかみ　ウケ出したことの自信

キャッチフレーズを使いながら
次に話すことを考えている

今日は石津先生によく言われまして、大事なVANのお客様であるから、あんまりHな話はしないように。それから、「てのをは」を気をつけろ、それから、助動詞の変化を気を……（間）、えぇ「す・す・する・せよ・せよ」（間）下四段活用に気をつけて。えぇ、（間）面白いスか？（間）どうも。いちばんよく笑ってくださったんで。このあと、おふたかたが……。まぁ色々、そんな馬鹿なこと言っちゃ、えぇ本当に、（咳き込んで）咳が出ちゃいけませんけど。えぇもういろいろ大変でなんですから、奥さん。ご隠居さん、顔ばっかり見て笑ってる。この話の芸術で笑ってください。えぇいろいろ大変、ですから、本当にお客様だけは身体を大事にお願いをいたします。えぇ今日は、中年の方も、えぇ若年、あっいや若い方もいらっしゃって（客席の笑いを受けて）あははん、じゃありません。本当にいろ

キャッチフレーズ

学問用語を使用して自分を卑下

次に話すことを考えている

ウケている余裕

本音だからこそおかしいことを自覚している
キャッチフレーズ
ウケなくても構わないくすぐり
教養のあるところ(?)をひけらかす
短いくすぐり
自己卑下

いろと大変で、何を喋ってんだか本人もよく分からないんで、あまりにも距離が近すぎますから、(間)アラが全部見えちゃうんで。

えぇですから大変。だけど本当ですよ本当のマルセル・マルソーでも本当の芸術家は、これだけの小劇場から、えぇ、もう、んん……(間)いい話してんスから、えぇですからいろいろ身体を大事にしてください。まぁ結論はそうス。えぇですから大変で、本当に、だけど、今年の土用、暑いっスなぁ、奥さん。あんまり暑いんで埼玉県じゃね、鶏が茹で卵を産んだって話じゃ、本当っスよ。それから、おとといの地震。あたしゃびっくりしちゃった。直撃型地震って。震度3で、あぁしんど――という位で。本当に驚いたのなんのって、棚の物が落っこったり、家はなんにも無いから落っこちる心配はないんスけど、本当に驚きまし

ここでねらいの笑いをとる

ウケないことを計算している

た。

で、ぼくは、あのぉ、力武（常次）先生、ぼくの母校の東大の（間）。ヤダワって本当スよ。東大の校歌を知ってんのは、旦那の前っスけど、ぼくだけです。

♪おいら岬の〜灯台守よ〜。

あっ、いらっしゃい、ホラぼくの芸に惹かれてお二人（間）。ココ二つとっときやしたからどうぞ。（間）いまいらっしゃるんじゃないかって（間）、コンニチワとはなんですか（間）、えぇいろいろとありがと……。えぇ、ソコとっときやしたから大丈夫です。いま、はじまったばっかりスから、えぇいまは、鶏の話は終わったところで。これはお隣の方に聞いてください。最初からやると長くなっちゃいますから。

それで、力武地震学校室大変、十勝沖地震はもう、アメ

自己批判で笑いをとる

大袈裟な自己イメージ

情報の組み立てで一息いれる

客を叱ることで停滞した笑いにカツを入れる

大袈裟な自己イメージ

リカへ留学しちゃいましたけど、大変で、力武先生のお部屋、もう古びたお部屋ですけど、『先生、お初にお目にかかります』って言ったらね、先生、ぼくのこと知らないの。『あんた、どなた』って。ぼくのことを知らない人がこの地球上に棲息するのかと思ったら、あたしはもうガックリきましたね。『先生、三平です』って言ったら、『あぁ、食堂か』って。

（間）それから地震が無くなったんです。こんなに驚いたことは無いんで。ですから地震は、非常食料やなんかも、よく準備しておいて、非常袋を奥さん、懐中電灯とか、鰹節とか、缶詰なんか入れといたほうがいいっスよ。それからもう、携帯ラジオね、これはもう情報を収集……（間）。そこで愛をささやいちゃいけません。えぇ、お客様を怒っちゃいけません。えぇですから大変、本当に。

提示（前ふり）

結果（オチ）

鰻は高くなりましたね。一串五〇〇円スよ、鰻が。この間土用の丑の日、一串五〇〇円で、もう、電話かけても持ってこないの。電報打ったらすぐ持ってきた（間）。知ってんスかウナデンっていうの。いやぁこりゃ驚いた、本当。オチがばれちゃしょうがないです。

じゃ、わかんないやつを。（間）わかんないやつをやります、今度は。ですから大変で。えぇ江戸の小話に（間）、江戸の小話にこういうのがあります。ごくケチ（間）いま古典落語のいいところ……。（間）えぇごくケチな男が、旦那の前スけど。えぇ、鰻を買うのは高いから、お弁当を持ってて鰻屋の店先で煙を吸って、ご飯を食べた。そうっすっと、鰻屋のおやじは癪にさわってしょうがないってんで、月末に鰻の嗅ぎ賃請求書ってゆう。そしたらこの男が考えて、革袋へ硬貨、あのぉ硬いお金を入れて、そいで、

急激な話題転換
結果
キャッチフレーズ
提示
自己反省
提示
提示

ここで笑いをとるつもりはない

古典落語ができないという批判を逆手にとっている

自分の実力を認めていったん落とす

結果

結果

おやじよく聴け、チリーンチリーン音だけ聴かして、お前、俺も匂いだからお前も音だけだ――って。

こうゆう、三平は古典落語もうまいんスよ若旦那。(間)本当っスよ。この間あるところで、源平盛衰記を四〇分やりまして、みんな寝かしちゃったことある。(間)今日もそろそろ寝かしやしょうか。そんな馬鹿なことを言っちゃいけない。えぇこれは本当に、これは古い、あのぉ古典の落語ですけど、新しい新作落語ってゆうと、

鰻屋のおやじが店先で鰻を焼いてました。そしたら外国の人が通りかかって『鰻屋さぁん、下なんか向いてちゃだめですよ。この蒲焼き、これは日本料理ですか？　外国料理ですか？』って言ったら、鰻屋のおやじ慌てちゃってね。『いえ、これ養殖ですよ』っていった話。

(間)わかりませんか、奥さん？(間)では説明をいたし

わざわざ説明するおかしさ

提示

外国人のマネ

本当は古典もできるということをそれとなく誇示

ます。これはぁ、何がおかしいかと、浜名湖の養殖と、和食洋食。わかる、若旦那はいいんだ。あの奥さん。(間)えぇ、大丈夫。(間)今日はちょっと長くなります。説明が入りますから。えぇいろいろと。えぇですから本当に、ですから大変。今日は浴衣を来ていらっしゃる方がいますから、愛の歌を捧げます。

♪浴衣の君は、すすきのかんざし〜　かんざしじゃないスから

♪熱燗徳利の首持ち上げ〜あっ、ぶあ

♪首つまんで〜　あっ

♪つかんで〜

♪もう一杯いかがだなんて　妙に色っぽいねぇ　ソソミレド〜

(間)えぇ、楽譜のわかる落語家なんていませんよ、ねぇ

つぶやき

ダメ押し

意味もなく
おかしいと自覚
(同時に提示)

教養主義的ひけらかし

大きな前ふり

提示

ダメ押し

旦那。大変でしょ、若旦那。落語家なんなさい、いい商売スから。（間）あっ強制しちゃいけませんけど。ぇぇだから大変。

だから浴衣やなんか着て、今年は残念なのは、両国の川開きはありません。あの両国の川開きってゆうのは、ぇぇご隠居様は御存じですけれども、ダダンダンダン、仕掛け花火ですね。

♪あがる流星　星砕け　ソソミレド〜（間）

全部統一されてますから。ぇぇ、で、あのぉ、掛け声が『タマヤ！　カギヤ！』ってゆうんで大変なもんで、本当スよ。お客様の前で。ぼくなんか、幼かりし頃、ぇぇ父に連れられて、本当、両国ってゆうのは、そこに一つのポエム、詩がありました。本当に灯籠流しがあって、ぇぇ浴衣を着て、こんなツンツルテンの三尺を締めて。

育ちのよさ（?）をそれとなく誇示

結果

同時にくりかえし

意外性

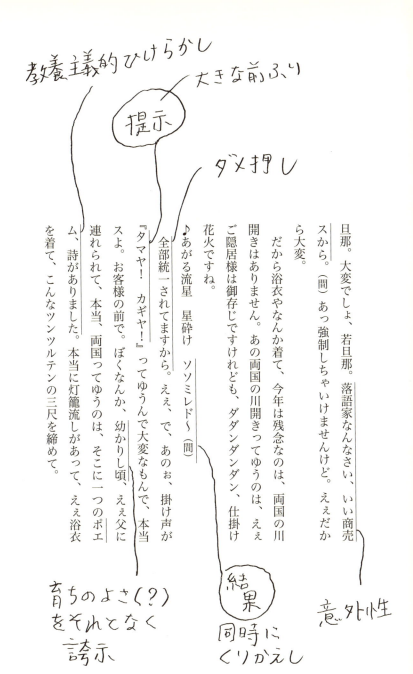

深い意味のない自己宣伝

自己反省

勢いを加速させる

提示

「早く来い」、なんて。ぼくの本名は海老名といいます。(間) 娘が海老名みどりねぇ。これは、『おはよう！こどもショー』をやってますから。(間) 親はありがたいスなぁ、娘まで宣伝するな、おい！　本当ですよ。

そいで大変。だけど花火ってのは困んスよ、仕掛けとかあんでしょ、バンバンって、あがって。そいで燃えカスがね、若旦那。顔の真ん中に落っこっちゃってね、ここに止まっちゃうの。みんな驚いて『アッチ、アッチイ！　ハナビ～』なんて。(間) 本当ですよ。

♪浴衣の君は　すすきのかんざし～っと。

だけど、あのぉ、呼び声なんか、家の裏の奥さんなんか『タマヤ、タマヤ、タマヤ』

『奥さん、花火あげてんですか？』ってったら、

『違うわよ、猫呼んでんのよ』って。

結果

内容でなく勢いで笑わせる

ベルザーのいう「情報の組み立て」と同じもの

これはあんまりよくないスけど、この次からお嬢さん、面白くなる。お嬢さん、全然笑わない。(間) 人の顔ジッーと。心の中じゃ『何やってんだろね、このバカ』(間) 泣いちゃっちゃ (間) 拳闘の試合じゃないすから、今日は。えぇ、泣いちゃっちゃいませんけスど、えぇいろいろ。お師匠さんも大変ですよ、暑いのに。
♪チャチャチャチャチャ～ン～
笑いの、本当スよ。題名のない音楽会で。大変。大変なんスよ、若旦那。だけどねぇ、花火やなんかはねぇ、大変。ねぇ若旦那、大変だったスよ。花火、両国の花火なんてゆうのは。お嬢さん、もう江戸風物詩の一つ。そいで、あの、だけど。もう人垣ができちゃってねぇ、前の人と接近してるでしょ、
そいで、前の人がおなかん中に力を入れて『タマヤ!』っ

意味はない
↓
ベートーヴェンの「運命」
下座の師匠に笑いをふる
キャッチフレーズ
自己批判
ホットなニュース
観客の内的独白
マニアックな情報の提示
↑
「運命」からの連想
やっと ネタを 思い出す

てやったら、一発プーってやっちゃってね、後ろの人が『カギヤ』っつったらね。(間) こっちの前の人は『スー』なんつったら、後ろの人が『いまのは不発だった』って。そしたら前の人は『へー』なんてって。(間) これはあまりにもくだらない話です。ええ、反省をしなくちゃいけません。(間) なんです? あ、時間。もう少し喋りたいんスけど……若手の出番がなくなっちゃいますから。それでは、きおつけ! 礼! ダハァ~ (おでこに手を持って行って) えーそう言うわけでして……おしまい!

提示
結果
ダメ押し
キャッチフレーズ
提示
結果
口と本心のくい違い
そろそろ疲れが出ている
そろそろ終わりにしたい

ベルザーの場合なら「ハルク・ホーガン」のネタという言い方ができるが、三平のこの落語を「花火」のネタとは言いにくい。

ベルザーには一貫したストーリーがあるが、三平にはない。だからスタンダップ・コメディではない、とは言えない。すでに紹介した何人かのスタンダップ・コメディアンの中にも、ストーリーで展開していくタイプ、いくつかのエピソードでつないでいくタイプ、思いつきのように短いジョークを並べていく三平タイプと、いろいろある。レニー・ブルースやロビン・ウィリアムズのように政治的に過激な攻撃タイプもあれば、バディ・ハケットやアンドリュー・ダイス・クレイのような下ネタが得意なタイプもある。そうしたコミックに応える観客の笑いも、決して同質の笑いではない。

林家三平は、後年の立川談志の漫談に比べれば風刺性や攻撃性に欠けている。だが、談志とはべつの意味で観客を大いに笑わせてくれる。

ベルザーの自己分析は、客が何をおかしがるかという点とともに、演じ手が何をおかしいと思っているかという点をも明確にしている。ここに林家三平との共通点がある。

「知らない人のために言っとくと、ぼくホット・プロパティーズという番組をやっていたことがあるんだ」

「ぼくの本名は海老名といいます。（間）娘が海老名みどりねぇ。これは『おはよう！こどもショー』をやってますから」

この二つには明らかに共通した要素がある。ベルザーは自ら「情報の組み立て」と分析しているが、これは林家三平の落語における「深い意味のない自己宣伝」と同じものである。ベルザーは「知らない人のために」というが、客が知っていることは先刻承知のはずである。だから、この部分では、アメリカの観客も日本の観客も笑うはずである。林家三平のほうが一枚上手なのは、そのあとで、間を置いて、「親はありがたいスなぁ――娘まで宣伝するな、おい！」と笑いのだめ押しをするところである。

「俺のスタッフの誰かが――『俺のスタッフ』って言い方はないか――俺んとこで働いていて、いつでも俺がクビにできる奴……」

「先生、ぼくのことを知らないの。『あんた、どなた』って。ぼくのことを知らない人がこの地球上に棲息するのかと思ったら、あたしはもうガックリきましたね」

どちらも「大袈裟な自己イメージ」で笑わせようとしている。だが、ここでも林家三平は、これで終わりにしていない。

「『先生、三平です』って言ったら、『あぁ、食堂か』って」

ベルザー方式の「提示」と「結果」を、ベルザーより短時間に組み立てている。

ネタの組み立ての中での日米の共通点はいくつかあるが、もっとも大事なことはどちらも目の前にいる客のために喋っているという点である。相手はマイクではない。生身の人間たちである。

「いらっしゃいませ、前の方空いとりますからどうぞ」

林家三平は、そうやって特定の客に声をかけることで全体の客の笑いを取る。ベルザーのハルク・ホーガンのネタにはそれがないが、この手法もスタンダップ・コミックではしばしば使われている。客の国籍を聞いたりして、話をその特定の客から展開させて行くコメディアンは多い。

もう一つの共通点は、マニアックな情報の提示である。といってもお互いの観客にとっては、マニアックではないのかもしれない。ベルザーの話に出るミスター・Tの出演しているテレビ映画『Aチーム』のこと、林家三平がいうテレビ番組『題名のない音楽会』、どちらも観客が知っているから笑いを取れる。だが、知らなければなんのことかはまるで分かりはしまい。アメリカの観客に混じってスタンダップ・コミックを笑えないのはこのケースが多い。

こうした笑いは、一時期、日本の小劇団とその観客が好んだCMをネタにした笑いと同質である。狭い業界の話や、渋谷の公園通りの風景をコントにするコント・グループもこうした笑いを狙い、彼らに付いている観客のニーズに応える。ただしエスカレートした場合は、ただの楽屋オチになりかねない。

ベルザーにとってこの勝負で何よりも損なことは、ぼくらが彼のハルク・ホーガンのネタを生で見たことがないという点につきる。林家三平を一度でも見ていれば、落語を文字にしていたとしても声が浮かぶ。間も分かる。読んでいても演者と一緒に呼吸することができる。これはいちばん大事なことだ。演者と同じ空間で呼吸すること――それがスタンダップ・コミックで笑うための必要不可欠なことだろう。

ベルザーはこの本で「お笑い」をわざと学術的に分析することで、もう一つのべつの笑いを取ろうとしたわけだが、結果は、ベルザーのネタが学術的に分析しやすいほど計算づくで面白さに欠けることをも提示してしまったのではないだろうか。

思いつきのまま喋っているようで、じつは計算された林家三平の高座は、ある意味では、日本のスタン

ダップ・コミックの一つの典型的なあり方といっても
いいのかもしれない。

スタンダップ・コミックの哲学

ベルザーは「スタンダップ・コミック史上の偉人の言葉」として、以下の発言を列挙する。

「面白ければ、それは面白いのだ」——レッド・バトンズ

「間合いがすべてだ」——アーサー・ショーペン

ハウアー
「汚くやるな」――ミルトン・バール
「場を選べ」――イマニュエル・カント
「仕掛け（gimmick）を持て」――パット・クーパー
「小道具はウイットの敵だ」――バートランド・ラッセル

さらにベルザーは、スタンダップ・コメディアンの最低の常識として、以下の三項を挙げる。

① 汝、盗むなかれ
絶対に他のコメディアンのネタを使ってはならない。つまりは盗作をするな、というわけだ。

だが、いい意味で盗作で身を立てたコメディアンもいる。たとえばミルトン・バール。彼は他人のあらゆるネタを盗んで超スターになった。しかも誰にもそのことを責められていない。とするとコメディには二つの掟があるのだろう。「汝、盗むなかれ」そして「汝、万一盗むことあらば、観客を笑い倒すべし」

② タブーをどうするか？
タブー・ネタは扱えば面白いが、一歩間違えれば観客をシラけさせる。

倫理上、話してはいけないようなことを話してしまう力を持つコメディアンがいる。たとえばレニー・ブルース。彼は殺された子供もネタにしていた。普通ならタブー視されることをネタにできたのは、事件を風刺的に見る見方を見つけていたからだ。不快かもしれないということを分かってネタにしていたのだ。

このベルザーの指摘の正しさは、そのまま露出させれば不快であることをまったく理解しないまま、ただむやみに差別ネタをやって、観客をシラけさせてしまうコメディアンを思い出せばよく分かる。密室芸といわれたタモリの差別ネタは、タモリなりの独自の表現法と、その問題に関するある種の見識を持ってやられていたのだ。だから危ないネタでも笑えたのだ。表面的な差別ネタが観客をシラけさせてしまうのは当然のことなのである。

そこでベルザーはサム・キニソンが舞台で顔をふせてやるネタを紹介する。

ある男が死んでテーブルに置かれていたところを、オカマの葬儀屋がケツからやりだすというネタだ。

ベルザーは、このネタはいままで見た中で最高におかしかったコントの一つで、じつにうまいところをついていると誉める。

サムはこのことを「この世の究極の屈辱」と呼んで話を締める。肛門性交、死、ホモセクシュアリティー、死体愛好症。このネタを説明すると下品になってしまう。説明不要なのである。

アメリカでは、放送禁止用語も、有料ケーブル・テレビでは規則が緩やかであるし、一般のテレビでも戦う意義は持っている。日本ではタブーには関わらないほうがいいという暗黙了解があるのが情けないが、それだけ反権力を名のる団体の権力的な圧力が強いからなのだ。

③　悲劇から生まれるジョーク

他人の不幸は面白い。チャレンジャーが爆発した次の日、まだその破片が海に落ちているとき、コメディアンたちはもうそれをジョークにしていた。病的な(SICK)ジョークだ。それが集団的な無意識反応というやつだ。悲劇的な事件、死とかグロテスクなものにぶつかった途端、自動的にそれをジョークにしてしまう。悲劇を薄めるために笑ってしまうのだ。

誰もがいちばん恐れていることをジョークにしてしまう癖は、ぼくらの周りでもいやというほど見られる。日本でこうしたジョークで最初に笑い合うのは、ある意味で生活のない気楽な連中だ。つまり、ある種のお笑いタレントとジャズ・ミュージシャンということである。

人の死に関するジョークに続いて、ベルザーは、人の病気をジョークにしたこんな例を紹介している。

「ロック・ハドソンは友達がひとりもいなかったけど、お尻づきあいは良かったよ」

問題は、こうしたジョークが本当に面白いかということだ。ベルザーは考える。舞台で話してはいけないことなんてあるだろうか？　たとえば、この種のエイズ・ジョーク。

「一日に五〇〇回、そいつをケツに入れるのが君の身体に悪いだろうなんて、いったい誰が思うんだ？」

このジョークは恐ろしいし、不快感を与える。でも鋭いところを突いている。だからみんなも反応する。それは面白いジョークだ。でも、まだそれを話すことに、自分はどっちつかずの気分でいる。それが正直なところだ。つまり問題はコメディアン自身の誠実さなのだ、とベルザーは言う。

コメディアンの死と再生

ベルザーはスタンダップ・コメディを演じる誰もが直面しなくてはならない五つの窮地を挙げる。コメディアンはこの五つの死の局面を、どんなときにも肝に銘じておく必要がある。

【野次られる】

野次はいつ来るか分からない。舞台に立って邪魔をされると、必死に、次に何を言おうか思い出そうとする。硬直する。思考という汽車が脱線する。誰かが君のリズムを狂わせる。君の芸のリズムを。君の心のリズムを。君は野次られたのだ……。

【槍玉に挙げられる】

額と上唇に汗が光る。血圧が上がる。靴と股が湿って来る。君は野次る客の不当な侵入に、素早く適切に対応する。君のカムバックは早く、賢く、ポイントをついている。ほんの少しの間で落ち着きを取り戻す。君はうぬぼれた自信家だ。しかし、お客に勝つことはできない。君は彼らの同情を失う。

［ブーイングされる］

たぶんそれは君が言ったことに対する飲んだくれの目茶苦茶な解釈なのだろうが、いまとなっては、もうどうでもいい。奴らはあの騒音を発してしまったのだ。ブーイング――あの冷えた空気が君を包み込む。一瞬。ほんの一瞬、君は死ぬ。君は凍死する……。

［シラケる］

君のタマ（または卵巣）が、胃袋の中に逃げこんでしまう、そこには心臓もすでに来ている。自分の声は聞こえるが、自分の口から発せられてるようには思えない。君は自分の身体の奥深くに埋もれている、それも肉体の殼以外の何ものでもない身体に。客は君を見つめる。ぎこちなく、不快に――まるで事故車でも見るように。突然、この際、宗教しかないといった気になる。

「ああ、主よ、もう二度と［空白を埋める］なんてことはしませんから……」

［回復］

君が何か言う。今度は他のことを。君はコミックの悪魔にとり憑かれている。君は昔のコメディアンたちの霊媒になる。くすくす笑いが起きて、それが観客の間に急速にものすごいビールスが増殖して笑いに、それもバカ笑いになり、通路に轟き、笑いと拍手で息も詰まらんばかりになる。ああ、どんなもんだ！　ついに勝利を取り戻したのだ！

「主よ、感謝します。私がいまだに不信心者であっても！　愛はどこにでもある！　あなたこそ最高の観客でした。お休みなさい」

コメディアンはいつなんどき、これらの局面のどれか一つ、もしくはすべてを経験させられるか分からない。ここであらためて、この本の巻頭におけるリック・ニューマンの言葉を思い出す。

「コメディアンこそ、世界中でもっとも勇敢な連中である」

ニューマンのメモ

ここでは省略してしまったが、『スタンダップ・コミックになる方法』にはジョークだけで笑わせようとしているページがかなり含まれている。ベルザーのサービス精神を否定する気はないが、正直いって、あまり面白くない。

前述したように、各章にはリック・ニューマンが書いた「ニューマンのメモ」というコラムがある。こちらはベルザーと違って、終始一貫、真剣さを失わない。そのいくつかを紹介しておこう。

●大事なのは心構えだ。毒舌で怒って見せるコメディアンの大半は、怒りがそのままコメディに変わると思っている。それは違う。ロビン・ウィリアムズ、ビリー・クリスタル、ワイルドで、そしてスティーヴ・マーティンといった連中は、時には観客をコケにすることもあるが、舞台の上では決して怒っていない。大事なのは心構えなのだ。

●面白い話し方をするには、何か自分自身の面白いところを見つけて、その特質というか特徴を伸ばして行くことだ。スタイルは内部から出て来るのだ。

●みんなが新しいコメディ・グループを待ち望んでいる。

もし誰かと組む場合、忘れてはならないこと——君たちのステージでの個性は、個人個人ではなくコンビとして出さなくてはならない。君たちの間合いは観客とだけでなく、パートナーとも作らなければいけない。

●良いマネージャーは通常、ギャラの一五〜二〇パーセントをとる。もし二〇パーセント以上とられていたら、君はぼられている。もし一五パーセント以下だとしたら、第一線のマネージメントは期待しないほうがいい。

●大声で笑わなくても、それでもよい客だということがある。このフィードバックは気分のいいもんでもない――が、そのまま続けて平静心を失ってはいけない。

●覚えておくこと――なんにでも笑う連中は君にとってなんの足しにもならない！

●下ネタ（Blue material）＝FUCKという言葉を使うと笑いは取りやすいが、私はコメディアンに下ネタはすすめない。

もちろん、キャラクターが下ネタから成り立っているコメディアンもいる。この部門の中でも凄いのがもちろん、ベルザー。リチャード・プライヤー。そしてエディ・マーフィーだ。それからもう一人、リック・デュカーマンという名の目をつけておく価値のある新人の「下ネタ」コメディアンがいる。

昔はテレビで下ネタはできなかった。いまではもちろん、コメディのケーブル・テレビへの進出でそれも変わった。だが私はまだ下ネタに頼らないでいたい。長い目でみたらそのほうがいいと思う。

●マイクロフォンをこわがる演者が多すぎる。マイクロフォンは短剣ではない。マイクは殺さない。コメディアンがマイクで殺すのだ。

●良いマネージャーとは？

一、新しいネタについてあなたと相談できること。

二、毅然としていること。

三、いつ仕事をとり、いつ仕事をとらないかを知っていること。

四、すべてが順調に行くことを確認していること。旅に出たその日から、その仕事先、プレス、マスコミの取材範囲まで。

●ヘビー・メタルの前座はやるな。

●コメディ業界の第一原則――絶対に、絶対に、どんなときでもフランク（シナトラ）のことを笑いにしてはいけない。

●君が面白い芸人なら自分で自分のネタを作る努力をすべきだ。が、コメディ作家からネタを買ってもいい（せめて作家を晩飯くらいには誘おう）。実際、この業界に入ってスタートするのに、コメディのネタを書くというのは良い方法だ。

●完璧におかしい一分間をネタの中に必ず入れておくこと。そうしておけばオーディションのとき、必ず覚えてもらえる。かりに他の部分が標準に達していなくても、オーディションする側は、君が面白かったというふうに覚えているものだ。

●誰でも頭が空白になり、喋っている最中にジョークを忘れてしまったりする。あわてふためき、考えをまとめようとするな。即座に他のことへ持って行け。たとえ話が飛んで、意味がまったく通じなくなっても。

コメディ用語解説

この本の巻末におかれた「用語解説」を最後に紹介しておこう。日本語に訳すのは難しいものもあるが、できるだけ近い訳を（　）内に記しておく。

BEAT（合い間）＝休む空間。ネタふりとオチの合い間。ネタの行と行との合い間、もしくは違うネタとの間などに、コミック効果を狙ってのみ使用される。

BOMB（シラケ）（BOMBING；INTO THE TOILET）＝コメディアンの存在自体が客からまったく完全に無視される場合。

COMEBACK（仕返し）＝野次への応酬。

DELIVERLY（運び／話し方）＝自分のネタをスタイルや姿勢とともに演じる。

HUNK（ROUTINE／BIT）＝一つのテーマに一連のジョークを放つ。

KILL（おかしさで圧倒する）（KNOCK'EM DEAD；KICK ASS）＝シラケの正反対で、言うこと、やることに信じられないというか、手におえないほど客がバカウケして笑う。

MONOLOGUE（独白）＝HUNKと同じ、もしくは幾つものネタをまとめてもよい。その人の芸。

ONE―LINER（小噺）＝同じセンテンスやパラグラフにネタふりとオチが含まれた短いジョーク。

PROP（小道具）＝ウイットの敵。笑いを引き起こすために使う装置や道具。扱っても身につけてもよいし、簡単に指さしてもいい。環境や装置のありのままの部分でもよい。

PUNCH LINE（オチ）（PAY OFF／やま場、結末。BLOW；CAPPER／終わり。SNAPPER；BUTTON）＝ユーモラスな部分、たいていジョークの終わりにある。

SETUP（ネタふり）（STRAIGHT LINE）＝ジョークの本体。オチが分かるのに必要な情報。

TAKE＝自分の言ったこと、もしくはオフ・ステージへの一言や音への反応を、一方もしくは違う箇所へ、頭、身体全体を向ける。すぐに繰り返しやることが多い。

TIMING（間）＝間……がすべてだ。コメディの秘訣。

8 一九八七年のスタンダップ・コミック

「Is Comedy Making a Comeback or What?」by TOM SHALES
（一九八八年・雑誌「エスクァイア」より）

ベルザーの本を見つけたのと同じ一九八八年、日本版「エスクァイア」誌から、スタンダップ・コミックについての記事の翻訳を頼まれた。筆者のトム・シェルズは、テレビ関係の評論を多く書いている。同じ「エスクァイア」で、ウディ・アレンについても評論している。

ぼく自身、スティーヴ・マーティンが面白くて、『ペニーズ・フロム・ヘヴン』（一九八一年、ハーバート・ロス監督）、『2つの頭脳を持つ男』（一九八三年、カール・ライナー監督）、『スティーブ・マーティンのロンリー・ガイ』（一九八三年、アーサー・ヒラー監督）、『オール・オブ・ミー／突然半身が女に！』（一九八四年、カール・ライナー監督）といったビデオを借りてはダビングしていた頃だったので、そのスティーヴ・マーティンに優しいこの記事に好感をもった。

八七年に書いたシェルズの記事から六年の歳月が流

れた。その間にぼくもいささか勉強して、以前はこの記事の不明瞭だった部分が少なからず明確になってきた。一九八七年のスタンダップ・コミック界は、あとで触れる九二年の「ハリウッド・ザ・レポーター」の記事などからは想像もつかないほど安泰した状態にあった。六年の歳月はコミック・クラブの低迷を招いたが、ただしコメディアンの地図にはさして大きな変化はなかったようだ。

以下、筆者の了解のもとに、あらためて訳しなおしたこの記事をそのまま収録させていただくことにした。

スタンダップ・コミック七人の歴史的人物

【スティーヴ・マーティン】

通称「コミック界の桂冠詩人」

彼はワイルドでクレージーだったが、誰もがそうだったのかもしれない。いまや映画『愛しのロクサーヌ』（一九八七年、フレッド・スケビシ監督）で作家という地位を確立しているマーティンに「職業は?」と尋ねたなら……彼の答えはたった一言——「コメディアン」である。

【シド・シーザー】

通称「第一人者」

すべてはこの人にはじまる。彼の番組『シーザーズ・アワー』は通算八年も続く大ヒットとなる。またメル・ブルックス、ニール・サイモン、カール・ライナー、ウディ・アレンの師匠ともいえる人物でもある。

【ジャッキー・メイソン】

通称「ラビ」

「ユダヤ人のヴァケーションは座るところを探し続けるだけで終わる。『ロビー新装!』と宣伝するのはユダヤ人向けのリゾートくらいだ。ユダヤ人にとっては椅子を見つけることができれば、それだけで素晴らしいヴァケーションと言えるのだ」

【ドン・リックルズ】

通称「毒舌王(SON OF A BITCH)」

「そちら、あんたの奥さん? ありゃー。本当はなんなのそれは……タクシー? いや冗談、冗談。素敵な女性だ。肉屋に持って行ってフックで吊しておくタイプだね……」

【ジョージ・カーリン】

通称「気のふれた博識家」

「時々、人に『いいのを期待してますよ』と言われます。で、私は答えます。『いいのはもう持っています。いまは長いのを探しているんです』ってね」

【サム・キニソン】

通称「ザ・ロード・ウォリアー」

「遅れて悪かったな。やっと刑務所から出られたんだよ。それでさ、ガール・フレンドの名前を変えようと思って役所まで行ってきたのさ。俺は言ったんだよ。『名前を変えてくれないか。どうしても、嘘つき雌犬ってしたいんだよ』ってね」

【ギルバート・ゴットフリード】

通称「絶叫男」

「アンデス山中に墜落してね。でも万一に備えて食糧用にサッカー選手を連れて来てたのさ。みんなで車座になったとき、一人の男が叫んだんだ。『みんな、腹が減っているんだ。そのサッカー選手を食っちまおうぜ！』って。で、言ってやったのさ。『食うんならまずはパイロットからだろう』ってね」

悪い時代は優れたコメディを生む

で、どうだいみんな？ 最近、笑っているかな？ いいジョークを聞いたかい？ うん、聞いてないってことはないだろう？ 聞いてないとしても、それはコメディアン不足のせいじゃないはずだ。人口一人当たりに対してのコメディアン数がこれほど多いのはアメリカの歴史はじまって以来のことだし、まぁコメディアンというのはあっちこっちの町を放浪する現代の吟遊詩人だしね……。

いまどき（当たり前だけど）フォーク・ソングを聞きにクラブに行くやつはいないよね。いまはフォーク・トークを聞きに行く時代だ。いまのコメディアンは、六〇年代のフォーク・シンガーみたいなものさ。だがあの当時と違って、プロテスト（反抗）・トークや政治批判トークをやるコメディアンはほとんどいないけどね。主張を盛り込んだコンテスト（内容）・コメディも少ない。大半はアティテュード（雰囲気）・コメディ、つまりフィーリング・コメディって言うのかな、過去の経験で何か感じたことがあるだろ、その感じを思い出させるコメディというやつさ。

現代のコメディは、痛みのコメディではない。悩みのコメディでもない。例外はあるにはあるが、残酷さのコメディでもない。アノミー（無規則状態）、混乱のコメディといえる。それも内なるアノミーだ。何がおかしいのか、あるいは次に何が起こるのか、はっきり分からないというコメディ。不確実性というのとも少し違う――不確実性だとしたら、原因と結果の強過ぎるくらいの関係が必要だ。いまのコメディの大半に見られる人畜無害さには、何か非常に不吉なものがある。コメディがすでに暗くなる一方なのを、そこかしこで感じ取っているはずだ。

しかしそう捨てたもんではない。悪い時代は優れたコメディを生む。これは世の習いと言ってもいい。アメリカが第一次世界大戦に参戦した時期には、チャーリー・チャップリンが、誰あろうチャップリン自身を超越するような活躍をした。

第二次世界大戦後の四七年には、ボブ・ホープとビング・クロスビーの『珍道中』シリーズがはじまった。

「みなさん。ポップ・コーンを買いに行くならいまのうちですよ。これから、奴（クロスビー）の歌ですから」。イントロが流れる中、ホープは観客に向かってそう言った。

核の時代がはじまった時期には、アボット＝コステロはフランケンシュタインと狼男に対面した。なんと象徴的な出来事ではないか！

「満月の夜、私は変身する」

ローレンス・タルボット役のロン・チャーニー・ジュニアがそう告白すると、ルー・コステロが言う。

「だって男はみんなそうだろ」

マッカーシー時代、そして米ソ冷戦時代は、あまり笑えることがなかったが、ミルトン・バールがテレビの中でボードビルを復活させている。スティーヴ・アレンが深夜番組を開発し、シド・シーザーとイモジン・コカが五〇年から始まった土曜の夜の茶の間を沸かせた『ユア・ショー・オブ・ショー』で跳ね回った。

ベトナム戦争からは、映画『M★A★S★H』（一九七〇年、ロバート・アルトマン監督）が生まれた。もっとも、それは朝鮮戦争を舞台にベトナム戦争を描く映画だったわけだが。

六〇年代後半には、ローワン＆マーティンの番組『ラフ・イン』が登場。この時代がコメディの転換期になった。つまり、テレビは、無害でありきたりのコメディだけでなく、最先端のコメディもできることを証明したのである。そして一九七五年（一〇月）、NBCの『サタデー・ナイト・ライヴ』（生放送のバラエティ）が誕生。この番組は病的な、政治的な、気ちがいじみたユーモアをテレビに導入したという点だけでなく、反主流コメディを主流にしたという点で評価される。そしてこの番組の出現で、すべてのルールが書き換えられることになった。

NBCは「ナショナル・ランプーン」誌（ハーバード大学の学生が編集していた「ハーバード・ランプーン」が元となって一九七〇年に創刊されたパロディ雑誌）が得意としていたテーマ及び姿勢をコンセプトとして、テレビでは絶対できないと誰もが思っていたコメディを作り上げたのである。このとぼけた雑誌は「ナショナル・ランプーン・ショー」というタイトルで全国を回るライヴ・ツアーも行っていたが、そのグループの中にいたジョン・ベルーシが番組に大抜擢されることになる。

『サタデー・ナイト・ライヴ』の記念すべき第一回目のコントは、ベルーシとマイケル・オダナヒューが、イヨネスコ劇風のオフィスで、イタチに餌として指を与えることについて話し合うというものだった。いまや完全に体制の一部と化したテレビは、反体制ユーモアをも取り込む余裕さえ持つようになったのである。

スティーヴ・マーティンとロビン・ウィリアムズ

スタンダップ・コミックのプルーストで、いまや映画スターのスティーヴ・マーティンはこう語っている。

「じつは、コメディは七〇年代中頃には死に絶えていたんだ。リチャード・プライヤーとジョージ・カーリンがいたけど、それでおしまい。ポスト・ベトナムの時代で世間はとてもシリアスだったしね。でも、そこに『サタデー・ナイト・ライヴ』がはじまって、すべてを解放したんだ。ぼくはいつも『サタデー・ナイト・ライヴ』の一員だと思っているよ。本当の意味ではそうじゃなかったんだけどもね」

そうは言うが、マーティンは、たびたびゲスト・ホストを務めて、ダン・エイクロイドと二人であの元気のいいチェコ人『フェストルンク兄弟』というキャラクターを作り出している。

「コメディが息を吹き返すことに、ぼくもちょっとは手を貸したと思う」

マーティンは続ける。

「それに、たくさんの人たちに影響を与えたような気がしている。悪いほうの影響だけどね」

マーティンは、コメディのスターには、ロックのスターと同じくらい大きな観客動員力があることを証明し、スタンダップ・コミックのルネッサンスにおける先鋒となった。彼こそコメディアン人口増大化の父である。お笑い芸人候補生たちは彼に鼓舞激励された。だが、じつはマーティンのボンヤリした間抜けな金持ち然としたキャラクターは練り上げられたものであり、きちんと計算して作り上げたものだということが彼らには分からなかった。マーティンは、なんと言っても専攻は哲学だったのだ。

マーティンの成功は、ウイットのない亜流者が受け入れやすい土壌を作ってしまった。アル・ヤンコビックと『あえて馬鹿になる』(DARE TO BE STUPID) と名づけられた彼の作品集などがそうだ（マドンナの『ライク・ア・ヴァージン』が、アルのパロディというメスにかかると、笑っちゃうぜ、『ライク・ア・サージェン〈外科医〉』だとさ）。それから、ゴム手袋をふくらませて頭にかぶり、感染予防中のペニスだと言う、他愛のない愚劣なギャグで受けたホーウィ・マンデルなどもそうだ（彼はブレイク・エドワーズの映画『ブレイク・エドワーズのファイン・メス!!』（一九八六年）に主演している）。

マーティンは、アンディ・カウフマンとほぼ同じ時期に登場した。二人ともキャラクター・コミックのパイオニアとなり、それぞれ自分の強烈な分身を創造した。カウフマンは舞台の上のキャラクターに自分自身が「なりきる」ことをあまりに徹底させたために、彼の死を聞いたとき、これもジョークの延長だろうと思った人が多かったはずだ。

マーティンとカウフマン、そしてリリー・トムリン（『9時から5時まで』（一九八〇年、コリン・ヒギンズ監督）、『縮みゆく女』（一九八一年、ジョエル・シューマカー監督））が、スタンダップ・コミックに栄光をもたらし、それを再びヒップなものにして、そのあとのたくさんの才能を引き寄せた。ロドニー・デンジャーフィールド（『バック・トゥ・スクール』（一九八六年、アラン・メッター監督））が、ただ出てきてジョークを喋るというだけのことや、エディ・マーフィーが、ただ出てきてダーティ・ジョークを喋るというだけのことに、なんと高尚さといった評価まで与えてしまうことになったのだ。

一方で、ロビン・ウィリアムズ（『グッドモーニング・ベトナム』（一九八七年、バリー・レヴィンソン監督））も、新しいジャンルを切り開いた。ロビンはポップ・カルチャーのミクロ再生加工業者として、最初のそしていまなお最高の存在である。時代精神からその化身と偶像を拾い上げ、宇宙空間に、はじき出された人間ローラデックス（回転引き出し式インデックス・ファイルの商品名）のようにコメディを仕立て上げる。

七〇年代末、ニューヨークで新しいジャンルが芽生える、あるいは震源地となるようなコメディ・イベントが起こった。ロビン・ウィリアムズが『コパ』に出演したのだ。客席にはビル・マーレイやアンディ・カウフマンの顔もあった。客全員が一晩中、この狂人に大笑いし続けた。終演後、ビル・マーレイが呟いた。

「何も新しいものはなかったな」

そのとおり。素材は新しくなかった。たぶん、その料理の仕方と表現方法が新しかったのだろう。

（註：『ブレイク・エドワーズのファイン・メス!!』は、ブレイク・エドワーズ得意の正統スラップスティック・コメディとして出来は悪くない。ホーウィー・マンデルは、トム・シェルズが指摘するとおり特筆すべきコメディアンではない。それでも今世紀もテレビで活躍している）

五〇年代への回帰

現在、スタンダップ・コミックで圧倒的に多いのは、過去の体験にもとづいて、いま起こっている出来事をどうこう言うのでもなく、政治家にも少数民族にも社会危機にもまるで関係のない、日常生活の取るに足らないことに対して冷たくコメントをする、リファレンシャル・コメディである。

そして、いまスタンダップ・コミックでいちばん良く取り上げられている題材は「チキン・マックナゲット」と「セブン・イレブン」の移民労働者かもしれない。それに、テレビも加えることができるだろう。テレビは、誰もがその馬鹿らしさを笑いたがっているので、いつでも話題にできるのである。

ヤッピーになったベビー・ブーム世代は六〇年代があっけなく消え去り、七〇年代が氷結したときの幻滅感を忘れ去ろうと必死であった。いま、彼らは、ベトナムやウォーターゲート、政治家の暗殺などではなく、より無害な、より正気の時代を思い起こさせるようなコメディを求めている。実際、そういった種類のコメディが氾濫している。

その大半はテレビのトーク・ショーとシンクロした会話形式で伝えられる。現実にコメディアンは、スポット・ライトを浴びて、一人でステージに立っているときだけでなく、テレビ局からお呼びがかかり、ジョニー・カーソンかデヴィッド・レターマンの横の椅子に腰掛けて話すときにも、「ウケる」ような材料を持っていかなければならなくなっている。

コメディの世界では、航空業界や放送業界、電話会社の入社と同じように、規制緩和が進んでいるようだ。コメディ業界の門は、あらゆるといっていいほどの人たちに開かれている。その中に入るのは、いまだに容易ではないが、全国にあるコメディ・クラブがきっかけだけは提供してくれる。たいていのクラブはアマチュア・ナイトを設けていて、その晩は、度胸さえあればどんな能なしでも、ステージに上がって喋ることができる。電話システムは混乱し、放送は下水の垂れ流しと化し、航空業界は利益低下で悩まされている折、コメディ業界だけは規制緩和が功を奏している。コメディは多いほど楽しいし、多ければ楽しみも多い。大部分がろくでもないものでも、ないよりはましと言える。

コミックにはあらゆるスタイル、サイズ、民族が揃っている。表面上はいかに多彩だろうと本質的には同種のユーモアを持ち、観客の連帯感をくすぐるような気分のいいコミックというのが大半である。題材はポップ・カルトかテレビか恋愛関係（比較的露骨なコミックの場合はズバリ寝ること）を持続することの難しさといったところだ。そのうちのどれでもなければ、子供のときの話と相場が決まっている。つまり思春期への回帰とか帰郷といったことで、観客を懐かしい思い出の世界に浸らせてやろうとするわけだ。

マーティン・マルと共同で、ペイ・テレビのシネマックスとビデオ用に異常におかしい痛烈極まる風刺作品『アメリカにおける白人の歴史』を企画し台本を書いたアレン・ラッカーによると、現代のコメディの多くは、安全な場所へ後退しているということだ。それは五〇年代への回帰現象である。五〇年代はクールだった。アイゼンハワー大統領は、国民に嘘をつくことはなかっただろうし、ジョークを言うようなこともなかった。

「ほんの二、三年前までは、現代ユーモアといえば、すべて六〇年代ユーモアだった」

そうラッカーは指摘する。

「『アニマル・ハウス』（一九七八年、ジョン・ランディス監督）、『サタデー・ナイト・ライヴ』、ある意味では『SCTV』（マイク・ニコルズ、アラン・アーキン、ジョン・ベルーシらが所属していたシカゴの『セカンド・シティ』という一九五五年創立の即興劇団が手がけていたテレビ番組。ケーブル・テレビ局を舞台にしたコメディ）などは、すべてあの六〇年代の感性を持っている。リベラル、シニカル、反体制的、挑発的というあれだ。しかしこのユーモア系統は中年の危機を迎え、体制派になってしまったのだ。それをやっていた人たちも、いまでは何をやったらいいのか分からなくなっている。そこで、昔の価値観を思い起こし、中西部的感性というべきものに立ち戻ろうとしている。六〇年代以前の感覚に後退することで安心するのだ」

そう、安心なのだ。かつては大都会は逃避先であったが、いまでは大都会での価値観を拒絶し、そこが一時の避難場所であるかどうかはともかく別の方向、つまりは小都会に逃避している。この傾向は『コスビー・ショー』に例を取ると分かる。これはニューヨークに住む黒人一家でありながら、まるで中西部なのだ。

それに、NBCの『レイトナイト・ウィズ・デヴィッド・レターマン』はまさに地方都市のコメディ番組を全国ネットしているようだ。レターマンは、インディアナポリスから来た清潔な好青年（たとえ富と名声で腐敗しているとしても）というイメージを誇示していて、番組の中には『スモール・タウン・ニュース』というコーナーさえある。田舎風コメディにおいて、レターマン以上に影響力を持つ者はいない。この時代と寝ているのだ。念のために言うが、これは誉め言葉（ある種の）である。

嫌われたジャッキー・メイソン

さて、現代のコミックは政治家と同様、テレビ飽和時代においてもっとも大事なことは長持ちすることだということを知っている。だからこそ、静かな会話風なアプローチを取るコミックがこんなにも多いのである。誰もが目もくらむほどの彗星にはなりたがらない。彗星は派手だが消えるのも早いからだ。

ところがジャッキー・メイソンは、二五年間、ひょっとしてもっと長い間、おかしい存在であり続けている。彼は教育の旧体制から新体制への移行期に生まれたような存在である。メル・ブルックスと同様、葬り去ることのできない重要なアメリカン・コミック・サブカルチャー——大都会の神経症的ユダヤ宿命論者——の守護役を果たしている。

メイソンは映画を作ったりはしそうもない。出演したことは二度ほどあるが……。メイソンがやるのは、というよりやる宿命になっているのは、昔ながらの素朴なスタンダップ・コミックなのである。彼は純粋主義者、哲学者、人類学者である。人間の行動パターンに不合理性を見い出しそれを解剖する。とくにグループ、それも人間のグループに強い。

「世界の三分の二は水でできている」

メイソンの講義がはじまった。

「われわれはそんなに多くの水を本当に必要としているのだろうか？　大変良い質問だ。本当に必要としているのか？　たぶん異教徒は必要とするだろう。ユダヤ人はどうかな、たいてい、家にプールがあるし……。異教徒はモーターボートを買えば、クルージングに出かけるが、ユダヤ人はモーターボートを買えば人に見せる。モーターなんかついていなくたっていい。私はモーターボートを持っているユダヤ人を五千人ばかり知っているが、いまだに動いたところを見たことがない」

他の誰もメイソンの素材をつかって笑いを取ることはできない。これは偉大なコミックであることの証しである。そのドン・キホーテ風な話術、気ちがいじみたスタッカート的喋りのリズム。それだけではない。メイソンはコミックの魂に心底、浸り切っている。単なるジョークを飛ばす男ではない。それは内部から生まれるもの、ひょっとして先祖から受け継がれて来たものなのかもしれない。

メイソンは、コメディには現代性などまったく必要でないことを証明している。トニー賞を獲得したブロードウェイでのワンマン・ショーによって、ロドニー・デンジャーフィールド以来初の、古手でありながら、現代の若者を魅きつけるコミックになった。理由は単純だ。観客がようやく彼に追いついたのだ。いまの客は彼のジョークに笑えるほどヒップなのだ。客はメイソンを見に行って、どうして自分はコメディアンが好きなのかが分かる。彼はコミックの枠を蒸留した真髄である。そのショーはあまりにおかしくて感動的ですらあるのだ。

「苦々しく思わないといったら嘘になる」

メイソンは遅れて来てやって来た栄光についてそう語る。

「同じ種類の人間、同じ種類のジョークなのに、どうして以前は分かってくれなかったか不思議だ。なぜ、おかしいと思ってもらえるまで二五年も待たねばならなかったのだろう？」

メイソンの栄光が遅れた要因の一つは『エド・サリバン・ショー』に出演したときに起こった不幸な出来事にある。タイム・キーパーのキューをうるさく思ったメイソンがサリバンを（非難するかのように）指さした――サリバンをはじめとする多くの人の目には、そう映ったらしい。しかしそんな事実はなかったのだ！　メイソンもやらなかったと言い張った。しかしやったという印象だけが残ってしまったのである。

メイソンはいまのコミック志望者とは違い、小さなコメディ・クラブに出演することで、きっかけをつかんだわけではない。昔風の方法、つまりキャバレーである。

「そこにいたのは、詐欺師、ギャング、ゴロツキ、クズ……恐ろしい環境だったね。連中は女の子が出て来るのを待っているのに、出て来たのは背の低いユダヤ男で、ジョークを言おうとしている。私は連中がその瞬間いちばん見たくはないものだったわけだ。

コメディ・クラブは、環境としてはそんなに悪くないね。すべてがコメディアンのために作られている。ナイト・クラブだと、客がガール・フレンドを連れて来ているので、ステージに注目させようと必死にならなければならない。いまのコメディ・クラブはコメディアンになるための、非常に優しい気楽な方法だよ。だからこそ、いまは眼鏡をかけて会計士のように見える内向的でもの静かな若手コメディアンが出て来るんだよ」

ウディ・アレンも、ずっと昔のスタンダップ時代には、そうした道を歩み、成功をつかんだのである。

「若手コミックの大半は古株よりも頭はいいし社会意識が高い。洞察力を持って喋る。ぼくらの世代は、正直に言うと、たいして面白くないことについて喋っていた。女房や子供についてとか、客にとってはあまり関係のないことについての人工的なジョークだ。コミックといえば、口が達者な男、中古車のセールスマンみたいなものだった。いまのコメディアンは芸の力はずっと落ちるけど、言うことを多く持っている」

若手コミックには、ジョニー・カーソンをコメディアンとしてだけでなく、若いコミックの才能を鼓舞激励する人物として崇める人が多い。彼はスターの道に通じる門の門番なのである。レターマンに差を詰められつつあるが、カーソンの『ザ・トゥナイト・ショー』は新人にとって、いまだにもっとも望ましいひのき舞台である。

ジェリー・サインフェルドは一九八一年に初出演したとき、パニック状態になって吐きそうになったという。

「それだけ伝説的な番組なんだ。まるで、テレビに穴を開けて、その中に入っていくようなものさ。カーソンの方を見ると、その横にドアのノブがあるような気がしてくる。彼はぼくをずいぶん助けてくれたよ。自分が新人コミックの頃をよく覚えているみたいだ」

しかしメイソンの場合は違う。

「カーソンにはなんらかの理由で嫌われていた。彼の家に招待されたことはないから親友と言えないことは誰の目にも分かる。彼はつい最近まで私を自分の番組に出したがらなかったんだ」

観客を攻撃するギルバート・ゴットフリード

メイソンによればコミックの天敵である野次は、絶滅したも同然だと言う。無論、ブロードウェイの劇場で彼を野次る客などいるわけがない。狂人扱いされてしまう。しかし、コメディ・クラブにおいても、最前列に陣取り下品な野次を飛ばす昔からの習慣はまったくすたれてしまった。客とコミックの距離がより近づき一体化している。いまや野次の代わりに声援が起こるのである。多くのコミックが最後に、

「今夜のお客さんは素晴らしかった」

とか演者が客を誉めるわけだ。果ては、

「おかげで楽しかった」

とさえ言う。演者が楽しく演ずることができるように客も気を遣うべきなのだろうか？　実際、どういうわけか気を遣ってしまうのである。

いまの観客は、オーバーに反応することが多い。テレビのコメディ番組の過剰な笑い声で植えつけられた条件反射という面もあるだろう。

「ハニー、ただいま！」

これだけで、ハ、ハ、ハ、ハ、ハ、ハ、なのだ。ジョークに対する拍手（たいていは笑うほどおかしくない場合に起きる）で、たびたびコミックが中断されるようになったのは、テレビが普及してからのことである。

もっともステージに一人で立っているコミックに、われわれが親近感を覚えることは確かである。理由は、そういう状態に置かれているコミックが、宇宙を漂う唯一無二の人類という存在を見事に象徴しているからである。

アーサー・ペン監督は、一九六五年に、まさにそのことについての映画『ミッキー・ワン』(日本未公開)を作った。ウォーレン・ビーティー扮するスタンダップが、ギャングに追われてシカゴ中を逃げ回るが、ついには勇気を出して神の如くスポット・ライトの中に入り、死と直面するのである。ああ、コメディアン! 誰もがコメディアンなのだ! これは必ずしも隠喩ではない。そして、コメディアンは一人残らずハムレットを演じたがる?……そんなこともないが、すべてのコメディアンの内には小さなハムレットがいる。

そこでギルバート・ゴットフリードを取りあげてみよう。彼は目をつぶってもハムレットを演じられるだろう。実際自らそう主張するに違いない。ゴットフリードは若手ユダヤ人コミックの最古参で、ジャッキー・メイソンの伝統と、その他数え切れないほどのコミックの伝統を継承しながら、そのすべてを内なるヒステリーに取り込んでいる。

スティーヴ・マーティンは出初めの頃、「自分がコメディアンであることをパロディにしてしまう」ということを見事にやってのけた。ゴットフリードはそれだけではない。笑わせたいという衝動に潜む傲慢さそのものをパロディにしてしまうのだ。コメディの歴史をすべて吸収し、狂気の降霊術会で、それを呼び出す神秘主義者なのである。

ゴットフリードは盛大な拍手で迎える観客を攻撃することで、話しはじめることがある。

「やめろ！　やめろ！　優しさもここまで来ると有害だぞ！　やめろって！　もうたくさんだぜ！」

そして、いきあたりばったりのホラ噺に移るのである。

「作家のハーマン・メルビルが俺のところにやって来て言うんだ。

『『白鯨』という本を書いているんだが、何か入れといたほうがいいもんがあるか？』

で、俺は答えてやったさ。

『もちろん。鯨だ』

ってね。

『おい待ってくれよ。するとだ、海の男についてのちょっといい話を書いた俺に、あんたは鯨を書けって言うのか！』

『ああ、そうだ。鯨を入れろよ。つまり、一頭の鯨を追っているわけだな』

『一頭の鯨？　そりゃなんだ？　海の上でどうやってその鯨を見つけるんだ？』

『まぁまぁ、俺を信用しろよ』

『要するに、広い海に探し求めている鯨が一頭いるというわけか？』

『ああ、そうだ。その鯨を追っているのは片足の船長なんだ』

『どうして片足なんだ？　どうしてだか教えてくれ』

『うーん、その鯨に食いちぎられたわけだな』

『へぇ、なるほど。つまり、この男が海に落ちた。そこへ、ラガーヴィア空港なみの口をした鯨が、そのコーンフレークなみの小さな男を見つけて、片足だけ食いちぎったってわけか？　わざわざ片足ねぇ……きっと、その日はあまり腹が減っていなかったんだろうな……」

ゴットフリードは「計算された過剰さ」の名手である。あらゆることを、客が予想する三、四倍も多くやってのける。水を飲む用意をしながら、二分間にわたって「水を飲むぞ！」とわめき続けるのだ。そうした過剰さをコメディにしてしまう。彼は八〇年代最後の偉大な新種コメディアンであり、彼のあとにはもう他のコメディアンはいらないかもしれない。神格化されたコメディアンの極致なのである。

［ゴットフリードへの質問］

——失礼ですが、おいくつですか？

「そうねぇ、ジョーン・コリンズよりは下で、モリー・リングウォルド（『プリティ・イン・ピンク／恋人たちの街角』（一九八六年、ハワード・ドゥイッチ監督））よりは上ということにしておきましょう」

——コメディをはじめてからどのくらい？

「一五、六歳の頃から。ぼくはあの頃のほうがずっとおかしかったんだよ。実際、どのショーにも来てくれる客が一人いたんだ。一六からのファンなんだよ」

——ジョークが「ウケる」ようになったのはいつ頃から？」

「ジョークの「ウケ」ということで考えると、ウケるのを待ってたら、もう何年も前にこの仕事をやめてただろうね。まだウケていないと思うよ。実際、ぼくの人生は長～い「前振り」なんだ。死んだときに、やっと「オチ」になるわけだ」

——観客に腹を立てたことは？

「ぼくを見に来てると思った途端、彼らに対する尊敬の念は消えるね」

——コメディはあなたの天職？

「天職はパン焼き職人だと思う。ちょっと道がそれてしまったんだ」

——ステージの上でときどき長い間、目を閉じていることがありますが、自分がどこにいるか忘れてしまうんですか？

「あれはヘレン・ケラーから学んだ作戦なんだ。あまり知られてないけど、彼女の視力は左右とも2・0で、聴力も完璧だった。ただ、ああいう振りをしてたほうがマスコミによく取り上げられると計算したわけ」

——ユダヤ人は他の誰よりもおかしい？

「ノルウェー人よりはおかしいと思うよ。ノルウェー人のコメディってあまり見たことないもん。ドイツ人もあまり笑わせてくれないね。彼らはタッチが軽いんだ」

——いまからステージに出て行って手持ちのネタを全部やるとしたら、どのくらい持ちます？

「まず五分ってとこだね。観客がぼくを八つ裂きにしてわめきはじめるだろうね……」


ひょっとしてゴットフリードもまた早々と「売り切れ」てしまうかもしれない。ひょっとしてスナック菓子のCMをやることになるかもしれない。すでに彼はMTV用の気ちがいじみた叫び続けるプロモーション・ビデオで大きな注目を集めている。彼がやらないのはパブロフの犬的な条件反射ジョークである。もちろんそれをコケにすることはある。ポップ・カルチャーを取り上げるにしても、観客に媚びるようなことはしないで、もう一つひねるのである。

レターマンと同様、ゴットフリードには一種の誠実さがあり、そのために有害性を感じさせないようなのだ。あるいは、そう思わせているだけなのかもしれない。少なくとも彼には怒りがある。パニックがある。メディアの騒音を上回ろうとしてなんでも大声で叫ぶ。ステージで静かに話すということは決してない。ただ、ステージを破壊はしない。これはサム・キニソンにも言える。

スタンダップ・コミックのジョーク　ギルバート・ゴットフリード

●旧約聖書

「ほとんどの人は知らないけれど、旧約聖書をフリップ・ブック（素早くページをめくると本文のイラストが動いて見える本）のようにめくると、キリストが馬に乗っているように見えるんだ。反対のページを見ると、太った女がフラフープをしている。出版当時は、たいていの人はこっちの太った女のほうが有名になると思っていたんだ。キリストは馬に乗ってどこに行くかわからないけど、太った女のほうが芸人だしね。奴ときたら髭をはやして、お涙頂だいってツラしてるしね。キリストのほうが有名になっちゃったけど、太った女が有名になっていたら、夜中に起きて足の爪をぶつけたら、『フラフープの女！　痛ぇぇぇ！　フラフープの女！（Jesus ！という代わりに）』って言ってたろうね」

絶叫コミックの王者サム・キニソン

キニソンはもっとも破壊的な若手コミックで、絶叫コミックの王者である。対峙主義コミックの高僧、偉大なるドン・リックルズの後継者である。現実世界からの逃避としてコミックをやる連中とは異なり、元来、他の仕事をすることなど考えられない輩なのである。

汚らしいコートとベレー帽といういでたちでステージに立ち、ロシアの小説家のように天に怒りをぶつける。普通の声で話しはじめたとしても、結局は、すさまじい叫び声になってしまう。これを見るとコメディはもはや「正しくない」だけでなく「好ましくない」ものに思えてくる。キニソンはレニー・ブルースの早口版である。

キニソンは妥協ということを知らない。ペイ・テレビのHBOのスペシャル番組で、「十字架に架けられたキリストの最期の言葉は何か？　本当は『ウググググ……』だったのではないか」という箇所があった。HBOでは視聴者の反応を恐れるあまり、夜一一時以前の放送を取り止めることにした。

また、『サタデー・ナイト・ライヴ』に出演して彼のいつものネタをやったとき、西海岸での放送時にはカットされてしまった（この番組は東部標準時間では生放送だが、西海岸では録画放送になる）。

こうしたことはキニソンにとって名誉の勲章である。もっとも、勲章なんてつまらんものはいらないというに違いない。彼の話は無法者の乱暴な意見のようなもので、大半は〝女どもが自分の愛をいかに裏切ってきたか〟といった話で、俺たちじゃなくて、おまえらロシア野郎で良かったぜ」

という前振りでチェルノブイリを取り上げても、放射能清浄チームに志願すると宣言して、現実の冷戦や女性論に話が飛んでしまう。

「原子炉はどこだ？　原子炉はどこだ？　俺に任せろ！　俺に任せるんだ！　俺は二年間も地上最悪の雌犬と暮らしていたんだ。放射能なんて目じゃないぞ！　人質にだってなってやるぜ！　なんたって二年間も結婚していたんだ！　人質になってたんだからな！」

キニソンは、ヒップを超越しただけではない。野卑なコメディも超越してしまった。不快に感ずる場合もあるが、たとえそういうときでも「独りよがりのレーガニズム」に対する解毒剤となり「社会のムード」に単純に乗らないでいるという点で、新鮮なのである。キニソンは破壊の先駆者である。先駆者であることをやめようとしない。ある意味では、彼の存在が破壊そのものなのかもしれない。

ハリウッドに行ってつまらなくなる

それに比べると、クラブに出ているおおかたのコミックは、お互いに真似し合っているだけである。同じようなことばかり話しているので、何も話していないのと同じになってしまう。ネタとしては、テレビが簡単で無力なターゲットとしてよく狙われる。クラブの客には、少なくとも外に出掛けて来たということでテレビに対して優越感がある。テレビのスタジオで見ている人たちも「このクズ番組を家で見ている人たち」に対して優越感がある。家でこのクズ番組を見ている人たちにしても「クズを見せて優越感を感じさせるのがテレビの機能の一つ」なのであって、やはり優越感を持つ。ところが、大半のコミックは政治家と同様、なんとかテレビに出たいと思っているのだから、まったくいい加減なものだ。

いまやミスター・テレビジョンであり、番組の中でテレビを通じてテレビをからかっているデヴィッド・レターマンは、新人コミックの間で、テレビが唯一の共有体験になりつつあることを心配している。

「以前はスタンダップ・コミックにしろ、観察派のユーモリストにしろ、どこからでも笑いのネタを拾うことができた。いまやテレビで育った世代になり、彼らがつかえるネタはテレビだけになってしまった。私のスタンダップ・コミックも、だいたいが、『みなさん、あのテレビ番組を見ました？　ひどかったですねぇ……』というものだった。数百万、数千万の人が同じ体験をしたのだから面白い話題だったのは確かだ。ただ、長期的に見た場合、いいアプローチだとは言えないのではないだろうか」

新人コミックの希望は、カーソンやレターマンの番組に出演して、その後シットコム（シチュエーション・コメディ）に出たり、ＨＢＯのスペシャルを作ることである。しかし彼らが本当に目指しているものは明らかである。そう、そのとおり、彼らの本当の望みはハリウッドに行くことである。そしてくだらない映画を作ることとなのだ！

コメディアンやコミック・アクターはマスコミに追い回されることを楽しみかつ苦しんでいる他のすべての有名人と同様、その瞬間を最大限に利用しなくてはという気にもなるものだ。マネージャーやエージェントがその欲求をさらに焚き付ける。メインストリームの幅が広がり、かつてはアングラとか、異色派とか、アヴァンギャルドと思われていたものまで取り込むようになった。ヴィレッジの小さなみすぼらしい小屋でやりたいというコミックはもういないのだ。

エディ・マーフィーはコメディのオートメーション組立工場が送り出したもっともポピュラーな製品である。荒削りでスタイルが定まっていないうちから、小さなクラブに出演した。それからコメディ・クラブで名を上げて『サタデー・ナイト・ライヴ』をはじめとするテレビ番組を卒業し、コンサートを二、三回やったあと、ハリウッドに向かった。それまでがいかに面白かったにせよ、ロサンジェルス行きの飛行機の中で、何かまずいことが起こったに違いない。たぶん、誰かがシートの下に「出来損ないコミック」の「繭」

をそっと忍ばせ、それが才能あるコミックの身体を乗っ取り、コメディの魂を奪い去ったのだろう。

　そうしてくだらない映画が次々に作られて行く。スティーヴ・マーティンは、かつて面白かった人が主演する面白くもなんともないコメディ映画についてこう指摘する。

「それはスタンダップ・コミックから映画への移行が自動的には行かないからだと思う。つまり、『よし！　俺はコミックとしてもう一流だ。だから映画でも面白いはずだ』というわけには行かないんだ。まったく別物だと考える必要がある。ぼくの見るところ、少々甘いかもしれないが、駄目な映画もあるけど良い映画もあるんだけど、と言いたいけどね。

　映画産業は、優れたコミックが作るべき類の映画を奨励するようにはできていない。おそらくぼくの仕事で最大のリスクとなるのは、一歩後退して馬鹿らしくておかしいだけの映画を作るときだろうね。ウォーレン・ビーティーとダスティン・ホフマンが『イシュタール』（一九八七年、エレイン・メイ監督）でやろうとしたことはまさにそれなんだよ。観客や評論家は『馬鹿らしくておかしい』だけのものには満足しないし重要視もしない。観客でさえそうなんだ。だから失敗したんだと思う」

　かくして喜劇映画は不調なのである。とは言うが、流れを変える要素は、いつも、通りの次の角に潜んでいるもんだ。

コミックに対する尊敬の念

では、コメディ全体はどうなるのだろう？　八〇年代が一種、病的ではあるにしても、かなりおかしいこと、それ自体は問題ない。

いまのコメディは困惑のコメディだ。どっちへ行けばいいかはっきりしないコメディである。私たちは、メディアにどっぷりと浸り切っている。だからコミックがオリジナル性を維持することと、セブン・イレブンやチキン・マックナゲットに関する「君たちも知ってのとおり」式の単純なお笑いに陥らないようにすること、そのどちらもきわめて難しい。(どうでもいいが、あのチキン・マックナゲットには何が入っているんだろう)

言わば『コメディ・マックナゲット』だらけであり、コミックは盛んにお互いを模倣し合っている。それは不幸なこの時代、そして今後必然的に向かう時代(言うまでもなく九〇年代)につきまとう「アイデンティティーの喪失」を反映している。

おかしいものや怖いものについての権威であるラッセル・ベーカーはロナルド・レーガンがホワイトハウスを去った途端、すべてのサーカスのテントはいっせいに崩壊しはじめるだろうと書いている。レーガンがふくらませて、私たちが乗り込んだ大きなピンクのシャボン玉は破裂する。そしてベタベタしたピンクのシャボンが私たちの身体にへばりつくことになる。そのときこそ、考えられる限りの最高のコメディアンが生まれるのだ。

要するに八〇年代はいい時代ではないのだ。いい時代を装った悪い時代なのだ。少なくとも八〇年代のスタンダップ・コミックはアメリカ文化の中で、危機というものに無縁のジャンルであって、程度が下がったということもなく、量的に言えば史上空前まで行ったのである。

コミックの数が多過ぎるとは言える。いや、コミックの数が多過ぎるなんてことはあり得ないとも言える。笑わないで聞いてほしいことだが、コミックはある種の尊敬の念（たとえそれが「馬鹿なことを言うから」であっても）を得て当然なのである。いまや見事にスターへの変身を遂げたスティーヴ・マーティンは、正しい肩書きを聞かれてこう答えた。

「そうだねぇ、『コミック・アクター』としておこう。脚本も書くから、それにダッシュを付けて『ライター』と加えるのはどうかな」

しかし留守番電話にメッセージを残す場合、それはもっと単純でもっとかわいらしい。

「もしもし、こちらスティーヴ・マーティン（やや間を置き）……ザ・コメディアン」

9 一九九二年のニューヨークのショー・ビズ

ウディ・アレン・スキャンダル

一九九二年の夏の終わり、ぼくはニューヨークにいた。

到着した夜は、空港に迎えに来てくれたバーヨーク・リーさんと、ヴィレッジに食事に出た。バーヨークは、マイケル・ベネットの弟子で、彼の死後『コーラス・ライン』の振付のライツを譲渡された振付家である。

翌日、マディソン・アヴェニューで立ち寄った画廊に飾られたリキテックスの作品には、二年前の半額の札が付いていた。顔見知りのマネージャーと話してみると、その値段よりさらに安い値で売りたいと言われた。

　久しぶりにあったアンドレアという女優は主にベビー・シッターで生活していた。彼女とぼくが共通に知っているダンサーのうち、本業で稼いでいるのはたった一人しかいなかった。彼女の話によると、不景気はショー・ビズの世界にも及んでいるという。食事後、ヴィレッジを歩きながら、空室の看板を指さし「ヴィレッジのアパートは、いくら家賃を安くしても、借り手がないのよ」と彼女は暗い顔で言った。

　雑誌「ニューヨーク」を買ってコメディ・クラブの項目を開くと、「キャッチ・ア・ライジング・スター」の名前が載っていない。まさかとは思うが……。とにかく日本同様、この国も不景気風が吹いていた。

　車で二時間のカジノ・アトランティック・シティでバディ・ハケットの一〇月にやるショーの一枚看板を見て、少し安心した。

　八月の最後の週のニューヨークは、ウディ・アレンのスキャンダルの話題で持ちきりだった。ミア・ファローとの離婚騒ぎだ。と言っても結婚しているわけではないので、ことは複雑だ。八月二五日の夜はどのテレビ局も、二人が裁判官と面接したニュースを伝えていたし、翌二六日の「ニューヨーク・タイムズ」でも当然のように大きな記事になっていた。

「ニューヨーク・ポスト」の一面にはウディ・アレンとミア・ファローの横顔を向き合うように並べ、フェイス・トゥ・フェイスの文字を真ん中に配してある。こういうスキャンダルはどこも同じで、両者の藪の中である。ミア・ファローはどういうわけか養子にするのが好きで、前の亭主の作曲家アンドレ・プレヴィンと、ウディ・アレンとの間の子供の他に、かなりの数の子供たちを養子にしている。今回の問題は養子の二一歳のスーン・イーとウディの恋愛問題が中心だ。そのうえで、スーンのヌード写真を撮ったとか、七歳の実子に性的虐待を加えただの、スキャンダルの面白さは止まるところを知らないとこまで来てしまった。

その週の「タイム」(八月三一日号)の表紙は、落ち着いた表情のウディのポートレートに『叫びと囁き』〈型破り家族の醜い爆発〉、『独占記事』〈ウディ・アレンの自己弁護〉。「ピープル」の表紙は仲の良い頃の二人のスナップの間に、ウディ・アレン・スキャンダルのタイトルを載せ、その下にウディとスーン・イーと注釈をつけた問題のミア・ファローの養子との写真をレイアウトしてある。〈ウディ・アレンとミア・ファローのロマンスは、彼が彼女の二一歳の養女とのことが暴露して戦闘状態に入った——警察は二人の七歳になる娘ディランへの性的虐待についての陳述を調査〉とものものしい。

「ニューズ・ウイーク」は、ウディズ・ストーリー〈彼と新しい恋人が語るロマンス——そしてミアの爆弾告訴〉のタイトルに、スーンとウディの写った写真で表紙を飾った。

街のスタンドでは、どこへ行っても話題の映画のポスターのようにウディ・アレンの顔があった。

ぼくはちょうど、次にウディ・アレンに関する本をまとめることに決めていたので、他の仕事で来たニューヨークで、彼に関する本や映画のスクリプトやビデオを買ったり借りたりする予定でいた。エリック・ラックスの書いたアレンの自伝は、CNNなどでもたびたび紹介されていたせいもあって、バーンズ&ノーブルなどの大きい書店では、ミア・ファローの自伝と並べて、目立つ位置に積み重ねてあった。

だが、思わぬところでこの事件が弊害になった。スクリプトを探してくれていた友人の棚次隆さんのオフィスで、まず棚次さんの報告を聞いた。棚次さんは日本テレビのニューヨーク支局に来て二年になるが、『今夜は最高！』をはじめ、いろいろな番組を一緒にやった親友のディレクターである。彼は市販されてない物は人づてに借りるつもりでいたと話して、メモしたその名前を読み上げた。一人はロス。もう一人はニューヨークに住むウディ・アレンの研究家だ。

「彼ならウディ・アレンのファンで彼について書くという話なら喜んで協力してくれるはずだったんだけど……、時期が悪過ぎるから頼まないほうがいいって、彼を探してくれた人に言われたんだ」

映画のスクリプトから、今回に関連したような台詞を抜き出すと邪推されかねないというのだ。それから棚次さんとフィフス・アヴェニューの一八丁目のバーンズ&ノーブルに行って、集められるだけのウディ・アレンに関する参考資料と雑誌を買ってホテルに戻った。

とりあえず、雑誌から読み出す。やはりインタヴューに興味が湧く。それも映画と実生活の狭間についてウディ・アレンが語る部分だ。

「タイム」のウォルター・アイザックソンのインタヴューから。

Q＝あなたが人生で直面しているジレンマを、あなたの映画に使いますか？

A＝いや、みんないつもぼくの映画と生活を混同するんです。

Q＝でも、あなたはご自分の映画と実生活を混同してませんか？

A＝いや、映画はフィクションです。ぼくの映画のプロットは実生活となんの関係もありません。ぼくの次の映画は殺人ミステリーです。

Q＝誰が殺人をしようとするのですか？

A＝えっ、誰か知らない奴が。

Q＝ずっと若い女性との不倫は、あなたの映画と実生活のテーマに思えますが？

A＝それはぼくの実生活のテーマじゃありません。ぼくは二回結婚しましたけど、二回ともほとんどぼくにふさわしい年齢でした。ぼくの他の二つの関係は——ダイアン・キートンとミア・ファロー——彼女たちは実際の話、ずっと若い女性ではありません。


「ニューズ・ウイーク」のインタヴュー。


ニューズ・ウイーク＝誰もが引き合いに出してきたのは、あなたがかなり若過ぎる女性たちに夢中になると思っていることです。とくにあなたの映画のプロットを理由に。

ウディ・アレン＝まぁ、そいつは中傷だな。どこに、どこにそんな若い娘がいるんです？　ばかばかしい。ばかな認識ですよ。それは真実に対して、ぼくの生活の関係に対して的はずれですよ。ぼくは二回結婚しました。それにダイアン・キートンとミア・ファローとはずいぶん長い関係があります。ぼくの人生の四つの大きな関係は全部年齢にふさわしい関係ですよ。


「ニューズ・ウイーク」では、映画に関した質問はこれしかしていない。

そんな最中に、ベック・シアターで観た『ガイズ＆ドールズ』の客席でダイアン・キートンを見たのが嬉しかった。隣席の一人で来ていた行儀の悪い三〇くらいの男が見つけて、しきりに周りの見知らぬ客に「おい、ダイアン・キートンが来てるぜ。ホラ、前から三番目の席だ」と騒いでいたので気づいたのだが、周りは品のいい客ばかりで、男の言葉になんの反応も示していなかった。ぼくは日本人なので、そんなことを言っても受けないと思ったらしく、男に無視された。でも、ぼくもその男と似たような感性を持ちあわせていたので、芝居が終わって誰もが立ち上がる中、通路に出るまで少し席に座って、ダイアンを待った。通路に来たところで立ち上がって、一緒に劇場を出た。間近にダイアン・キートンの香りがした。

ホール落語的コメディ・ショー

ブロードウェイが久しぶりに活気づいていたのは、ここ数年ロンドン・ミュージカルにおかぶを奪われていたのが、テレビ朝日などのプロデュースでアメリカらしいミュージカルが作られたり再演されたりで、しかもそのどれもがヒットしているせいだろう。

なかでもガーシュインのナンバーでまとめた新作

『クレージー・フォー・ユー』と、リメイクの『ガイズ&ドールズ』は簡単に切符が手に入らないくらいの人気だ。そんなブロードウェイを歩いていて見つけた看板が『キャッツキルズ・オン・ブロードウェイ』だった。つまりキャッツキルズのスタンダップ・コミックがブロードウェイのラント・フォンタン劇場で見られるのだ。さっそくチケットを買う。「ヴァラエティ」誌を見ると、このショーは九一年の一二月五日に幕を開けている。集客状態が四一パーセントだから終わりも間近だろう。

客席に入ると、四人の出演者のイラストを書いたカーテンが下りてきた。客席を見渡すと、ユダヤ教の帽子を被った大人や子供、ユダヤ髭、どう考えても他のミュージカルやストレート・プレイよりユダヤ人が多い気がする。

出演者は、フレディ・ローマン、ディック・カプリ、マル・Z・ローレンス、それに女性のルイス・デュアートだ。いずれもキャッツキルズ、ラスヴェガス、アトランティック・シティなどで活躍するコメディアンだが、ここまで来てこの本のどこにも登場していないのは、無名なのかそれだけコメディアンの層が厚いのかは分からない。

ディック、マル・Zの二人は『ザ・トゥナイト・ショー』出演の経歴を「プレイビル」に載せてあるが、「プレイビル」を見る限りフレディは巡業とテレビ、映画の出演数は群を抜いているものの、『ザ・トゥナイト・ショー』には触れていない。

ルイスはこの世界に入って七年になるが、デビューが映画『パンチライン』(一九八八年、デヴィッド・セルツァー監督)のようでおかしい。五〇ドルやるから出ろと夫に言われて飛び入りで出演したハリウッドのコメディ・ストアで、二分喋ったところを『スター・サーチ』のスカウトマンが見てて、そのままドナ・サマーのテレビに出ることになった。

ジャッキー・メイソンを見たときとは違う。あれからずいぶんいろいろなスタンダップ・コミックも見た。スタンダップ・コミックの手口も分かってきたし、英語の理解力も前よりは少しはましになっている。だから今夜のショーをどれだけ楽しめるか……ショーがはじまる前の期待感は、スタンダップ・コミックの開演を前にしてかつて感じたことのないものがあった。

オープニングの音楽で（なんだか忘れてしまったがじつにポピュラーなもので、おざなりな気がした曲だった）緞帳が開くと七人編成のバンドが舞台後方から出てくる。そして司会も担当するフレディが登場する。例の観察ユーモアで客のつかみからはじめるが、三分もすると半分しか入っていない会場は笑いの渦になる。中身は他愛のない話である。ぼくは話の内容には笑えなかったが、彼の温かいキャラクターが自然に客を巻き込んで行くときは、いままでと違って蚊帳の外にいないですんだ。

大きく笑いを取ったところで次のコミックを紹介する。こうして四人がそれぞれ二〇分から二五分くらいのステージをやる。大きな笑いのあとに出てきたコミックの立ち上がりはどこでも難しい。だが、誰もが三分で客をつかむ。歌や物真似や小道具を使ったネタも披露された。だが、どれもいままで見たり聞いたりしたステージを上回るものはなかった。ちょうど、子供の頃、テレビで見た末広亭に行って、テレビ以上のものに出会えなくてがっかりした感じに似ている。これは寄席だ。ジャッキー・メイソンのブロードウェイのワン・マン・ショーはホール落語だったのだ。

エンディングは出演者全員で『バイ・ミア・ビス

トゥ・ドゥ・シェーン（素敵な貴方）』を歌う。これこそユダヤ人の大ヒット・ナンバーだ。

舞台の上のスラップスティック

グレゴリー・ハインズがトニー賞を取った『ジェリーズ・ラスト・ジャム』は最後まで気持ちが行かなかった。デューク・エリントンの出現で影の薄くなってしまったジャズ・ピアノの巨匠ジェリー・ロール・モートンの半生記だが、このミュージカルを観るとジェリー・ロール・モートンがピアノが弾けて歌も歌えるタップ・ダンサーに思えてしまうのだ。カーテン・コールでグレゴリー・ハインズが、友人をたくさん亡くしたが、みなさんエイズの募金に協力してくれと言ったことに関して、非難する気は当然のことないにしても、正直言って観客の熱い拍手を中断してまで言うことではないような気がした。事実、観客は、スーっと引いてしまうしかなかった。

評判の『ガイズ&ドールズ』はセットが良かったし、単なる再演になっていないので楽しく見ることができた。黒人のダンサーが二人出演しているが、小さいほうのランディ・A・デイヴィスとは、日本で三回仕事をしたこともあって、舞台自体がとても近くに感じられた。

『クレージー・フォー・ユー』は、ダンス・アレンジメントを担当したピーター・ハワードさんに切符を頼んだので、前から一〇番目のまん真ん中の席で見ることができた。ガーシュインのあまり知られていない曲でまとめたこのミュージカルは、トニー賞を取っただけのことはあった、なかなか良く出来た作品だ。だがアメリカの友人に言わせると、二月にオープンしたのは初めからトニー賞狙いだったと批判的だった。この作品は随所にスラップスティックなギャグが入っている。どれも新しい物ではなくて、なかば古典的な物だ。『ミー・アンド・マイ・ガール』でもそうしたギャグがあったが、この作品ではかなり意識的に使っている。

舞台用の小さなサイズのロールス・ロイスから十数人の美女が出てくる。

主人公が田舎の酒場で酒を注文すると、バーテンがボトルを走らせて渡そうとする。三本ほどタイミングが合わないでボトルをつかめない。次のボトルを滑らそうとすると、男はカウンターの上に腹ばいになり、逆から身体ごと滑ってボトルをカウンターの向こう端でつかむ。

　女性に頬を叩かれた男が、目の前を回る星をつかむ仕草をする。

　二日酔いで目覚めた男が、自分の頬を探って鼻がないと騒ぐ。

　変装した男と、その本物がボトルとグラスを持って鏡のギャグをする。その変装した男を、髭が似ているところから、事前に「カール・マルクスみたいね」と言わせていたのもおかしかった。

　そうしたギャグに笑いころげている観客を見たときに、スラップスティックは終わってないと確信した。そういえば、オフ・ブロードウェイで大当たりの無言のパフォーマンス「ブルーマン・グループ」も、粘土を口に押し込んだり、ペンキを浴びたりだのの、スラップステックの要素で観客を笑わせていた。

　ショーが終わると、ピーター・ハワードさんが待っていてくれて、舞台裏を見せてくれた。それから四二丁目のチタ・リヴェラがやっている『ボウボウス』という店に連れて行ってもらった。ここでピーターは、店のピアノで『クレージー・フォー・ユー』のメドレーを弾き語りし、日本で覚えたラジオ体操のメロディを、モーツァルト、ベートーベン、ガーシュイン風と弾き分けて見せた。最後は、彼がアレンジした『インディ・ジョーンズ』の冒頭のエニーシング・ゴーズで締めた。

『ウェインズ・ワールド』のビデオ

飲むことと寝ることと本を読むことしかしなかった来るときの飛行機の映画が、デーブ・スペクターが絶賛していた『ウェインズ・ワールド』（一九九二年、ペネロープ・スフィーリス監督）だと知ったのは、すでに映画も終わって、飛行機がケネディ空港に着く一時間前だった。「ヴァラエティ」誌によれば、ビデオの売上げで三位になっている。街のビデオ屋で一七ドル九九で山積みされていたし、ホテルのペイ・テレビにも入っている。もともとこの『ウェインズ・ワールド』は『サタデー・ナイト・ライヴ』で、一九八九年にはじまって大人気になったコーナーだ。

主人公のウェイン・キャンベルのマイク・マイヤーズは、原作に当たるキャラクター作りと脚本も担当している。彼はいわゆるツッコミで、ボケ役に回っている相棒のガース・アルガー（ダナ・カーヴィー）と二人で深夜のケーブル・テレビで『ウェインズ・ワールド』というロックの乗りのトーク番組をやっている。これに目をつけたテレビ・プロデューサー（ロブ・ロウ）が、彼らを金曜日の一一時三〇分からの全国ネットにしてひともうけ企むといった話だ。

映画は『フライング・ハイ』（一九八〇年）などのジム・エイブラハムズやデヴィッド・ザッカー、ジェリー・ザッカーらの一連のスラップスティックとパロディの、あのばかばかしさには及ばないが、それなりのコメディ映画を作り上げている（多分にテレビ的ではあるが）。

主演の二人や仇役が画面に向かって観客に語りかけるのはボブ・ホープ以来の伝統でもある。ただし回数が多すぎるので、テレビを見ているような気にさせられる。

マイクは恋人役の中国人女性ロッカー（ティア・カレル）と、いきなり中国語で会話をはじめる。英語のスーパーが出るが、どうせでたらめなのでマイクは途中から黙って字幕だけに任せてしまう。

マイクの熱演になるとオスカー用とスーパーが出るのもテレビ的だ。

マイクが車でスピードを出していると白バイに止められる。「この少年を知らないか」、カメラがパン・アップして警官の顔が出ると『ターミネーター2』（一九九一年、ジェームズ・キャメロン監督）のT―1000型ターミネーターのロバート・パトリックだ。もちろん写真の少年は、あの少年である。

マイクはギター、ダナはドラムス、二人ともヘヴィー・メタルのミュージシャンの乗りだ。アリス・クーパーのファンで、アリス本人も本人役で登場している。実在のミュージシャンが出演したり、主役がミュージシャンっぽいというと『ブルース・ブラザース』（一九八〇年、ジョン・ランディス監督）のあの強力コンビを思い出す。そういえば『ブルース・ブラザース』で「ピーター・ガンのテーマ」が使われたように「スパイ大作戦のテーマ」が使われている。だが、このコンビにはベルーシとダン・エイクロイドのようなスケールはまるでない。

きっと映画館ではアメリカの観客は腹を抱えて笑っ

ていたに違いない。でもぼくが映画館にいたら、また一人取り残された気分を味わっていたかもしれない。初めてニューヨークに行ったときナショナル・ランプーン・ムービーとサブタイトルがついた『サタデー・ナイト・ライヴ』で人気のビル・マーレイの映画『ミート・ボール』（一九七九年、アイバン・ライトマン監督）がまるで面白くなかったことを思い出した。

キャッチ・ア・ライジング・スターはどこに……

到着して、二日目には「キャッチ・ア・ライジング・スター」に行くつもりだったので「ニューヨーク」誌のナイト・ライフの欄を見た。ところが、名前が載ってないのだ。コメディ／マジックの項目には、コメディ・クラブは「キャロラインズ・コメディ・クラブ」「デインジャーフィールズ」「インプロヴィゼイション」「スタンダップ・ニューヨーク」の四軒しか載ってない。半年前までは「キャッチ・ア・ライジング・スター」はトップに書いてあったのだ。まさか潰れちゃったんじゃないだろうな。そう思うと店に電話するのも怖いような気がして、その晩にも確かめられることを、そうしないままにしておいた。

友人でこっちでテレビ番組の構成やオフ・ブロードウェイの作品を書いたりしているダグ・バーンステインに聞いてみると、「クローズドになっているかもしれない」と言う。何軒か彼の知っているコメディ・クラブが去年から今年にかけて閉店しているのだ。

帰る二日前の午後、店のあった場所だけでも行ってこないことにはという気がして、ファースト・アヴェニューの一四六七にタクシーで行ってみた。七七丁目と七八丁目の間に昔どおりの店があった。店の周りを見てみると閉店の感じはしない。表のウインドウから中を覗いて見ると、まだ四時なのに黒人の若い女性がレジで書き物をしている。ウインドウを叩いてみた。彼女が気づいて表まで来てくれた。

「何時に開きます？」

「八時」

……店は閉店しているわけではなかった。

「リック・ニューマンはいますか？」

「ここにはいません」

「リチャード・ベルザーは出演してますか？」

「彼もここにはいません」

「リックはここのオーナーなんですか？」

「いいえ、彼はもうオーナーじゃないんです」

「ありがとう」

「どういたしまして」……。

その晩、チャイナ・タウンで中華風のしゃぶしゃぶを食べてから、「キャッチ・ア・ライジング・スター」

に行ってみるつもりだったが、誘った仲間にも断られて、結局ホテルの部屋に帰ってケーブル・テレビの映画を見ながら眠ってしまった。

帰る前日、カーネギー・ホール・ムービーで『マンハッタン』（一九七九年、ウディ・アレン監督）を上映していることに気づき、五時からの回を見る予定を立てた。『マンハッタン』をカーネギー・ホール・ムービーで見てから、少し手前のカーネギー・デリに行くなんていうのは出来すぎていていい。四時まではそのつもりだった。七時半からはこっちの友人たちと食事だ。そのあとに、なんとしてでも「キャッチ・ア・ライジング・スター」に行かなくちゃならない。帰る前日のスケジュールにしては過密すぎる。それにカーネギー・デリが出てきたのは『マンハッタン』ではなくて『ブロードウェイのダニー・ローズ』（一九八四年、同監督）だったことも思い出して、その計画はあっさり中止してしまった。

食事が終わって、店の前でアメリカの友人たちと再会を約束してから、棚次さんと彼のガール・フレンドを誘って「キャッチ・ア・ライジング・スター」の番地をタクシーに告げた。

「キャッチ・ア・ライジング・スター」に入ったのは一一時をまわっていた。店のドアを開けると、右手にあったように記憶していたバーが左手にあった。ガラス扉の向こうでは太目のラフな格好の男が喋っている。途中だが、扉を開けて席に案内してもらった。まず驚いたのは、客席が半分になってしまっていたことだ。

「前はこの倍はあったんだよ」

小声で棚次さんに話しかけたつもりだったが、隣席の男に静かにと言われてしまった。

ベルザーの本の中でコミック・クラブの客席の見取

り図があったが、あの図で言えば前の二列しかなくなっているのだ。最前列席と後席しかなくて中席がない。

最前列は、やかましくてショーに参加することが大好きで、芸人にけなされると喜ぶマゾヒストの観客。中席は一般大衆。団体、初デート組で、野次を飛ばすのがいちばん多い観客。後席は、自分たちのほうがコメディアンより上だと思っている連中で、暗いところに座っていて笑わない。舞台に上げられて恥をかきたくないので、間違っても野次を飛ばさないような観客。

あのベルザーの三列の分布図など無意味になってしまっている。ベルザーは、この店の客席の配置こそ正しいコミック・クラブとして、ああいう分布図を書いたのだ。いまここにはベルザーもリック・ニューマンもいない。そして三列に分布される客もいない。

それでも、空いているテーブルは三つくらいで五〇人くらいの客がいる。ぼくはこの店がすいていた七〇年代が終わった年に来て、この店がいちばん混んでいたコミック・クラブ全盛の八〇年代を知らないで、オーナーが替わって半分に縮小された九二年のいま、この店にいる。

太目の男のステージが終わると、マーク・コーンという司会が出てきて次の男を紹介した。ささやかながらというバンドもいない。そんな状況を、テーブルにあった紙ナプキンにメモをする。

「あんなに笑うほど面白い?」と言うと、棚次さんは、首を横に振った。

再び司会が出てきて、インターミッションを告げた。

チェックをした。チップの額を書き込もうと伝票を見ると三人で一二ドルだ。途中からなので割引になっていた。バーのある部屋に戻ると、店長らしい男がレジで計算をしていた。前来たとき、ここにはリック・ニューマンがタキシードを着て立っていた。この男はジーンズにネルのシャツを着ている。昨日の昼と同じ質問をしてみた。

オーナーは替わっているし、ベルザーも出演予定はないと言われた。じつはベルザーの本を日本で紹介しようと思うんだと言ったが、男の表情は変わらなかった。ベルザーの連絡先を知っているかと聞くと、いまは分からないと素っ気ない答えが返ってきた。ありがとうと言って帰ろうとして、もう一つ質問した。

いま出演していたコメディアンの名前を教えてくれ。彼はレジの上にある香盤表を鉛筆の背中で追いながら二人の名前を言った。「司会は……マーク……？」と聞くと、再び鉛筆を動かして答えた。ぼくはさっきテーブルで走り書きをしていた店の紙ナプキンに三人の名を書いた。書きながら、書いたところでどうにもならないなという気がしていた。

翌朝、最後の荷造りをしながらメモのことを思い出した。夕べ着ていた上着とズボンのポケットを探って探したが、そのメモはどこにもなかった。長い長い一つのことが終わったような気がした。

10 不滅のジョニー・カーソン

ジョニー・カーソン最後の日

一九九二年五月二二日、ジョニー・カーソンの『ザ・トゥナイト・ショー』の最終回が放映された。何度となく、終わる、やめる、と世間を騒がせたり不安がらせたりしていたが、とうとうその日が来たのだ。一九六二年一〇月一日にはじまった彼の司会も今日が最後である。その第一回目のモノクロのフィルムから番組はスタートした。若き日のトニー・ベネット、メル・ブルックス、グラウチョ・マルクス、ルイ・アームストロングと、そうそうたる顔ぶれが登場する。さらに十数回分のカーソンの登場シーンの懐かしいビデオが続き、ようやく本番。ドク・セバリンスン楽団のテーマ曲に乗って、カーソンが登場するとすさまじい拍手が会場から起きる。

「ありがとう……ありがとう……」

拍手はなりやまない。スツールを引き寄せる。

「ありがとう……」

なりやまない拍手。スツールに座る。

「ありがとう……（会場が静まる）……（前日の出演者のロビン・ウィリアムズとベット・ミドラーの熱気がまだ納まってないね。いまの気持ちはどうですかと聞かれたら、三〇年を振り返ってみて、もう一度やりたいね。（大拍手）これをやめたら、もうこれほどの感動を与えてくれるものはないだろうね。

今夜で最後といっても、悲しむことはないと思ってるんだ。これでもう、いつやめるのかという記事を読まなくてすむしね。（笑）まじめに最終回をやるのも嫌だから、再放送をやってもらって自分は出ないことにしようと思ったんだけど、NBCはそれを面白がらなくてね。（笑）

この三〇年の間に、大統領が七人替わった。コメディにとってありがたいことに副大統領は八人替わった。（笑）人口は倍くらいになった。その増えた分の人たちは、ぼくのショーが終わるから、自分で深夜番組を作ってくれ。（笑）『拍手』のボードは持って帰ってベッド・ルームに置いてくれ。（笑）

今夜はスタッフの他に、家族、親戚、友人を呼んである。これだけ毎日、自分の父親がショーをやっていると嫌なこともあっただろう。だから、息子にありがとうといいたいんだ。（拍手）

このショーには二万四千人もの人たちが出演してくれた。ちょっと振り返ってみよう」

ＣＭを間にはさんで、出演者たちの会話とビットが立て続けに流れる。

ニクソン、ロバート・ケネディ、ベラフォンテ、グラウチョ・マルクス、エド・サリバン、モハメッド・アリ、メル・ブルックス、ジェームス・スチュアート、ロビン・ウィリアムズ、ベティ・デイヴィス、ビリー・クリスタル、マドンナ、ジェーン・フォンダ、デヴィッド・レターマン、エリザベス・テイラー、ボブ・ホープ……。

マドンナが出演したとき、スタジオに虫が飛んで来る。マドンナのビット。

「あなたの頭のムースのせいじゃないの」

エリザベス・テイラーは、カーソンと粋な会話を交わす。

「私は魚座だから繊細なの」

「ぼくも魚座と結婚していたんだけど（カーソンも離婚経験者）」

「もちろんでしょうね」

出演歌手も豪華だ。ライザ・ミネリそっくりのジュディ・ガーランドを筆頭に、ワン・フレーズずつ五〇人近い歌手たちが紹介される。

ルイ・アームストロング、ベニー・グッドマン、エロール・ガーナー、エラ・フィッツジェラルド、サミー・デイヴィス・ジュニア、フランク・シナトラ、ジャクソン・ファイブ、ダイアナ・ロス、ドリー・パートン、ティナ・ターナー、ディジー・ガレスピー、ヨーヨー・マ、ルチアーノ・パヴァロッティ、ホイットニー・ヒューストン、ポール・サイモン……。

MCのエド・マクマハンと指揮のドク・セバリンスンの二人をあらためて紹介して、お礼を言う。そして「メモリーズ・オブ・ユー」をBGに、再び、ジョン・ウエインを筆頭に五〇数人の懐かしいゲストが登場する。ジーン・ケリー、フレッド・アステア、ルシル・ボール、バディ・リッチ、レッド・スケルトン……。客席から拍手が起こる。

スタッフを讃えるメイキングのビデオ。カーソンがやめると、おそらく何十人という失業者が出るはずだ。何十年もこのショーのためだけに働いてきたスタッフが、明日から簡単に他の仕事に移れるわけではない。番組を降りて悠々自適の生活をはじめるカーソンにとってのいちばんの心配事は、スタッフの今後についてだったと言われている。

別れのときが来る。

「三〇年間、みなさまのご家庭で楽しんでいただけた。大変な光栄でした」

さすがに涙ぐむ。

「もしまた機会があったら、同じように楽しんでいただきたいものです。これが最後の『お休みなさい』です」

盛大な拍手。

ジョニー・カーソンもまた偉大なアメリカン・ヒーローなのだ。

長寿番組の権威

一九九二年六月から『ザ・トゥナイト・ショー』の司会者が、ジェイ・レノに替わった。はたしてカーソンの後釜が務まるほど、レノは大きな存在なのだろうか？

デーブに聞いてみる。

「彼は五年前からゲスト・ホストをやっているんです。つまりカーソンは十分に偉くなったから、週に二日、年間で一三週、休んでいた。以前は代理のホストにバラバラな人を集めていたんですけど、誰かに決めたほうがいいんじゃないかということでジョーン・リヴァースという女性コメディアンが選ばれた。その後、彼女がよそに行ったので、ずっとゲストで出ていたジェイ・レノをゲスト・ホストにしたわけです。好感度が高かったから、五年間、ほとんど毎週、月曜日は彼の担当だった。

ただ、自分の番組のホストとゲスト・ホストとじゃ、プレッシャーが違いますからね。それで観察ネタが減って政治ネタが増えたんで、がっかりしているファンも多いんですよ。でもジェイ・レノは、いまアメリカでもっとも人気のあるコメディアンと言っていいと思う。それにロビン・ウィリアムズみたいに映画に行くような人じゃないし」

『ザ・トゥナイト・ショー』というのは、アメリカのスタンダップ・コミック界でそんなに大きな力を持った番組なのだろうか？

「大きい大きい。というのはコメディアンのデビューの場として一番なんですよ。ここに出ないと一人前になれない。他にも番組はあるけど、『ザ・トゥナイト・ショー』は最高のチャンスだからね。ライヴ・ハウスの広告が新聞に載るときも〈『ザ・トゥナイト・ショー』でお馴染みの……〉って書かれるからね。ステイタスなんです」

デヴィッド・レターマンの番組は？

「彼はもっと飛んでる人だから、そこに出る人も先端的なんですね。ダブって出てる人も八〇パーセントくらいいますけど、残りの二〇パーセントは『ザ・トゥナイト・ショー』ではウケない。レターマンのショーのほうがセンスが上なんですよ。大衆向けじゃない」

無名のコメディアンが売り出すシステムが、アメリカにはいろいろあるのだろうか？

「『スター・サーチ』っていう日本の『スター誕生』みたいな番組もあるけど、そこに出るのはやっぱりちょっと格好が悪い。やっぱり『ザ・トゥナイト・ショー』ですよ。みんなまず『キャッチ・ア・ライジング・スター』や『インプロヴ』（『インプロヴィゼイション』の略称）に出てて、ショー・ケースで目立つようにやって、タレント・コーディネーターに目をつけられて、『ザ・トゥナイト・ショー』の面接かオーディションを受ける。

このオーディションというのがコメディアンにとってはつらいんですよ。部屋にいるのは関係者、業界の人だから、みんな笑わないの。みんな一回、ショー・ケースでネタを聞いてるわけですから。そのオーディションを通ってからが本当の勝負なわけです。

『ザ・トゥナイト・ショー』では、スタンダップ・コミックに七分間の時間が与えられるんです。これが勝負をかける大事な時間なんです。七分間分のネタをなんとかして作らなくちゃいけない。絶対にウケる四〇分くらいのアクトを完成させるには、五年はかかるって言います。その中から七分間分を抜き出してやるんですけど、これが大変なんです。

たとえばジョーン・リヴァースとか、すでに何十回となく出演しているコメディアンでも、事前にライヴ・ハウスで、今度『トゥナイト』でやるんでちょっと聞いてほしいんだけど、とお客さんに断って試すわけです。お客さんもちゃんと協力するのね。そのくらい大事な七分間なんです」

そうなると番組それ自体が権威になってしまい、ジョークの攻撃対象になったりするようなことはないのだろうか？

「それはないね」とデーブはきっぱり言い切る。

「番組自体への非難はまったくないですよ。ただ、あまりに強いプレッシャーがあるから、コメディアンへの同情みたいなものはあるでしょうね。さぞシビアだろうな、ということでね。でもジェイ・レノは自分がこの番組でビッグになったコメディアンだから、これからは少し事情が変わるかもしれない。カーソンは、はなから司会者だったからね」

それだけにレノは大変だろう。カーソンがやっていたように、気軽にトークできないような大物も来ることだろうし……。

「たしかにそこまでの権威はないですからね。ないけど、彼は下積みが長いんですよ。それに彼ほどちゃんと地方公演——営業ですね——をやっている人もいない。こんなにビッグになってもね。彼ほど努力している人はいないから、好感度が高いんですよ。これはリチャード・ルイスが言ったことなんですけど、

『なんでコメディをやめないんですか』

『ハイになれるから。そしてロー・テックだから』

……マイクが一つあれば、それだけで成り立つんだもんね。それに、お客の笑い声でハイになる。みんなそれが好きでたまらないからやるんだね。そういうことをジェイ・レノはちゃんと分かっていて、とても努力している。なりたてのホストで緊張しているから、同じ立場の新人コメディアンへの理解も厚い。だからいまは権威がなくても、このまま行けば一〇年後には権威が出るんじゃないかな」

しつこいようだが、三〇年も番組が続けば、批判されないまでもジョークにされたりはするような気がしてならない。

「長寿番組だけど、『ザ・トゥナイト・ショー』では言っちゃいけないネタはそんなにないんです。あんまりグロとかエッチなのは駄目だろうけど。コメディアンも『ザ・トゥナイト・ショー』だからといって、ソフィスティケートされたネタに変えたりはしない。番

組の側だって、わざと危ないネタをやらせたりするんですよね。

ブルー・コメディアンと呼ばれる下ネタ専門のコメディアンがいるけど——バディ・ハケットとかね——そういう人でも番組には出すんです。出られるわけですよ。下ネタができない番組ということじゃなくて、出る出ないはコメディアン自身の問題。自分で『ザ・トゥナイト・ショー』向きでないと思えば、自分で出ないわけですよ。だから『ザ・トゥナイト・ショー』はあまり非難されない。

子供の頃から見ていた番組に合わせてギャグが作れないようなら、むしろ全国的な大衆向けのコメディアンになることは諦めたほうがいい。特殊なジャンルのコメディアンを目指せばいいんですよ。あるいは『サタデー・ナイト・ライヴ』に出るとかね。ジョン・ベルーシとか、こっちに出る人はみんなぶっ飛んでいますから。


レニー・ブルースからロビン・ウィリアムズに至る過激な笑いに関心があっただけに、すでに体制化した『ザ・トゥナイト・ショー』は、当然、そうした連中の批判の的になっているのではないか、とぼくは想像していた。しかし、そうした型にはまった考えは、まるで通用しないらしい。というよりも、『ザ・トゥナイト・ショー』が三〇年間も、体制内での批判派であり続けてきたという事実に注目すべきなのかもしれない。『サタデー・ナイト・ライヴ』も放送コードと闘いながら二〇年近くも続いてきているのだ。長寿番組だから体制的だと短絡して考えてしまうのは、われわれが日本のテレビ界の現状に慣れすぎてしまっているからなのだろう。

ジョニー・カーソンはいかに偉大だったか

スタンダップ・コミックとシットコムに限らず、テレビがアメリカの笑いに大いに貢献してきた事実は曲げられない。ジョニー・カーソンの『ザ・トゥナイト・ショー』と『サタデー・ナイト・ライヴ』がなかったら、アメリカのコメディ界はどうなっていたか分からないのだ。

三〇年の幕を閉じたショーの主役ジョニー・カーソンを讃える本『HERE'S JONNY』という本が一九九二年の秋に出た。『ザ・トゥナイト・ショー』の数々のエピソードや記録と、番組に関わった何人かの人々のジョニー・カーソン論などがぎっしり詰まった内容の本だ。

　編者のスティーブン・コックスは『ザ・トゥナイト・ショー』がはじまったとき、五歳だった。子供の頃から欠かさずこの番組を見ていたあたりは、デーブ・スペクターに共通するものがある。コックスは、そうした自分の趣味を生かして、メディアについての書き手の道を選んだ。

　その中に、「カーソンのコミックの判定基準」というのがある。

●コミックが『ザ・トゥナイト・ショー』に初出演し

たとき……、

一、もしカメラがジョニーのショットか表情を撮るために後ろに移動せずに、そのままCMに行ってしまったら、そのコミックはおそらく二度と呼ばれないだろう。

二、もしジョニーが笑顔で、そのコミックに向けての『オッケー』の身振りをして、『CMのあとで』と言えば、そのコミックは認められたのだ。

三、もしジョニーが笑ったままそのコミックの名前を繰り返しながら『彼はおかしい』とか『彼女はおかしい』とか『いいネタだ』と言えば、そのコミックは必ずまた呼ばれることは間違いない。

四、もしジョニーがそのコミックを自然に長椅子の方に呼んだら、そのコミックはかなりいい気分になる。彼はヒットしたのだ。

五、もしジョニーがスタジオで、こぶしを叩いて笑い泣きしていたら、翌週の火曜日に、そのコミックがゲスト・ホストになって出演するのを見られるだろう。

それほど、スタンダップ・コミックにとってジョニー・カーソンは神様のような存在なのだ。決して大げさな言い方ではない。スタンダップ・コミックがこの番組に出演することの緊張と、成功したときの喜びがどれほどのものであるかが、この本の中に「コミックの夢」と題して載っている。コミックのライターのジョー・ローデスが書いたもので、彼の友人のスタンダップ・コミック、ルーイー・アンダーソンが『ザ・トゥナイト・ショー』で成功した話だ。

アメリカン・ドリームをかなえる

ルーイーは自分の名前を呼ばれ、ライトの中に入って行く瞬間がとうとう来たと思う。心配したり夢を見ている時間はもうないのだ。せいぜいネクタイを直して唾をのみ込むくらいしかない。舞台監督がグレーの幕の脇に立って、いままさに開けんとしている。彼に前に出るように身振りで示す。彼は幕を抜けて、あの夢にまで見たシーンを右手に見て微笑む。ジョニー・カーソンがいる。あの有名なハリウッドの背景を背にして、あの有名なデスクの向こうに座って、笑いながら拍手をしている。ゲストの椅子にはロバート・ブレイク（『ちびっこギャング』の子役でデビューし、『冷血』（一九六七年、リチャード・ブルックス監督）の殺人犯役などで注目をあびた準主演男優）が煙草を片手に黒い服でいる。そしてもちろん、ソファーではエド・マクマハンが拍手をしている。

　ルーイー・アンダーソンは、Tの字型にフロアーに張りつけられたカメラの前の自分の立ち位置のテープを見つける。左手にはドク・セバリンスンが、音楽の終わりのサインを出している。初登場のコメディアンが登場するときのあのお決まりのフルバンドの音だ。ルーイーにはそのとき、この曲がいつもと違って聴こえた。このときは自分のための曲に聴こえたのだ。

その前の日、ルーイーはこう言っていた。

「ぼくは残りの人生をクラブまわりですごせたんだ。明日の晩、そうしたクラブを全部集めた以上の客がぼくを見るだろうけど」

「こいつはコメディアンなら誰でも持つ夢さ。そいつはすべてを変えてしまうさ、残りの人生どこに行ったたって〈『ザ・トゥナイト・ショー』でお馴染みの〉って言われてね」

「こんなチャンスはそうそうつかめるものじゃない。

全人生を変えてしまう一夜なんだぜ」

ジョー・ローデスは友人のスタンダップ・コミックの成功した話をこんな書き出しではじめている。


アマチュアのスタンダップ・コミックがチャンスをつかむ方法として、ハリウッドのサンセット・ブルーバードにある『コメディ・ストア』の月曜の夜がある。この晩はマイクが素人に解放され、素人は馬鹿な自分を見せようと列を作る。そこからはじまっても、道は『ザ・トゥナイト・ショー』に続く。


ルーイーは一九八二年の九月にLAに来た。翌年の二月にはコメディ・ストアのレギュラーになっていた。当時『ザ・トゥナイト・ショー』のタレント・コーディネーターのジム・マッカウリーのオーディションに落ち、二度とこの番組のオーディションには出まいと決意した。

それから数ヵ月の間に、ウエスト・コーストやラスヴェガスでニール・セダカやコニー・スティーヴンスの前座をしたりして仕事も急激に増えた。そこでルーイーは固い決意を破った。マッカウリーが一一月半ばにやったオーディションを受けたのだ。無事通過した。そのとき、マッカウリーはここ数週間で空きが出来たら出してやるとルーイーに言った。

同じ週の金曜にルーイーの電話が鳴った。マッカウリーだった。

「火曜日にやってくれ。今度の火曜日だ」

詳細を聞くと、七分間やってロバート・ブレイクに行くということだ。

週末はストップ・ウオッチを持って、マッカウリーが好きだったネタの稽古に入った。

月曜の夜、彼は素人の客の中にいた。その観客の前で『ザ・トゥナイト・ショー』のネタを最後に試してみることができた。最後のドライ・リハーサルだ。順番を待っている間に、舞台裏でどのコメディアンも質問をしたり注意を受けたりしていた。

「ジョニーはここにいます？」

「落ち着いて喋る時間はある？」

「あなたはどんな衣装を着てやります？」

彼は上がっているように見えないようにしていた。

「髪を刈ったほうがいいでしょうか？」

彼がそう聞いたとき、午後一一時だった。

その晩、ルーイーは、二四時間以内にカーソンと一八〇〇万人の視聴者のためにやる同じジョークを同じ注文で二度やった。

「すいません、長くはいられないんです」

ステージを歩きながらそう言った。

「食事の途中なんで」

小さい笑いが起きた。恐ろしいほど小さい笑いだった。オチに向かって急ぎすぎたせいか、ジョークを忘れてしまった。台詞は良かったが話し方がまずかった。七分でやるはずのところを五分以内で終わらせてしまった。ひどい客だとつぶやき舞台裏に行った。

ヘア・カットには遅すぎたのでデリカテッセンの食事で上げることにした。

「いま何時?」

サンドイッチを注文したあとでそう聞いた。

「一二時一五分です」

「今夜「ザ・トゥナイト・ショー」に出るんだ」

当日。彼はベッドの周りに電話だのテープレコーダーだのを置いてベッドにいるのが習慣になっていたが、この日も午後二時までベッドの上にいた。

録画がスタートするのは五時半だ。ルーイーはNBCのバーバンク・スタジオに四時に着いた。ルーイーは早く行った理由を、自分の立ち位置を早く見たかったからだと言っていた。彼には、その日ショーが終わったら、すぐ仕事でラスヴェガスに行く用があった。

駐車場には白く輝く真新しいジョニーのコルヴェットが止まっていた。

「ショーで着る予定のスーツをアパートに忘れてきちまった!」

誰かが叫んでいた。

楽屋のドアには『ザ・トゥナイト・ショー』のロゴ入りのルーイーの名が印刷されたカードが貼ってあった。持って帰ろうと思った。

守衛に言ってスタジオに入れてもらった。五〇〇の観客席を見上げて、振り返ってジョニーのデスク、ソファー、カメラ、バンド・セットを見た。これが歴史だ。そうつぶやいた。

それからカーソンがモノローグをする星のマークのところに無言で言った。四時四五分までにスーツを忘れた男が戻って来た。狭い楽屋はたちまちのうちにいっぱいになった。大半が自動販売機のプレッツェル（ドイツ発祥の塩味のお菓子）を神経質そうにかじっていた。

「いいところだ。ドアをノックしてみたらブレイクがいるかもしれないぜ」

誰かがそう言ったのでルーイーが突然言う。

「駄目だ！　そんな馬鹿な真似をしちゃ」

それからトイレに行った。

『コメディ・ストア』のレギュラーですでに『ザ・トゥナイト・ショー』の出演経験がある仲間のコメディアンが来て、ルーイーを励ましてくれた。彼らはいわば応援団だ。出演経験の多いビル・マハーも彼を落ち着かせようといろいろ言ってくれた。

「ここはいちばんやりやすい小屋だよ」

ルーイーは鏡を見て髪を刈らなくてよかったと思った。

五時半、ショーがスタートした。ジョニーのモノローグはすでに撮ってある。

ジョニーとエドがソファーに座って、マクドナルドが五〇〇億個目のハンバーガーを売っているというビットをやっている。

「あの話をオープニング・ジョークにすべきだったんだ！」

とルーイーは言った。

「人のネタを踏みつけるような真似はしちゃ駄目だ」

とマハーが彼に言った。

カーソンはマクドナルドが一日に使用する牛が四三五頭でピクルスが三万二〇〇〇本という統計値をまくしたてている。

ルーイーは「マクドナルドにいたんですが、すべての統計値が変わりました」と言おうとしたが、マハーが「初めてのときは台本通りやるんだ」と言ったことに納得してトイレに行った。

ノックが来たのは午後七時だった。マッカウリーだった。ルーイーは彼に連れられて舞台裏に行った。次のCMが終わるとルーイーの出番だ。一緒に楽屋通路を通って右に曲がり、幕の後ろに隠れた。

応援団のコメディアンの集団が、三番目のゲストのセルマ・ダイアモンドを踏みつけんばかりの勢いで楽屋から飛び出して行った。誰もが、ルーイーのライヴを見るために、モニターや幕の脇でなくカメラの後ろの場所に突進した。

CMが終わった。カーソンはカメラに写っていないときにロバート・ブレイクと話しながら吸っていた煙草を消した。スポット・ライトがグレーの幕に当てられた。舞台監督が幕の後ろでスタンバイしている。

「さて」

ジョニー・カーソンが言った。

「お迎えしましょう。ルーイー・アンダーソン」

このとき、この曲が自分のための曲に聴こえたのだ。

「長くいられないんです」

曲が終わってクールに客を観察した。

「食事の途中なんで」

爆笑が来た。笑いが波のように来た。それがオープニング・ジョークだった。マハーは正しかった。彼は「ここはいちばんやりやすい小屋だよ」と言っていた。ルーイーはチャンスをつかんだ。

「いま、マクドナルドから戻って来たんだけど」ルーイーがそう話し出すと、マハーは凍りついた。十数名の応援のコメディアンは全員、息を飲んだ。

「マクドナルドの統計値は全部変わったんだ」

またどよめいた。カーソンが腹を抱えて笑い出した。

「ぼくはカリフォルニアのライフ・スタイルをしようとしてきたんだ」

ルーイーはできるだけ厳かに言った。

「この間、海岸に行ったんだ。だけど横になるたびに人が来てぼくを海に押し出そうとするんだ」(ルーイーは一六〇キロもある巨漢だから、鯨と間違えてという意味)

全部のジョークが決まった。全部のオチがうまくはまった。拍手の納まるのを何度も待った。観客は彼の手中にいた。

オリンピックに関するジョークに行った。棒高跳びをどうやったかとか平行棒をどうやったかの話をして、最後に大ネタに行った。

「幅跳び?」

彼は間を置いた。一、二、三。

「彼女は死んだよ」(Broad Jump は幅跳び。Broad には売春婦という意味がある。つまり売春婦に飛び乗って巨漢のあまり彼女を圧死させてしまったということ)

またどよめいた。カーソンは自分の机を叩いて笑っていた。予想以上にうまく行った。まるでおとぎ話だ。

最後のジョークは大喝采を浴びた。ルーイーはノック・アウト・パンチを食らわせたヘビー級の選手の気持ちだった。彼は振り向いてグレーの幕の向こうに消えた。だが拍手は鳴り止まなかった。

それから信じられないことが起こった。カーソンは拍手に応えてルーイーに戻ってくるように言って、彼に握手を求めたのだ。

「あれを見たか？」

コメディアンの一人が唸った。

「ジョニーは絶対あんなことはしないぜ。やったぜあいつは」

ルーイーは伸ばした手を取って、寄りかかるようにして彼の理想の人の耳元で囁いた。

「ありがとう。夢を実現させてくれて」

終演後の楽屋はワールド・シリーズの楽屋のようだった。ディレクターのピーター・ラサリーが戻ってきてジョニーが契約したがっていると告げた。その後、本人が来た。

「ここはいい小屋だろうが。君はなんておかしいんだ。いつでも都合のいいときに戻って来てほしいな」

ルーイーはトイレに行った。

爽快感に浸っている時間はないんだ。ヴェガスに行く飛行機が待っている。だが彼の人生は変わった。七分間がすべてだった。彼には三一歳で、二度と同じことが起きないことは分かっていた。

カーソンの白いコルヴェットが行った。マクマハンがリムジンに乗った。ドク・セバリンスンが駐車場を歩いていた。

「いいネタだったな、ルーイー。素晴らしいステージだった」

ルーイーはそれから自分の親父について何か言った。なんと彼の父親もトランペット奏者だったのだ。彼はその話を出して、なんでもいいから何か言おうとした。長いこと抱いていた夢のとおりだったので、その夜が突然うそっぽく思えた。

「また会おうな」

セバリンスンはそう言うと車に乗り込んだ。

「必ずだぜ。また会おうな」

『ザ・トゥナイト・ショー』のこうしたエピソードは数え切れないほどある。リチャード・ベルザーも彼の本の中で、フレディー・プリンズが『ザ・トゥナイト・ショー』に出演して大成功を納めたエピソードに触れていた。（156ページ参照）

ジョニー・カーソンが降板しても『ザ・トゥナイト・ショー』は続いている。相変わらず権威がある。スタンダップ・コミックのひのき舞台であることは変わらない。

ラリー・キングを筆頭に、ニュース・ショーのキャスターもスタンダップ・コミック的要素を持っているから人気がある。スタンダップ・コミックとしても、あの皮肉とユーモアがあればラリー・キングならやっていけそうだ。

人気シットコムはスタンダップ・コメディアンが主役である。

テレビは、スタンダップ・コミックに頼らざるを得ない。そして映画もヒットさせたいならテレビで人気のあるスタンダップ・コミックを主役に起用する。

大統領の演説の原稿には、いくつかのくすぐりを入れてある。まさか『コンテンポラリー・コメディ』を見て選ぶわけではあるまいが、それに近いことがされているに違いない。

だからテレビの作り手たちは、今日もコメディ・クラブ（ショー・ケース・クラブ）とケーブル・テレビから明日のスターのスタンダップ・コミックを探し続ける。そして、アメリカン・ドリームをつかもうとする若者たちは、そのてっとり早そうな方法として、スタンダップ・コミックの道を歩もうとするのだ。

III

スタンダップ・コメディが見えてくる

〈スタンダップ・コメディの勉強〉

"Comedians"
Arthur Grace
Published by Professional Photography Division, Eastman Kodak Company and Thomasson-Grant,Inc.

11 一九九三年のデーブ・スペクターとの対話

スタンダップ・コメディアン志願の少年

デーブ・スペクターさんは、正体がいま一つ分からない人だ。

ある日、マッド・アマノさんから電話があって「変な外人がいるから『笑っていいとも！』に紹介してくれない？『なるほどだニッポン！』のコーナーに出してもらえないかなぁ」と言われた。本人に会わないいま、番組のディレクターに紹介したのが、デーブさんだった。それが縁といえば縁である。

その後、テレビで聞く彼のウケないジョークにいつも興味をひかれた。『ダニー・ケイ・ショー』の字幕を読んでいるようなジョークだったのである。マルクス・ブラザーズのグラウチョのジョークにも似ているし、ビデオで聞いた理解可能のスタンダップ・コミックとも近い。おかしいのは分かるが、笑えないジョークである。

彼のジョークや駄洒落を不快に思う日本人は多いが、根は真面目な人で、ときたま会うたびに、アメリカのコメディについての質問をすると明快な答えを返してくれる。この本の話を電話でしたとき、無駄だからやめたほうがいいと忠告された。アメリカの笑いを紹介しようとして過去に何度も嫌な気持ちになったらしい。ただ、彼のAV機器に囲まれた部屋を訪れて、構成案を見せたときには喜んで協力を約束してくれた。

デーブ・スペクターは、一九五四年、シカゴに生まれた。土地柄のせいで、小学校時代から、あらゆる人種の人々が周りにいた。とくに公立の工業高校では様々な家庭、様々な人種と巡りあった。

東海岸と西海岸から自立した存在だったシカゴという町に生まれ育ったことが、彼の基盤になっている。シカゴの街は人種の違いをネタにしたエスニック・ジョークであふれていた。かつて「週刊文春」に連載された彼の対談「東京裁判」などに見られる、相手の気分を害するような質問を平気でするという体質は、本人に言わせれば、こうした環境の中で育まれたのだという。エスニック・ジョークのおかしさは、人が相手のことを気にして言わないようにしていることをストレートに言ってしまうところにある。だから、いちいち腹を立てるアメリカ人はいないそうだ。

そんな環境に加えて、叔父がテレビの『コンバット』にもレギュラー出演していたシェッキー・グリーンという有名なスタンダップ・コメディアンだったことも、この少年を普通でない少年に育てた。

彼が日本に最初に来たのは一九七二年、一八歳の高校生のときだった。大阪万博の見学に二週間来日したのち、一九七三年に一年間だけ上智大学に留学した。同級生にアグネス・チャンと南沙織がいた。一九八三年、ABCのプロデューサーとして来日してからは日本にいる時間のほうが長くなった。同じ年、『笑っていいとも!』の準レギュラーとなってから一年、いまでは「埼玉生まれの日本人か?」と「東京スポーツ」紙に書かれるほど、日本人以上に日本をよく知る外人タレントと思われるようになってしまった。

デーブの日本びいきは、小学校のとき同じクラスに転校して来た日本人に興味を持ったあたりからはじまった。そして同じ頃、スタンダップ・コミックを目指すようになった。彼はすでに子役としてテレビやCMに出演もしていた。


「小学校のときに、もうクラス・クラウン――クラスのおどけ者って言うんですか? どこの学校にもいるでしょう――そういう子供だったんです。『ザ・トゥナイト・ショー』大好きだったんですよ。それで、毎日見たかったんだけど、子供だからそんな遅い時間まで起きてちゃいけないでしょう。親に内緒で、応接間のテレビから寝室までケーブルを引いて自分の寝室の小さなスピーカーにつないで、毎晩夢中で聞いていたの。一〇歳くらいのときかな。そのうち番組を見せてもらえるような年齢になって、それからジョニー・カーソンのギャグを全部メモするようになった。それでネタ帖を作るんですよ。この習慣は、ついこの間まで続いてたんですよ。ちょっと待ってください」

そう言うとデーブは、隣の部屋から使い込んだシステム手帳を持って来た。ノートを開くと、一行に二列の英語がびっしり、小さいがシッカリした文字で書かれている。その頭に、五色か六色の五ミリほどの丸いステッカーが色とりどりに張ってある。

「色別にマークしてあるの。赤はアドリブ。ブルーは独立したジョーク。グリーンはスラップスティック。オレンジはレストランで受けるジョーク。これ多いんですよ。ほら、このへん、ズーっとオレンジでしょう？　いまでもこういうネタ帖を作る癖がありますね。（べつのノートを見せて）日本で受けるジョーク集がこれ。人の話、自分で考えたネタ……。こういうのを生活の中で使います。

日本の芸能界では、なぜかコメディアンはみんなネタを書き留めとかないの。すっごく面白いジョークがあったりするのにね。日本のお笑いタレントは、その場の突発的な笑いでいいと思っているんだね。笑いを作り上げていこうってことはしてないですからね。もったいないでしょう？

あっ、このマークは田舎で言うジョーク。色紙を持って来られてサインなんか頼まれたときね。

『人口三万人以内のところって分かるんですよね。新品のサインペンが乾いているから』

『どうしてですか？』

『回転が遅いから』

これ結構受けるんですけど、中には、

『さようでございますか、勉強になりました』

っていう人もいる」

でも日本人が笑うとしたら、最後の「さようでございますか……」ってところだけだろうねと言うと、デーブは日本ではアメリカの笑いは活字では笑う場合があっても、マイクの前では駄目だと認めた。

八年ほど前、フジテレビの『落語イン六本木』でデーブはスタンダップ・コミックをやった。

「めちゃめちゃはずした。まぁ、そのつもりだったけど。こっちに来て間もないのにスタンダップ・コミックのようにやったからね。……有名になればウケることは可能なんだけど。それと日本の場合は仲間意識が強いから、家族的な関係で笑いが来るんですよね」

日本の舞台でウケなかったときのデーブの気持ちを考えると、それがアメリカでスタンダップ・コミックの夢を諦めたあとだっただけに、何かやるせない気がする。

「二〇歳くらいのときは机に向かってビットをたくさん書いていましたね。四年間くらいかな。ラジオのDJ向けに新聞を作って、ビットを販売してたの。購読者は四百何名いましたからね。

自分でもシカゴのクラブで三ヵ月くらいスタンダップ・コミックをやってたんですよ。『セカンド・シティ』のワーク・ショップに行ってた頃だね。七〇年代のコミックのブームの真っ最中。もちろん、自分でネタを考えてね。

修業時代だね。夜中の一時、二時までになっちゃって。厳しかったですよ。その頃一緒に暮らしてた女の人に認められなくって。『やめたら?』って感じで(笑)。洒落の通じない人でね。それにコメディアン同士でも、ライバル意識、裏切り、殺伐たる雰囲気でね。続かなくなってやめたんです。女が悪かった(笑)。

コミックで生活するなんて大変なんだよね。プレッシャーはきついし、経済的にも大変だから。でもきっかけって大事だと思うよ。おかげで道が変わった」

デーブは一九七五年から七七年まで約一年半、シカゴの「セカンド・シティ」に所属した。それ以前にもいろいろな劇団に所属して『バイ・バイ・バーディー』からシェークスピア、テネシー・ウイリアムズの『薔薇の刺青』などの出演経験がある。その後、シカゴからロスに行くことになったが、そのきっかけも芝居だった。

一九七八年、彼の書いた戯曲『ザ・ライン―アップ』が、ハリウッドのアペックス劇場で上演された。ライン―アップは「今日の出演者を並べる」といった意味だ。日本では香盤《こうばん》という言葉がある。このコメディは、有名になりたいと思っているスタンダップ・コメディアンを扱ったもので、話を聞くと結構、面白そうな戯曲らしい。

場所は「ザ・ジョニー・カーソン・ショー」の出演者たちの楽屋。主役ダニーはこの番組に出て一挙に全国的なコメディアンを狙うユダヤ人の若手スタンダップ・コメディアンだ。彼に絡むのは、もうすぐ寿命がきそうなベテランの女性歌手、バート・レイノルズみたいなマッチョマン、ベストセラー作家、そして番組の女性デスクである。ストーリーは、そうした人たちが楽屋で、先輩のアドヴァイスを聞いたり、女性デスクに恋をしたりしながらリアル・タイムで進行する。

前項で紹介したジョー・ローデスの「コミックの夢」（２５４～２６３ページ参照）にも、似たシーンが出て来たが、デーブのほうが先だ。

デーブは、そのとき「ロサンジェルス・タイムズ」と「ヘラルド・エグザミナー」に載った劇評をスクラップ・ブックの中から見せてくれた。なかなかの好評である。

すでにスタンダップ・コメディアンになることを諦めたデーブが、かなえられなかった夢を主人公のダニーに託したのかもしれない。

こうして、デーブさんの部屋で九二年の夏から秋にかけて四回ほど話を聞いた。

九三年になって、ますますその回数が増えた。一時間くらい話を聞かせてくれると、帰り際にはいつも、『サタデー・ナイト・ライヴ』やスタンダップ・コミックのビデオを数本と、コミックに関する雑誌や本を何冊か貸してくれた。次に彼の部屋を訪れるときは、借りたビデオや雑誌の疑問点から聞きはじめるのだ。そのたびに疑問点をフォローする新しいビデオや雑誌を貸してくれる。デーブさんのところには、いつもいちばん新しい情報があった。

ラジオの時代

「アメリカのコメディアンは、全員、スタンダップ・コミックって考えていいのかなぁ？」

「全員ですよ」

ぼくの長年の疑問に、デーブの明快な答えが返ってきた。

「コメディアンになりたいのならスタンダップ・コミックをやらざるを得ない。その経験のない人はコメディアンと言えないいんですよ。ただしグラウチョなんかの時代は、一人で喋るスタンダップ・コミックという形態はあまりなかったんだけどね。少なくとも戦後はもう、ね……いやもっと前だったかな……でも、まぁ人気商売になったのは六〇年代前後でしょうね。それまではボードビルが主流だったんだけど。キャッツキルなんかでは、かなり前からスタンダップ・コミックをやってたんですよ。でも、そんなに憧れられる職業でもなかったし、ベルザーの本なんかが出るような仕事じゃなかった」

とすると、ボードビルとスタンダップ・コミックの間には完全に一線を引けるのだろうか？

「ボードビリアンはスタンダップ・コメディが認められる前の時代のものだよね。だってボードビルってストリップの合間にやったりするようなもんで、そんなにいい芸というわけじゃなかったわけですよ。ただ、ジャック・ベニーなんかは一応、スタンダップ・コミックを昔からやっていますけどね。

スタンダップ・コミックに人気が出たのは、ボードビル的な持ちネタでなくて、時事ネタをやるようになってからですね。フレッド・アレンなんかの前ですよね。ラジオの時代ですから。ジャック・ベニーなんかそうですよね。いまだにFENなんかでは、ジャック・ベニーを夜七時くらいからやっていますけどね。

ラジオの民放がはじまったのはたしか一九二三年くらいですか……三〇年代にかけてがすごかったんですけど。いまのテレビでも、番組によってはラジオの延長の感じでやっているのがある。つまりアメリカの場合、戦前から、ラジオがある程度普及していたから、ラジオの笑いは全国的になったけど、ボードビル的なライヴ・パーフォーマンスは録音できなかったから全国的な規模にはならなかったのね。みんなラジオでやってたわけですよ。ラジオはべつにニュースだけの媒体じゃなかったのね」

なるほど。するとスタンダップ・コミックが「喋り」に重点を置いたのは、映像のないラジオで開発されたからというわけなのかな?

「うーん、そうなのかな……。ジャック・ベニーなんてラジオで聞いてて結構笑えたけど……それと昔のラジオのショーはボードビルの流れがあるから、吉本(興業)みたいにコンビが多かったですね。そこがいまのスタンダップ・コミックといちばん違うとこかな。ボードビルは一人じゃあまりにも寂しいじゃない、絵として。

でもその当時は時事ネタ、政治ネタはあんまりやらなかったからね。

いろんなタイプのコメディアンが出て来たのは、ずっとあとですね。たとえばインサルト・コメディアン、つまり侮辱専門というね、そうしたジャンルがちゃんとある。ドン・リックルズとかジャック・E・レナード。レナードは死んじゃったけど、ドン・リックルズはその王様だね。お客を侮辱するのね。

『どっから来たの?』

『アイダホ』

『……WHY』

あるいは

『じゃあ、ゆっくり話してあげなきゃ』

ぼくもよくやるよ。

『整形するとしたらどこ治したい？』

『鼻かな？』

『うん、俺もそう思う』

相手は答えようがないよね。そうなるようにわざと罠にはめるの。

うん、ビットだね。グラウチョもビットだけど、グラウチョは一応人間を尊敬してるから、失礼になるギリギリのところで留まっているけど、ドン・リックルズは失礼でもいいんだよね。ショーの終わりに『今日はちょっと失礼なことを言ったかもしれないけど、本当は人間が大好きなんです。ご勘弁ください』って。まぁ、フォローはするんだけど、本音じゃないんだね。

日本での侮辱って仲間内じゃない。でも、アメリカの場合は一人で喋るから、からかう相手はお客さんなんだ。ぼくもプライヴェートの唯一の楽しみは初対面の人をからかうこと。いい服着ている人に『バーゲンでもいいもの売ってるんだね』とか『それ返品できないのかな。急げば返せるかもしれない』とか。こういうネタは何千とあって、いつでも取り出せるようになってるの。すごく楽しい（笑）」

スタンダップ・コメディアンはそういうネタを買うわけ？　自分で作る人もいるでしょう？

「いまはね、歌の世界と同じで自作自演が多いんですよ。ブレインとかはいるかもしれないけど、もう自作自演しないとやって行けない。ライヴで全国を回っているし、新聞を見てその日のニュースを話題にできないと駄目なんです。早く言えば、自分でギャグを書けない人は面白くないんですよね。ただテレビに出てる人は、あまりにもたくさんの人を相手にやらざるを得ないでしょ。自分のネタだけじゃすぐ使いきってしまうからそうも行きませんよね。日本だと、オリジナルのジョークってあまり言わないでしょ。その場で受け答えしていれば、まあ面白いし、繰り返しにならないで済む。でも、作家だけやって有名な人はあまりいませんね。作家だけど、なぜかテレビに出てくるっていう人はいますよ。ウディ・アレンはもともとそうでしたし」

アメリカン・ジョークの分類

インサルト・コメディアン、日本で言えばツッコミ専門の芸人だ。日本でも素人いじりのうまいタレントはいる。とはいえ、ここまで来てしまうと「日本でも」という言葉が虚しく響く。

他にはどんなジャンルがあるんだろう。

「いちばん大きいジャンルがオブザベイション・ユーモア。観察ユーモアね。客観的に世の中の変なもの見つけて、それについて言う人。だいたいが『こういうことって嫌じゃないですか?』っていうような前振りではじまるような話」

このパターンは日本でも多い。漫才、あるいはそれに準ずるもの、そしてコント・グループの大半は、いま、この形のコミックを演じている。

「つまり生活感のあるコミックで、無難で一般的な広がりがある。ただこれは難しいんだよね。かなりきちんとした裏付けがないと、ただの世間話になっちゃうからね」

この国のお笑いタレントに聞かせたい話だ。

「もう一つ、リチャード・ルイスって神経質な人がいい例なんだけど、セルフ・リプリヘイティング・ユーモア。自虐、自分をけなすようなコメディアンね。『俺ってとにかくついてない……』って全部消極的にやっちゃう。うん、ウディ・アレンなんかもそのタイプだね。結構多いんだ、このタイプは。もちろん、一人のコメディアンがいろんな芸風でやることはあるけどね。あとはポリティカル・ユーモア。ジェイ・レノがそうだよね。もともと観察ユーモアだったんだけど『ザ・トゥナイト・ショー』の司会をするようになってこれが増えたんだね。あの番組では最初に、その日のニュースについて、ほとんどモノローグで触れているわけですからね。彼はいま、政治ネタが多すぎると言われているコメディアンなんだ。なんで芸風変えたの? って」

デーブの分類は多岐にわたる。彼のネタ帖とこの話では分類方法が違う。著書の『イッツ・オンリー・ア・ジョーク――アメリカからものすごいジョークがやってきた』の中でも、また違った分類をしている。そこではまずある心理学者による七つのジョークの分類が紹介されていた。

一、ナンセンス・ジョーク
二、異性を侮辱するジョーク
三、残酷ジョーク
四、言葉遊び（駄洒落）ジョーク
五、政治ジョーク
六、セックス・ジョーク
七、人種ジョーク

そして、あらためてテーマ別に自分で分類した一〇のテーマを挙げる。

一、人種ジョーク

多民族国家アメリカならではのジョーク。すべての民族にかんするジョークがあるので、言われたら言い返す。他人のことを笑うし、自分のことも笑う。リチャード・プライヤーは、黒人でありながら黒人侮蔑のジョークを言う。

「白人って言うのは昔から先入観を持っているんだ。黒人はみんな、紙袋に好物のフライド・チキンを入れて歩いてるものだってやつさ。でも、いまの黒人は違うよ。立派な仕事についてアタッシェケースなんか持っているんだ。（間）その中にフライド・チキンが入っているんだけどね」

デーブは、ここで各人種のジョークにされやすい誇張された特徴を挙げている。

①黒人＝黒い肌、ちぢれ毛、厚い唇。男性は性器が大きい。貧しくて盗みが好き。職業はバスケットボールの選手か泥棒。

②ポーランド人＝不器用でのろま。馬鹿の代名詞。不潔でダサい。典型的な職業は、掃除夫。一九六〇年代から流行ったジョークだという。「あのポーランド人が靴の中にオド・イーター（消臭剤）を入れた。三日後に彼は消えていた」

③ユダヤ人＝鼻が大きく、ちび。ケチで出世欲が強くて、ひがみっぽい。J・T・Pと呼ばれるユダヤ系の娘は物質主義者でセックスに関心がない。職業は、成り上がりの会社社長。

④アイルランド人＝カソリックの教えにがんじがらめの酔っ払い。職業は消防士か警官。

⑤WASP（ホワイト・アングロサクソン・プロテスタント）＝保守的で平凡。きちんとしているが、気取っていて面白くもなんともない人たち。金持ち。職業は銀行員。

⑥イタリア人＝マフィアのように怒りっぽく、イタリア軍のようにすぐ降参する。性格はいい加減。女は太っていて髭をはやしている。職業はピザ・レストランのマネージャー。

⑦メキシコ人＝肌が褐色。陽気に豆ばかり食べる。きわめて古い自動車にたくさんの子供を乗せて走る。無職。

⑧フランス人＝セックスが大好きな気取り屋。お洒落で、めめしい。職業はワイン・テイスター。

⑨ドイツ人＝ビールばかり飲んでいる。孤独で冷血。女性はわき毛を剃っていない。職業はソーセージ屋。

「ドイツ人が開発した電子レンジの新製品を知ってた？　六人が座れるやつ」
⑩アラブ人＝信じられないほどの富豪なのに、体臭が強くハエが飛びかっている。シーツを着て歩く。職業は大金持ち。
⑪インド人＝餓死しそうなほどやせている。喋り方が滑稽。外見は黒人と大差ない。職業は医者。
⑫中国人＝眼が細く背が低く、個性がない。笑っているだけで意思表示をしない。不可解。職業はレストラン経営者か洗濯屋。
⑬日本人＝RとLがまるっきり区別ができない、眼鏡をかけた中国人。職業は、カイシャ・イン。

デーブの書いた各国人の誇張された特徴は、一九八四年現在のものである。当然、現在、日本人にはもっとジョークにされるネタがあるわけだ。

二、セックス・ジョーク

人類最古のセックス・ジョークはアダムがイブに語ったとされる次の言葉だろう。

「おい離れてろ。コレがどれだけ大きくなるか分からないぞ！」

三、政治ジョーク

政府の無能ぶりや共産圏をからかったりするのが主である。歴代の大統領に関するものも多い。

「レーガンがケンタッキー・フライド・チキンの店を開いたのを知っている？　右の手羽（Right Wings）しか売っていないんだよ」

四、宗教ジョーク

キリストとローマ法王に関するジョークが圧倒的に

多い。オリジナルはほとんどユダヤ人によると言われている。

五、スポーツ・ジョーク

ゴルフ、野球、テニス、ボーリング、カーレース、フットボール、バスケットボール……いろいろあるが、他のジャンルにまたがっているものが多い。

六、残酷ジョーク

七〇年代までは仲間内で語られていたが、八〇年代になって急速に表舞台に浮上して来たジョーク。ヘレン・ケラー・ジョークというジャンルさえある。

「ヘレン・ケラーの新しい映画は?」

「八〇日間ご町内一周」

アメリカでは尊敬されている度合いと、その人についてのジョークの数は比例すると言われている、とデーブはつけ加える。

七、動物ジョーク

犬、猫、ねずみ、ニワトリ、象……と可愛らしいものが中心だったが、八〇年代に入ってからは残酷ジョークが多くなったようだ。

八、排泄物ジョーク

セックス・ジョークと双璧をなす下ネタ。

九、ナンセンス・ジョーク

ナンセンス、言葉どおり意味を分かろうとしても無理なジョークだ。

「愛し合っている二羽のペンギンがいた。彼と彼女は二つの小さな氷山に離れて生活していた。水は冷たく波は荒い。二羽はずっと離れればなれだ。五年に一度だけ、声が届く距離に氷山が近づく。今日はその五年目だ。吹雪の中に彼女の姿が見えてきた。彼は彼女に向かって大声で叫んだ。『トースター！』

当然、説明が必要だろう。だが説明はない。これだけのことである。オチの『トースター！』は『扇風機！』でもなんでもいい。これはパーティーなどで使われる。一人を除いてあらかじめ打ち合わせておいて、オチの部分で笑うことに決めておく。一人だけ反応できないのを眺めて笑うというわけだ。

一〇、トピカル・ジョーク

何か事件が起きると、その事件についてのジョークが広まる。これがトピカル・ジョークだ。どんな悲惨な事件でも、一週間するとジョークになって飛び込んでくる。これはアメリカに限らず、日本でもよく耳にするタイプのジョークだ。

──ジョン・レノンが死んだとさ。

「ビートルズを再結成させるには何が必要か？」

「あと三発の銃弾」

この中で動物とスポーツのジャンルはとくにいらないような気もする。それに、これはデーブが八四年に長年の経験から分けた分類なので、いまでは彼もまた違った分類をしているかもしれない。

こんな雑誌まであるのだ

「こんなものまで出ているんですよ」

と言ってデーブがくれたのは「コンテンポラリー・コメディ」という紫色の表紙の角封筒ほどの大きさの薄い雑誌だった。

タイトルの下に「コミックス、ラジオ／テレビ・パーソナリティーズ、演説者、司会者、教師、ミュージシャン、乾杯の辞を述べる人、クラブの幹事、経営者、牧師、公務員、広告代理店」と書かれてある。その下に、AgeからWorkまで、四〇の項目がアルファベット順に並んだ目次がある。

一九九二年九月号。トータルでは二三八号だ。つまりこの本は、スタンダップ・コミックのネタ本なのである。といってもコメディアンだけにとってのものでない。様々な職業の人々が仕事で使うためのジョーク集である。年間購読料八五ドルで一二冊、ダラスから送ってくれる。

「デーブが自分で販売していたビットの新聞も、こういった感じだった？」

「うん、ここまでシステム化されてなかったけどね」

なるほど。まずは年齢（Age）に関するジョークが裏表紙から載っている。

●年齢のジョーク

「ぼくのおじいさんは八〇歳で、生きてるのと死んでるのとじゃ大きな違いがあると言ってます。死んでたら、誰かがベッドまで起こしに来てくれるとは限らないということです」

順に見ていくと、Cのところに『カレンダー・コメディ』という項目がある。一九九二年九月一日火曜日から九月三〇日水曜日まで、その日にちなんだジョークが並ぶ。

九月二日　水曜日

「今日はＶＪ・デイ、日本が一九四五年に降伏した対日戦勝日です。ダグラス・マッカーサー将軍が、アメリカのために書類に署名しました。それから日本の使節はお辞儀をして彼をトヨタに売りました」

九月一五日　火曜日

「映画監督で脚本家のオリヴァー・ストーンが今日四六歳になります。彼の最新作『ＪＦＫⅡ』で、オリヴァーはケネディ大統領がウォーレン委員会に撃ち殺されたのは、グラッシー・ノール（草のある丘）でやったマリリン・モンローとの情事を隠蔽するためだったということを証明しています」

九月二八日　月曜日

「一七八五年のこの日、ナポレオンが軍事学校を卒業した。彼の成績は五一名中四二番、そんなに良くないが、フランスの皇帝になるのにはその程度で十分なのだ」

●デートのジョーク
「あいつのデートがすぐ終わっちゃったのは、オーデコロンが蒸発しちゃったからなんだ！」

●ダイエットのジョーク
「私の主治医が減量しなさいって言ったから、サラダ以外のものは食べてないわって言ってやったの。夕べだって、チキン、ターキー、パスタ、ハムとチーズケーキのサラダしか食べてないもん」

●映画のジョーク
「『風と共に去りぬ』の続編の主役がマドンナになりそうだ。ぼくはいつもどうしてスカーレット・オハラがレザーのブラジャーが好きなのか不思議に思ってたんだ」

●Roast Lines――人をこき下ろす台詞集
「あいつは俺が嫌いだって言うけど、その意味を分かってないんじゃないか。俺の気分を良くさせようと、そう言ってるだけなんだから」

●Speaker Lines――演説する人のおいしい台詞集
「多大な社会奉仕で有名なこのような素晴らしい団体の前でお話ができて光栄です。そして私はあなたがたがなさってきた奉仕の中で、今日の昼食にレバーを出していないということが最高の奉仕（サービス）であると思う次第です」

「私は楽しいときを期待していました、しかし、とうとう諦めてここに来てしまったのです」

「あなたがたは本当にすばらしい観客でした。私はみなさんを、ＣＢＳの（お笑い番組で使用する）笑いのテープに売るような真似はしないつもりです」

●仕事のジョーク

「私の仕事は絶対になくならない。たぶん、私が絶対に仕事をしないからだ」

こうしたネタ本が、毎月、何種類も出ているのだという。スタンダップ・コミックだけでなく、様々な職場やパーティーでこうしたジョークを必要とされるところが、いかにもアメリカらしい。

はじまりはみんなスタンダップ・コミック

デーブ・スペクターはシカゴの『セカンド・シティ』に所属していた。ベルーシをはじめとする多くのコメディアンたちが、ここの出身であることは前に触れた。彼らはここで即興の芝居を勉強した。その彼らがスタンダップ・コメディアンとしてデヴューし、『サタデー・ナイト・ライヴ』でスターになった。

スタンダップ・コミックのスターとして認められる道は、もう一つある。『ザ・トゥナイト・ショー』への出演である。

「『サタデー・ナイト・ライヴ』は若い人向けなんですね。デヴィッド・レターマンと同様、深夜枠なので大学生とかヤッピー向けのユーモアが中心で、いくらか飛んでいる。年齢とか地域によっては理解できない人も多い。『ザ・トゥナイト・ショー』は全国的で、五〇歳の人も笑えるけど、それとは感性も違う。

ただね、『サタデー・ナイト・ライヴ』で人気が出ると、結局は『ザ・トゥナイト・ショー』に出るんですよ。同じNBCネットということもあるしね。長い目で見たら、大衆受けしたほうが絶対いいですからね。だからって『サタデー・ナイト・ライヴ』が鋭くて、『ザ・トゥナイト・ショー』がダサいってことじゃ全然ないんです」

印象で言うと『サタデー・ナイト・ライヴ』に出て、ハリウッドを目指すという感じがするんだけど。

「以前はもちろんそんなコースはなかったけどね。ジョン・ベルーシとダン・エイクロイドが『アニマル・ハウス』(一九七八年、ジョン・ランディス監督)に引っ張られてから、そんな感じになったのかな。それまではコメディ・ムービーが大作になるってことはなかったんですよ。『アニマル・ハウス』でハリウッドが気づいた。コメディもちゃんと作ればアクション映画に負けない大きな収入になるってね。それで『サタデー・ナイト・ライヴ』に目をつけたんですよ。なぜなら、あそこに出ているコメディアンたちは、みんなコメディの前に演劇をやってますから。そういう経歴のない人は使っていませんから。『ナショナル・ランプーン・シアター』、『セカンド・シティ』……トロントの『セカンド・シティ』は、いちばん卒業生が多いんじゃないですか。だから生粋のコメディアンとはちょっと違うんですね」

アメリカのコメディアンはすべてスタンダップ・コメディアンだという思い込みをぐらつかせるようなことを、デーブが言い出した。スタンダップ・コメディアンに対してスケッチ・コメディアンという考え方があるのだろうか？

「そうだな……。生活の仕方の違いですよね。スタンダップ・コメディアンになると、一人でフリー・ランスでやるわけだから勇気がいるんですよね。劇団に入れば食べてはいける。少なくとも一人でデヴューするのとは全然違うんです。つまり劇団に入るというのは、気質の問題もあるし妥協点でもあるわけです。スタンダップ・コミックはたぶん、芸能界でいちばん難しい仕事だと思う」

すべてのコメディアンがスタンダップ・コメディアンであるとは必ずしも言えないのは当然だろう。だが、コメディアンたるものスタンダップ・コミックができなくては、その資格がないとも言える。喋る以外の技術で売るコメディアンっていうのは、どんな人がいるのだろうか？

「そうね、ハリー・アンダーソンは手品師だしね、もともと。でもコメディアンって言えばスタンダップ・コミックをやる人ですしね。マイケル・キートンは元コメディアンだったたんですよ。『バットマン』（一九八九年、ティム・バートン監督）でもそうだけど、彼、すごく無表情じゃない？　表情のないまんま、すごくおかしいことを言うんですよ。最高に面白かった。でもマスクがいいから、結局、俳優へ行っちゃった。

特別な技能を売り物にするというんじゃなくて、コメディアンになる前の自分をネタにしたりする人はいますね。それから、いま主婦、郵便局員、牧師、身体障害者であることを売り物にしたマイノリティ・コメディアンも多い。

民族を売り物にするのもいますしね。『ルーシー・ショー』の旦那がいたでしょう、デジー・アーネスみたいな民族系のね。メキシカン、アメリカ・インディアン、日系人でタマヨ・オオツキって女性もいますし、パット・モリタもね。韓国人でジョニー・ユン、当然イタリア系は古くからいるけど……。新しい移住者も増えているから、あらゆる民族がいますよ」

ぼくが質問した「喋る以外の技術」というのは、スタンダップ・コミック以外のコメディアンという意味だったのだが、彼は喋ることの他に持つ技能とか特性という意味で理解したらしい。マイムをするクラウンは、コメディアンではない。デーブにとってだけではなく、いまアメリカ人にとってのコメディアンのイメージは、スタンダップ・コミックにほかならないのだ。

民族を売り物にしているわけではないが、ユダヤ系コメディアンについても聞いておこう。

「ユダヤ人が多いっていうのは、まぁ陽気だってこともあるだろうけど、いちばん古くから迫害されてきた民族だということでしょうか。ご存知のとおり、共産圏なんかでそうだったでしょう？　笑いしか発散できるものがなかったんですよ。迫害する側に歯向かうことができないから、ギャグを言うことで生存力をつないで来たんです。旧ソ連でも、おかみを肴にしたギャグって結構きついじゃないですか。あれと同じですよ。

それと、いまとは事情が違って、ユダヤ人がアメリカに移住して来たときは仕事が限られていたからだと思う。いまブラック・ピープルがスポーツや音楽でやっているみたいにね。日本でも韓国系がそうだったように、就職の窓口が狭いから芸能界に走るというパターンだったんじゃないですか」

ユダヤ人自身の被差別意識が薄れて、自分たちを笑えるようになってきてるってこともあるんじゃないんだろうか。

「さぁ……。あまりに普遍化したからねえ、考え方とかさ。ユダヤ人がどんなかなんて知らない人でも、あれだけテレビで見せられたら、いつの間にかその笑いの感覚に馴れてしまうんですよ。ウディ・アレン的な自己分析なんて、あまり誰もしなかったけど、いまは普通になってきたよね。

ぼくが驚いたのは、オリンピックから帰ってきた池谷（幸雄）選手がインタヴューで、『そんなに突っ込むな』って言ってるんですよね。お笑いの影響を普通の人が受けているわけ。

アメリカでも、ジョニー・カーソンのテイク（顔の表情）とか、ウオッチのつけ方とかね、無意識のうちにみんな自分のものになっちゃう。日本で、いま普通の人が『そんなんやって、どうするの？』なんて言い方をするけど、それはもともとコメディアンの言い回しだったわけですよね。そんなわけだからジューイッシュの笑いなんかも聞いてるうちに、いやでも一般のものになっていっちゃったのね」

本来コメディアンのものだったはずの言葉や動作が、一般人の日常の中に取り入れられてしまっているという傾向は、近年、日本でも顕著に見られる。アイドル・タレントがインタヴューされると、お笑いタレントと同じリアクションをする。タレントになる前から彼女たちは仲間とお笑いタレント的なリアクションをしていたのだろう。日本の場合、コメディアン側の笑いが一般人に浸透しているというより、その境があいまいになっているという言い方のほうが分かりやすいかもしれない。

さて、アメリカのコメディアンはCATVで自分のショーを持ってスタンダップ・コミックを極めてやろうという夢と、ハリウッドでスターになってやろうという夢の、どちらを強く持つのだろうか？

「そう、みんながみんな頂点を目指す人ばっかりでもないんですよね。幅広くはウケない人っているんですよね。でも、知名度が低くてもやってはいける。メシ喰っていけますから。映画に出れる人は本当に稀だし、それはスタンダップ・コミックとは直接の関係はないですよ。

――あと、もう一つはコメディアンをやっていて『サタデー・ナイト・ライヴ』のゲスト・ホストになる。これは大成功ですよ。つまりね、映画に出たからといってコメディアンとして成功したとは言えないわけです」

『セカンド・シティ』から『ナショナル・ランプーン・シアター』、そして『サタデー・ナイト・ライヴ』への道は、コメディアンのエリート・コースのようだ。この道のりでは、即興劇とコントのイメージが強い。が、一人で話すコミックができない限り、即興劇もコントもできるはずがないのだ。

このコースをたどって『サタデー・ナイト・ライヴ』でスタンダップ・コメディアンとして認められると、ゲスト・ホストという形で番組の顔になる。さらに、『ザ・トゥナイト・ショー』に出演すると、一流のスタンダップ・コメディアンとして完全に認められたことになる。つまりは大成功だ。ハリウッドは、あくまでそのお釣りなのだ。

12 一九九三年の激動するスタンダップ・コメディ

スタンダップ・コミックは終わった？

一九九二年七月二八日号の雑誌「ハリウッド・ザ・レポーター」をめくっていくと、中にもう一枚表紙が出てきた。同じロゴのタイトルに〈コメディ・九二・スペシャル・レポート／10周年記念号〉という特集タイトルを付けた五二ページの企画物である。巻頭は、リック・シャーウッドのまとめた「まだ笑っている」というタイトルの記事で、近年のコミックの低迷現象についてのコミック・クラブのオーナーたちのコメントを載せている。実際、「ローリング・ストーン」誌にも「ニューヨーク・タイムズ」紙にも「スタンダップ・コミックは終わった」という記事が出たのだ。

七〇年代後半に比べたら、コミック・クラブの数もずっと減っているのが現状だ。コミック・クラブが急速に増えたのは八〇年代初頭である。そしてブームは約一〇年続いた。一時はボーリング場が当たったときのように誰もがコミック・クラブを作って、そこそこうまい商売ができた。

「インプロヴィゼイション」の経営者の一人、バッド・フリードマンはこう語る。

「ボーリングのレーンにふたをして、コメディ・クラブを開店したというジョークがあったけど、いまじゃ同じ連中が、金儲けのためにコメディ・クラブを潰して、もう一度ボーリングのレーンを作っているのさ。ピークは一九八九年だったね。その頃に比べると、どのクラブも二〇～三〇パーセント入りが悪くなっている」

ある店主は、八四年に店を開き八九年まで上り調子で、九〇年に平均点にいかず、九一年に落ち込み、九二年に最悪な状態になったと語る。

だが、一九八七年に開店した「パサディナズ・アレス・パレス」のオーナー、ボブ・フィッシャーは弱気を見せない。

「当たっている店もあるし、ロスでは、それでも月に一〇万人はコミック・クラブに来ている。クラブもコミックも死んじゃあいない。いまは調整期間中なんだよ」

「エンツィノズ・L・A・キャバレー」のオーナー、レイ・ビショップは、

「いつも人間は笑いを求めている。みんながみんなケーブル・テレビに走っても、ケーブル・テレビじゃライヴ・ハウスのあの臨場感は味わえないさ」

五〇〇席ある「シンシナティーズ・コメディ・コネ

クション」のオーナー、レイ・コウムズは、

「われわれはみんなに車で外出させて、普通以上のものを与えてやらねばならない。クラブに来れば他では比較にならないものがあるからね」

と反論をするが、一方で景気の悪いのはクラブだけじゃないと前置きをして低迷の原因について語る。それは、どこのオーナーたちも口を揃えて言うように、湾岸戦争とテレビのスタンダップ・コメディの増加だ。

「ロスの暴動でみんな気づいたのさ。シングル・バーやダンスに行くほうがコメディ・クラブに行くより手っ取り早いってね。コミックは最近の事件について話すけど、みんな、政治的な事件——湾岸戦争とか——で煩わされているから、いまさらそんな話を聞きたくないのさ。だから『バットマン』(一九八九年、ティム・バートン監督)とか『リサール・ウエポン』(一九八七年、リチャード・ドナー監督)がヒットしたんだよ」

そう語るのは「イグビーズ・コメディ・キャバレー」のジャン・マックスウェル・スミス。だが現状は悪いわけではない。老舗の「コメディ・ストア」のオーナー、ミッツィー・ショアは、

「ウチは大丈夫。LA店は一流クラブと言うより、ワーク・ショップとか学校みたいなものなのよ。うまくいってるわ」

「悪いときは一所懸命やるわけですよ。プロモーション、広告、宣伝をもっとしなくちゃね」

そうフリードマンは言う。

「でも、俺たちは生き残るさ」

また、シェリー・クラークの「神経質な笑い」という記事では、最近ニューヨークでショー・ケース・クラブが二軒潰れ、伝統と由緒ある「インプロヴィゼイション」も営業は続けているものの破産宣告を受けて

いる現状に触れて、「キャッチ・ア・ライジング・スター」の現オーナーのリチャード・フィールズにこう質問する。

「地下鉄のホームで無料券を配っているクラブのオーナーがいるんですよ！　まだやる気ですか？」

フィールズはこう答える。

「無料客一人につき、券を配ったやつに三ドル払いますよ。来た客は飲み代を払ってくれますからね。クラブとコミックが飽和状態になったという問題は、全国いたるところであったんです。それがニューヨークに飛び火したということですよ。九一年で終わると思った景気の悪さも少し良くなったもののまた逆戻りし、たしかにクラブのオーナーはパニック状態ですけどね」

そうしたキツイ現場の現状レポートからはじまったこの特集は、他誌のようにコミックの低迷ぶりだけを伝えているのではない。「諦めちゃいけない、まだ笑える」の小見出しに続いて出てくる記事はどれも低迷を踏まえたうえのコミック界の現状記事ではなく、いまのスタンダップ・コミックの面白さについて書かれている。全体的に見れば、むしろ諦めるなという援護射撃をしているのだ。

この特集に掲載された広告はコミック・クラブ、コミックのアルバム、単行本、ケーブル・テレビのコミック番組、コミックのワーク・ショップ、コミックのタレント事務所といったスタンダップ・コミックに関するものばかりである。この広告宣伝を見る限りでは、こんなにまとまって載っている雑誌を見たことがないせいもあって、とても悪い状態とは思えない。またコラムでは、現在活躍している八人のスタンダップ・コメディアンの生の声が載せられている。

クリストファー・ヴォーグンの「笑いの一〇年間」

という記事には、七月にモントリオールで開かれた、国際的なコメディ・フェスティヴァルに触れている。九二年で一〇年を迎えたギルバート・ロゾン、アンディ・ナルマン、ブルース・ヒルズの『ジャスト・フォー・ラフ・コメディ・フェスティヴァル』（通称ＪＦＬ）がそれだ。この特集では、他にも二つの記事でこの催しについて触れている。ＪＦＬではアメリカ、イギリス、フランス、オーストラリア、カナダ、日本（誰が行ったのだろう?）、ロシア、スリランカ、ケニアなどの国々から二五〇以上の出し物があった。リリー・トムリンの司会で二時間番組にもなった。ただし、このフェスティヴァルはスタンダップ・コミックだけではなく、マイムやスペシャル・アクトもある。

　こうした盛り上がりのあるイヴェント記事を後半に持ってきて、コミックは決して終わっていないことを強調している。

サム・キニソンのライヴ

　ベルザーの著書にもトム・シェルズの記事にも、あぶないスタンダップ・コミックとしてサム・キニソンの名が出てくる。この本のことでデーブさんに会ったときも彼の名前が出てきた。

「サム・キニソンのジョークは強烈なんだよね。これは見といたほうがいいよ」

デーブさんはそう言って、探しておいてくれたビデオを貸してくれた。

「だけど死んじゃったんだよね。残念なことに」

まだそのステージを、聞いたことも見たこともない人が、すでに歴史上の人物になっていた。

一九八七年のキニソンのロスのロキシー・シアターでのライヴのビデオを見ると、まず格好からして見るからにあぶない。スニーカーにオーヴァー・コート、後ろ前にかぶったハンチングからは縮れた長髪が垂れ下がっている。


「女は好きだけど、なんで女ってああなんだろうな。こっちが浮気をしたことを認めているのに、やしつこく聞いてきやがる。三日もたったのに、やれどこまでやった？　こんなことをした？　あんなことをした？　……じゃあ別れよう！　と言うと泣きながら、行かないで！　って言う。うん！　これこそ愛だ！　なんて思って四ヵ月したら、また言い出す。（ここで絶叫して）結婚生活なんて嘘ばっかりだ！（ものすごい拍手と笑い）」

「ロスの女はひどいぜ。男あさりばかりしていやがる。でも、俺は今度こそいい女を見つけたと思ったんだ。彼女は忠実で俺を愛してくれた。だが、一つだけ発見したんだよ。年間五ポンドから七ポンド体重が増えてるんだ。これじゃあ一〇年するとお袋と住んでるようになるぜ」

それから神をテーマにしたジョークを連発する。

「ゾンビが生き返ると誰もが怖がるけど、キリストだけは生き返ってもみんなのことを怖がらせなかった」

そして、キリストが最期に言った言葉は「ウグ

ググググ……」だったというお決まりのジョークがあって、

「キリストが復活して自分の手のひらを見てこう言ったんだ。この手じゃ（手のひらに釘を打たれて穴が開いている）ピアノも弾けない。（穴の開いた手のひらに口を当てて）フルートくらいかな……」

脈絡なく話が続く。ヒュー・ヘフナーが客席にいるのを見つけると、

「最近の男の子の性教育はなってない！　でも彼のおかげで少しは良くなっている。女は情報があるけど男の子にはないんだ。女は聞けるけど、男は自分一人だ！（また絶叫になる）そうだろ！（客席から「そうだ！」）政府がパンフレットをくれるわけでもないんだ！　誰もやり方なんて教えてくれないんだ！　触り方！　なめ方！　気持ちがいいか、悪いかもだ！　五年間女とやってなくてもこっちは黙ってるんだ！　女は美容師なんかにはべらべら喋ってるだろ！　俺は男の味方だぞ！（絶叫に観客が笑いと同意でどよめく）今日来てる男たちには、どんな男よりなめ方がうまくなるように講義してやろうじゃないか！　Aからアルファベット順になめてやればいいんだ！」

話題が突然ゲイの話になる。

「どーして男が他の男の毛深いケツを見て恋に落ちたりするんだ！　エイズのおかげで公衆の物を使うときは全部足になったんだぞ！　トイレだって、ドアを足で開け、便座を足で上げ、全部足だ！　エイズの募金だぁ!?　ほんとにエイズに使われてるか分かったもんじゃないぞ！（患者になって、よれよれで舞台を歩きながら）金出してるんだから、早く薬を見つけてよ！」

そのあとが、例の死んだ男とやってしまうホモの話になる。そしてまた女の話だ。観客は彼の絶叫に最後まで笑いっぱなしだった。

この勢いで、彼はついこの間までステージで絶叫していたのだ。

ジョン・ベルーシは八二年に三三歳で死んだ。アンディ・カウフマンは八四年に三五歳で死んだ。サム・キニソンは九二年に四〇歳を待たずして死んだ。若くして死んでしまったスタンダップ・コメディアンの中でその死が話題になった最初は、メキシコ系アメリカ人、フレディー・プリンズだと聞いた。人気が出て『チコ&ザ・マン』という自分のテレビ番組を持ったのは一九七五年だった。そして七七年、二三歳の若さで、人気というプレッシャーに耐え切れず、ピストル自殺した。それまで単なるお笑いだと思われていたスタンダップ・コメディアンの地位が、この事件で向上したと言われている。

闘う スタンダップ・コメディアン

「このビデオを見れば、新旧のスタンダップ・コミックがたくさん出ていて、自分の意見を言ってるからいちばん参考になると思うよ」と、デーブが貸してくれたのがMTVの感覚で編集した『コメディアンズ・オン・MTV』（一九八八年）である。三〇人くらいのスタンダップ・コメディアンとクラブのオーナーたちのインタヴューで構成されている。いくつかのテーマ別に編集してあるから出演者が何度も顔を出すことになる。なかにはテーマに則した話を、コミックのステージから取って来て編集してあるものもある。一人ひとりの興味深いフレーズだけを切り取り、まとめてあるだけにMTVを見るようなスピード感を感じながらコメディの現状が分かるという仕組みになっている。

サミー・デイヴィス・ジュニアが語る。

「若手のスタンダップ・コメディアンがどんどん出てくるので、年寄りのスタンダップ・コメディアンに価値がなくなってしまった」

それからスタンダップ・コメディアンの巡業の話になる。サム・キニソンは、

「ニューヨークに行きたくなかったんだ。ニューヨークで失敗すると取り返しがつかないだろう。

だからあちこちでやっていたんだ」

　六週間で四六ヵ所まわった男の話などがあって、ベルザーが登場する。

「一晩で一〇ドルもらえりゃいいほうさ」

　リチャード・ルイスは、

「旅を巡るとコンドミニアムに二、三人で泊まる。ジェイ・レノと泊まると最悪だぜ。部屋は掃除しないし、汚いし……」

　再びベルザー、

「でも、舞台に出ると嫌なことは忘れるしね……」

　そんな話が続くと、今度は観客についての話になる。ベルザーは、

「野次なんか聞いてないよ」

　スティーヴン・ライトは、

「二、三〇〇人いれば、二、三人は変な奴がいるよ」

スージー・エスマンは、

「そういうときは、他の客を味方にしてしまうのさ」

　こうして野次についての対処を何人かが喋る。

　そこで、「インプロヴ」のオーナーのバッド・フリードマン、同じく「コメディ・ストア」のミッツィー・ショアらが出て、コメディ・クラブについて語る。曰く、どこでも新人のときは大変だが、新人が増えてくれば客も増える。曰く、ロスの客は笑うより、ブーイングと拍手で反応する。

　次はネタの作り方。ギルバート・ゴットフリードは自分の部屋でネタを一日中考えて、作っているところを見せる。これは一人コントだ。

「えーと、一週間前……一週間前……何もなかったか……おとといは……。でも客には一週間前と言ってもおとといと言っても関係ないか……」

　今度は女性コメディアンの登場だ。ジュディ、

アンジェラ・スコッハ、ダニタ・ヴァンス、キャロル・リーファーが次々に話す。リーファーは、

「いつも私たち（女性コメディアン）は同じことを聞かれる。ジョークを考えるのは、掃除洗濯を済ませてからなのよって言ってほしいのかしら？」

ジュディはこう言った。

「ガマ蛙みたいなクラブのオーナーが、お前は女にしちゃあ面白いよ。だから言ってやったわ。あんたも蛙にしちゃあ人間ぽいわねって」

テレビかコミック・クラブかという問題では、『ザ・ジョニー・カーソン・ショー』の威力が語られる。ジェイ・レノは、

「オーナーは、ジョニーの脇に座って話したのかと聞く。話したよとコメディアンが答えれば、よし、じゃあうちで使ってやろうという話になるのさ」

ベルザーは、

「ぼくもよく出たよ。ジョニー・カーソンにも気に入られたしね。あれに出ると知名度が上がるからね」

続いてはラスヴェガスでのスタンダップ・コミック。サミー・デイヴィス・ジュニアが言う。

「コメディ・クラブでは何万ドルも稼げないからね」

シカゴの「セカンド・シティ」出身で、七〇年に『フクロウと仔猫ちゃん』（ハーバート・ロス監督）で映画デビューしたロバート・クラインは、

「あんまりいい思い出はないんだけど、バーブラ・ストライサンドと出たときは金になったね。何しろ、入場料が三五ドルだからね」

三ドルから五ドルでワン・ドリンク付きのコメディ・クラブに比べればべらぼうだ。再びサミー、

「いまは台本どおりだけど、昔はアドリブができて楽しかったね」

バリーズのオーナーが語る。

「サミーあたりを呼んできたんで、ここも良くなったのさ。昔はハイスクールのレヴューのほうがここよりましだったからね。入場料を高くして良くなったんだよ」

それからコメディアンが自分のネタについて語る。ロバート・クラインは、

「笑いを取ろうと思ったら人間はなんでもできる。俺を出すことさ」

コメディアンと映画との関係に関して、サミーは、

「どのコメディアンもビバリーヒルズを目指すね。次は俺だろうよってね」

スティーヴン・ライトは、

スタンダップ・コミックのジョーク　スティーヴン・ライト

●世の中に登場
「赤ん坊の頃日記を書いていたんだ。1日目…まだ移動の疲れが取れない。2日目…みんな、俺のことを間抜け扱いで喋ってくる」
●ファイヤー・アーム（ライフルやピストルなど）の扱い方
「マイムをやってる奴を撃つときは、やっぱりサイレンサーを使ったほうがいいのかね」
●科学と自然
「海綿は海で育つんだ。笑っちゃうよな。そうじゃなけりゃ、海はあとどれくらい深かったんだろう？」
●論理
「申込書に記入するとき『緊急の場合の連絡先』の欄に、ぼくは『医者』って書くんだ。だっておふくろに連絡しても何もできないだろう？」

「初めて映画に出たときは、ここでこれを言えと言われて相手の台詞を待っているのが変な感じだったね」

そして、スティーヴ・マーティンとロビン・ウィリアムズの登場になる。

スタンダップ・コメディアンはいつも闘っている。観客と。オーナーと。そして自分と。

パロディになったコミック

「これを見たとき、驚いたよ。スタンダップ・コミック自体がパロディになっちゃったんだからね」

デーブがそう言って貸してくれたビデオが、I章の4で触れた『サタデー・ナイト・ライヴ』のクイズ番組のパロディである。

センターにサインフェルドの司会者。下手にクイズ・パネル。上手にトミー、バリー、ビリーの解答者三人が並ぶ。この番組名は『スタンダップ&ウィン』だ。番組がはじまる。いきなり最初の問題だ。

「『飛行機』のセクション。〈機内食、あれはいったいなんだ?〉」

ビリーが答える。

「ありがた迷惑。さっき出てきたスモーク・アーモンドで腹はいっぱいだもん」

正解のピンポンのチャイムがなる。

「同じく『飛行機』のセクション。〈ビーフ・ストロガノフが出てくるが、あれはいったいなんだ?〉」

トミーの解答。

「『食べられるもんなら食べてみろ』と言って出てくる」

不正解のブザー。バリーが答える。

「名前がデレッとしすぎてないか?」

これも不正解のブザー。ビリーに解答権。

「持ってこられて、隣に座った奴を見ると気に入って食べている。こっちは、犬用に残して持って帰ろうかと思っているのにね。隣の奴は物足りなくて二杯目のおかわりを考えている」

正解のチャイム。

「ビリーが正解。ビリー、どのセクションでいくかい?」

「『飛行機』の二〇〇」

二〇〇と書いたパネルがひっくり返ると問題がある。

「〈ブラック・ボックス、あれはいったいなんだい?〉」

トミーが答える。

「飛行機を制御する装置なんだから、飛行機全部をブラック・ボックスにしちまえばいいのさ」

正解のチャイム。

続いて、『シリアル』と『コマーシャル』のセクションの問題が出て、初めて解答者の紹介になる。クイズ番組のパロディだから、番組がはじまった途端は視聴率を稼ぐために問題をいきなり出すわけだ。

再び、問題。

「『マクドナルド』のセクション。〈チキン・ナゲット、これはいったいなんだい?〉」

「この名前を思いついた広告屋はいったい誰なんだ?」

バリーの答えはブー。そこでトミー、

「どこの部分のチキンを使ってるの?」

ピンポン。司会者が、

「もし自分がマック(ファックの洒落)、考えている部分だったら、マック、食べたくないぜ。というのも正解でした」

次のセクションは『セブン・イレブン』だ。

「〈従業員、この人たちはいったい何なんだい?〉」

「誰か俺を雇ってくれないかな? その秘密を知りたいから」

と答えたビリーにチャイムがなる。

「続けて、『セブン・イレブン』の二〇〇』」

問題が出る。

「〈この店のビーフ・ジャーキー、あれはいったい何なんだい?〉」

「自分はビーフなのか、ジャーキー(くだらない奴)なのか?」

というトミーは不正解。

「しゃぶるのか、食べるのか、吸うのか？　実際ちゃんとした食べ物なのか？」

というビリーも不正解。そこで、バリー、「どんな広告屋が考えたんだ？」

も、当然不正解。司会者が正解を言う。

「正解は、〈マウンテンデュー〉（山の露という名の弱炭酸飲料水）って言うけど、そんなもんほしいのかい？〉では、『シリアル』の二〇〇です。〈グレープ・ナッツの箱を開けてみるとグレープもナッツも入っていないのは？〉」

「ただの名前でしょう」

バリーの答えは正解。

セクションは他に『ギリガンの島』（無人島に漂流した連中のコメディ番組）、『オプラ』（八五年に『カラーパープル』（スティーヴン・スピルバーグ監督）で映画デビューした、オプラ・ウィンフレイが司会する番組。彼女は九三年のコメディ部門の長者番付では、ビル・コスビーをおさえて第一位だった）があって、こんな調子で進行していく。どのセクションもスタンダップ・コメディアンたちがよく取りあげているテーマである。そして、もっともスタンダップ・コミックらしいジョークに正解音が鳴る。

つまり、スタンダップ・コミックのネタに新鮮さがなくなってしまったというジョークをスタンダップ・コミックの連中がやっているわけだ。

「ここまで来てしまったんだよ」

デーブ・スペクターがため息をついた。

「機内食とか、マクドナルドのチキン・ナゲットの中身とか、セブン・イレブンの従業員とか、いまやスタンダップ・コミックで茶化しすぎて、コメディアン自身が自家中毒してしまって、そんなギャグやっても駄目なんですよ。もっと新しい感覚でやらなきゃスタンダップ・コメディも終わりだってことなんですよ。こういう新しい傾向が出て来ている。レイヤーって言うんですけど、バーム・クーヘンみたいに何重にもなった笑いで、単純じゃない笑いです。あるいはステップ・ジョーク（考えオチ）ね。スティーヴン・ライトなんかがそうかな。すぐには分からないジョークですよ。オフ・ザ・ウォールとも言うんですけど、ぶっ飛んでいてナンセンス。

　たとえば、ぼくはデニーズなんかで一人で食事をしていると、退屈だからいろいろと想像するんです。向こうのテーブルの客たちは、ぼくと一緒に難破した客船の乗客だ、とか。ぼくは彼らのテーブルにつかつかと歩み寄って、きっぱりと言い聞かせてやります。

『いいか、それは俺の水だ。指一本でも触れたら承知しねえぞ！』

……ときとして空想が行き過ぎてしまうんですよね。いまは反省しています。こういうのはすごくおかしいけど日本じゃウケないでしょうね。よっぽどアメリカのユーモアが好きな人でないと、ついて来てくれない。

　なぜかと言うと、このことがいちばんこの本ででも大切なことなんだけど、コミックを楽しむには『現実を忘れなければならない』からなんです。アメリカのコミックは観客が、あり得ない話を支持しないと成り立たない。日本の場合は、現実に即していないとお客さんはついてこないんですよね。文字どおりただ聞くか、てんでしらけるか、ともかく一緒にならない。

　……不思議なんだよね。日本ではずっと前から俳句みたいな隠喩というか抽象的な概念を楽しむことがあったくせに、なぜいまは表面的にしか面白がれないんだろう。あの感覚はどこへ行っちゃったんだろう？

なんだか日本には〈芸の壁〉があるんだよね。もう一つ日本には皮肉とか少ないみたい。

いま（九二年秋）、ブッシュがアメリカの観光ＣＭに出演して、

『いま、アメリカへ旅行する絶好のチャンスです。何を待っているのですか？　大統領の招待状ですか？』

なんてテロップが出るでしょう？　皮肉っぽいジョークなんで、あれは可愛いんだけれど、なんかエラソーな感じに取られちゃう。あれ、日本のこと分からないでやってるって思いましたよ。

『飲みに行こう』

『駄目なの』

『なんだよ、天皇陛下の招待状でも待ってんの？』

……これ笑えないでしょう、普通の日本人だと」

デヴィッド・レターマンの降板の意味

九三年のある日、久しぶりにビデオで見たバート・ランカスターの『エルマー・ガントリー』（一九六〇年、リチャード・ブルックス監督）が、まったく違う映画に見えた。ひょんなことからある宗教団体の伝道師になってしまう女たらしエルマーの話である。信仰にのめり込み、大勢の観衆を前に、彼がする説教は、笑い

を取るうちに聞いている人たちをどんどん引きこんでいく。まるでスタンダップ・コミックそのものに思えた。そういえばアメリカのどこかのチャンネルで毎日放送している伝道師のスピーチもそうだ。それがアメリカなのだと言う気がした。変な話だが、近頃はアメリカ人のどんな演説を聞いてもスタンダップ・コメディに見えてしまうのだ。

そんなとき、デヴィッド・レターマンが、『レイト・ナイト』を降りるということを知った。スタンダップ・コミックが主人公の『サインフェルド』というシチュエーション・コメディが大ヒットしている。リチャード・ベルザーが『HOMICIDE（殺人課）』というテレビドラマで刑事役で大活躍しているという話も聞いた。この一年で、また何かが変わろうとしている。NBCの『レイト・ナイト・ウィズ・デヴィッド・レターマン』は、九三年で一一年になる。そのレターマンが、三月、この番組を降りてCBSに移るという記事が、三月、あるスポーツ紙に載った。小さい記事とはいえ、日本のスポーツ紙の芸能欄に載るほどの大事件なのだ。その後の情報では、NBCの同番組は六月末で司会者がコナン・オブライアンに替わって、レターマンのCBSの新番組は八月にスタートするということだった。

レターマンは番組のタイトルごと移籍するのだろうか？　スポーツ紙では番組ごとと書かれてあった。早速、デーブに聞く。

「『レイト・ナイト』というのは登録商標してますからCBSは使えませんよ。『レイト・ナイト・ウィズ・コナン・オブライエン』となるわけですよ。NBCは、『トゥデイ』『トゥナイト』『トゥモロウ』を番組タイトルにつけて登録商標をしているんですよ。そして『レイト・ナイト』があって、そのあとで『レイター』って、三〇分のトーク番組まであるんです。

だからジョニー・カーソンの『ザ・トゥナイト・ショー』の専属バンドが『ザ・トゥナイト・ショー・バンド』って言ってたんですけど、ジョニー・カーソンが辞めたんで、そのバンド名で地方をまわろうとしたら、使っちゃいけないって言われたんですよ。三〇年やってても、そう言われるんですよ」

コナン・オブライアンというのは、いったい何者なのか？

「コメディアンとしては新人ですよ。放送作家だったんです。テレビの人気アニメ『シンプソン』なんかを書いてました。記者会見のとき言ってましたけど、コナンって名前は、親父が飲みすぎたときに考えたんで、馬鹿な名前を付けてしまったって」

名前は知られていたんですか？

「普通の人は知らないでしょうね。まったくの素人を連れてきたようなものですよ。でも、番組自体に力があるから、誰がやってもうまく行く可能性が高いんですよ。すでに定着している番組ですからね」

『徹子の部屋』の司会者が替わって、『哲郎の部屋』になるなんてことはまず絶対にあり得ない。でも、ワイド・ショーの司会者交代を考えれば分からないことでもない。

辞めたのはレターマンの意志なのだろうか？

「そうです。マンネリが嫌になったんでしょうね。人生を楽しく前向きに生きていきたいと思ったんですよ。レターマンという人は、興醒め師っていうんですか、ひねくれた笑いの人ですよ。ウディ・アレンもそうだけど。短気で陰気で好き嫌いが激しい。陽気な人じゃないんです。いつも不満そうにしている。そのことに疲れたんでしょう。金に対しての意欲じゃないですよ。変革を求めてたんでしょうね。仕事を楽しくやってる性格だったら、こういうことはなかったでしょうね」

本当にそれだけの理由でなんで突然、辞めるなんて言い出したのだろう？

「お金のもめ事じゃないですよ。普段から機嫌の悪い人で、模範的な人ではないですからね。ぼくらが思うと、あの番組やっていて飽きるなんてことはないと思うけど、単に、職場を変えたかった」

ジョニー・カーソンが辞めたのとは関係があるのかな？

「『トゥナイト・ショー』の後釜に、なぜ自分が来ないでジェイ・レノに行ったのかというのはありますね。NBCにしてみればジェイ・レノのほうが人畜無害ですからね。デヴィッド・レターマンも心じゃやりたかった。でも話が来なかったんで、メンツもあって腹を立てた。NBCのオーナーたちとの話が行き違ったんですね。……でも、本当は単に飽きたんですよ。だいたいジョニー・カーソンはデヴィッド・レターマンの仕掛け人で、彼を有名にしたんですからね」

そうすると六月末の最終回は見ものですね。——そう言うと、デーブはにっこり笑った。

「そう。いまから楽しみにしてるの。ジョニー・カーソンみたいには行かないだろうね」

ジョニー・カーソンは、何よりも偉大なのだ。

パロディ映画は楽しめるか？

九二年の作品に『ホット・ショット』（ジム・エイブラハムズ監督）と『裸の銃《ガン》を持つ男PART2 1/2』（デヴィッド・ザッカー監督）の二本のコメディ映画が並んだが、『ホット・ショット』のほうは全編パロディのわりに退屈な映画だった。九三年の『ホット・ショット2』は、日本人にも分かりやすく出来も良かった。

『ホット・ショット』で、パイロットが喧嘩の前にこういう台詞を言うシーンがあった。

「This could be the end of a beautiful friendship.」当然、これは『カサブランカ』のラストシーンの有名な台詞のもじりだ。

「This could be the beginning of a beautiful friendship.」（『これが美しい友情のはじまりかもしれないな』）

和田誠さんの名著『お楽しみはこれからだ—映画の名セリフ』（文藝春秋）の読者なら、これくらいのパロディには慣れているとしても、使い方がいま一つなので（タイミングが悪くて）笑えない。パロディというのはただやればいいのではなく、どこか悪意に満ちていたり、観客の知らないうちにオリジナルとそっくりの世界に引きこまれたりした場合でないとそう簡単に笑えるものではない。二作目は『ランボー』のパロディが芯になっているので、分かりやすく笑いやすい。

さて、日本人にも馴染みの深い笑いとして、この両監督に触れておこう。二人は共同脚本を書いたり、一緒にプロデュースをしたりで仲間内なのは前々から知られていた。

デヴィッドとジェリーのザッカー兄弟とジムは少年時代からの親友で、コミックをやったり8ミリで映画を撮ったりしていた。マディソンのウィスコンシン大学在学中、三人で同市内にコミック・クラブ『ケンタッキー・フライド・シアター』を創設。七二年にロサンジェルスに進出し『LAケンタッキー・フライド・シアター』を開店。パロディとジョークのスケッチで評判を呼び、四年間で一五万人を動員した。

これがきっかけで、彼らの脚本出演で、七七年にジョン・ランディスの二作目の映画『ケンタッキー・フライド・ムービー』を完成させた。監督デビューは三人共同監督で撮った『フライングハイ』(一九八〇年)、その後も『トップ・シークレット』(一九八四年)、『殺したい女』(一九八六年)と、共同で監督をしている。

ジェリー・ザッカーは『ゴースト／ニューヨークの幻』(一九九〇年)が大ヒットして、ドタバタ映画の監督のイメージを薄めてしまったが、デヴィッドが『裸の銃《ガン》を持つ男PART2 1/2』でジェリーの映画『ゴースト／ニューヨークの幻』のろくろを回しながらラヴ・シーンになる名場面を見事にパロディにして兄弟健在ぶりを見せている。

デヴィッドの『裸のガン』シリーズは、もともとテレビの三〇分ドラマの『ポリス・スクワッド(警察隊)』がオリジナルである。この作品も三人が中心になって監督・脚本を務めたが、わずか七本で中止になった。当たらなかったのだろう。主演は同じレスリー・ニールセンで、後半の作品は面白くないが、初めの三本はとにかく笑える。ザッカーの映画の邦題『フライング・ハイ』（一九八〇年）にあやかって、『フライング・コップ』のタイトルでビデオ化されている。

タイトルは毎回、パトカーの屋根にある回転灯越しの風景で、ニューヨークの街から家の中まで侵入して行くスタイル。これはそのまま映画に踏襲されている。そこに、『刑事コジャック』ばりの主人公の刑事のナレーションが入り、事件現場に到着。パトカーを止める際のルーティーン・ギャグは、必ずごみ箱を倒すとか段ボールを飛ばすとかで、まともな止め方はしない。

事件現場の死体位置のチョークの縁どりに混じってアルタミラの壁画があったりするのが、サイト・ギャグだ。画面の後方で担架で運ばれる死体が何体も通過するが、途中で一〇メートル以上もある担架が通過したりするのもそれだ。今村昌平監督の『豚と軍艦』（一九六一年）で画面の後方、戸板で運ばれる人間に混じって、戸板の上に横たわった豚を乗せて通過したのも、この手のギャグだ。

事件の解決のめどが立たなくなると、主人公は必ず情報屋の靴磨きを訪ねる。これもルーティーンである。靴磨きは、初めは知らないと言い張り、刑事から金をもらうと、なぜか事件の全貌を喋り出す。礼を言って主人公が去ると、消防士が来て「薬品工場の火事だがどうやって消したらいいか？」と聞きに来る。知らないと答えた靴磨きは金をもらうと、じつに詳しく消火剤の薬品名までを喋る。この消防士が、心臓手術の途中の医師だったり、悩みの解答を出せないで懺悔室から抜けてきた牧師だったりして笑わせる。

『フライング・コップ』は、刑事映画のパロディになっている。ラストの警察内でのショットは必ずストップ・モーションになるのだが、これが映像のストップ・モーションではなく、出演者が自前でやるストップ・モーションなので、コーヒーを注いでいる動作で止めて、こぼれるコーヒーだけが動くことになる。出演者はその熱さを我慢しなければならない。そのシーンにスタッフ・ロールが流れるのも、テレビの刑事物のパロディになっていて笑わせる。

アメリカ映画の中のパロディは、元を知っている場合はそれなりに笑えるが、台詞部分では戸惑ってしまうことが多い。デーブはこうした映画があまり好きではないらしい。

「『ホット・ショット』は途中で出てきちゃったよ。パロディ映画はあまり好きじゃない。ザッカーの映画なんかは、ギャグのバイキングだと思って、好きなところを楽しむつもりで見てりゃあいいんだよね。期待して行かないと楽しめる。アメリカは映画館の環境が違う。食べ物もあるし、時間をつぶす感覚で行けばつまらなくても許しちゃうんだよね。つまらないという評判を聞いて、わざとつまらないから行くみたいなね」

数年前のアメリカのスプラッタ映画のヒットもそれだね。デーブは、ザッカーの映画より『ウェインズ・ワールド』（一九九二年、ペネロープ・スフィーリス監督）を支持するわけ？

『ザッカーみたいなのはサイト・ギャグって言うんですよ。画面のどこかにおかしいことがある。でも背景がよく見えないテレビには向いてないね」

じゃあ、ズバリ『ウェインズ・ワールド』のどこが面白いわけ？

「テレビのコントを映画にしてうまくいった珍しい例なんですよ。ツッパリの喋りっていうのかな……サーファーのボケ方なんだね。限られた連中の喋り方なんだ。負け犬で、ロックオタクなんですよ。テレビでは分かりにくい喋り方をする。自分たちの造語を使ってね。それで流行がいっぱい出来た。

　共通するような部分は日本では何もないでしょうね。出世の見込みのないロックオタクで、女の子には自信がなくて、細かい雑学に詳しかったりする……そういうところがウケているんですよ。運転する車はペイサっていって、このくらい格好悪くてダサい車はないんです。車種で笑える」

　そこまでデーブに言われると、笑えなくても仕方がないと諦めがつくものだ。

　ザッカー的な、アメリカの笑いは分かるし、『モンティ・パイソン』的なイギリスの笑いも分からないわけではない。だが、両者には明らかな違いがある。

「好きですよ、『モンティ・パイソン』。イギリスはアメリカより、もう少しドライ・ウイットですね。ＷＲＹって言うんですよ。（その場で英和辞典を引いて）『歪んだ、ひとひねりした、皮肉いっぱいのウイット』ってありますね。イギリスのユーモアを一言で説明するとＷＲＹなんです。インテリジェンスがある笑いというふうに（アメリカ人は）見てるね。アメリカ人の英語に対しての劣等感から過剰評価してしまうところもあるけどね。ぼくが見てると醒めててクールだけどね。イギリスでもアメリカのシチュエーション・コメディがウケてますけどね」

シチュエーション・コメディの人気

パロディやサイト・ギャグより喋りのほうが面白いとデーブが言うように、スタンダップ・コミックはアメリカ人に根強い人気があるのだ。そう言えば、昨今の日本のテレビ番組も一時よりは減ったが相変わらずトーク番組の氾濫で、お笑いタレントで話のおかしい連中の天下には変わりがない。そこで、もう一度、デーブに聞いてみる。

ベルザーの「ハルク・ホーガンとミスター・T」のネタは日本人でもやりそうな気がするんだけど。タモリとさんまのトークなんかは、日常的な会話で笑わせているよね。

「ああいうのは思いつきでしょう？　スタンダップ・コミックじゃないですね。スタンダップ・コミックは、短い話をいっぱいつなげたりね、ある意味でバラバラのようだけど、ちゃんとやってるんですよ。ビルド・アップといって、組み立てですか？　……波を作ったり、ビッグ・フィニッシュで終わらせるとか、計算がありますからね」

あくまでデーブは日本のスタンダップ・コミックを認めようとしない。

「HBOスペシャルでロバート・クラインが司会をしている『スタンダップ・シット・ダウン』という番組が面白いですよ。スタンダップ・コミックにネタをやらせてから、座らせてトークをするんですけどね」

ジョニー・カーソンの降板や、デヴィッド・レターマンの降板予定などがある中で、いまはどんなスタンダップ・コミックの番組がウケているんですか？

「いまね、アメリカでいちばんウケているドラマが、『サインフェルド』って言うんですよ。ジェリー・サインフェルドが主演で、主人公の役柄がスタンダップ・コミックのシチュエーション・コメディなんです。ちょっと頭だけでも見てみませんか。ぼくは毎週楽しみで、このビデオだけは必ず送ってもらっているんですよ。いまこれしか見たくない」

いわゆる正当なドラマと区別する意味で、恋愛物の日本で昔風に言うと昼メロ（メロドラマ）のソープ・オペラと、ストーリー性のある喜劇のシチュエーション・コメディ（シットコム）という区別がされているわけだ。

デーブさんは、すぐにビデオを探してデッキにセットした。

またもやNBCの番組である。脚本にラリー・チャールズの名前が出てきた。ベルザーの本の共著の一人だ。

オープニングは、サインフェルドがコミック・クラブで本業をやっている。

「スタンダップ・コミックをやるのは毎回この頭だけなんです。あとは、彼の行きつけのレストランと、住んでいるアパートとか、日常がドラマになっているんだけど、それが面白いのね。フォーマットなしに日常的にあるどうでもいいことをやっている。いつも彼を困らせるアパートの管理人だとかが出てくるんだけど、芝居の台詞じゃなくて普通の会話をするのがリアルなんです。台詞に聞こえない。日常の会話なんだね。それがおかしい」

シチュエーション・コメディは、アメリカ人好みなんですか？

「『ROC』というFOXでやった番組が面白かったですね。生でシチュエーション・コメディをやるんですよ。台詞を暗記して、ショーの感覚でやるんです。斬新で評価されました。『サインフェルド』の前は、『チアーズ』というのが人気ありましたけど、五月で終わるんです。

ライターたちがエミー賞をほしいからシチュエーション・コメディが成立するんですよ。日本はそういう賞がないからね。エミー賞は歴史に残るしね。コメディ・ライターはほしくてしょうがないんですよ」

NBCの『チアーズ』の最終回は五月二〇日だ。最終回を迎えて、四月から視聴率がうなぎ登りになり、木曜日の夜九時にはじまるこの番組の視聴率は、そのあとの九時三〇分からの『サインフェルド』を抜く勢いだった。『サインフェルド』は、二月四日から水曜の夜九時から木曜の『チアーズ』のあとの九時三〇分になった。理由は、水曜の同時間帯は同じ類の視聴者の『ホーム・インプルーブメント』との激戦地だったからだ。

週刊「エンターテインメント」の九三年四月九日号は、『サインフェルド』の特集である。表紙は番組の四人のキャラクターのポートレートで〈『サインフェルド』のイカした四人／テレビ最大のヒットの成功の裏には何があるのか？　完全に何もない〉とある。

特集ページは〈日常のイライラをテレビでいちばん斬新なコメディにしてしまうサインフェルドというショーは、いつもまるで価値がない番組という点でついに勝利を収めた〉のタイトルで、ライザ・シュワルツバウムが書いている。

同じ時期の「アトランティック」誌のテレビジョンの欄には、フランシス・デイヴィスが「認識ユーモア」というタイトルで、〈いま、なぜ、テレビがコメディのいちばんのメディアになっているかを『サインフェルド』から考える〉という記事を書いている。

その二誌から『サインフェルド』の人気の秘密を探ってみよう。

主人公は、三八歳のスタンンダップ・コメディアンで、朝食のシリアルが死ぬほど好きなジェリー・サインフェルド。ニューヨークのアッパー・ウエストサイドのアパートに住む中流の生活をする独身男だ。

昼休みに、チャイニーズ・レストランで空席を待っている三〇分間に、ニュージャージーのショッピング・モールの駐車場のどこに車を置いたかを思い出そうとするシチュエーションを聞かせるというのが、この番組の顕著な特徴である。

主人公ジェリーには三人の仲間がいる。いずれも三〇代だ。

親友ジョージ（ジェイソン・アレキサンダー）、前のガール・フレンド、イレイン・ベネス（ジュリア・ルイス・ドレファス）、向かいの部屋に住む隣人クレイマー（マイケル・リチャーズ）。

番組の冒頭は、いつもサインフェルドのコミック・クラブでの実演である。

「思うんだけど、ぼくのショーをみんなが見に来るのは、外出したいからだけだっていうのが本当の理由なんだ。で、翌日、

『どこにいたの？』

そう言われたらこう言える。

『ちょっと外出してたんだ』

生活のすべては外出して帰宅するってことでしょう。仕事がある、家庭を持ちたい、外出したい。外にいたらこう言うよね。

『帰らなくちゃ』

どこで生活してても、嫌でもそこから帰らなくちゃね」

続いてアレキサンダーが、ジェリーのいないアパートの部屋で『ホーム・アローン』（一九九〇年、クリス・コロンバス監督）のビデオを見ている。

「ぼくの部屋でビデオを見てると、何もしていない男のような気がするんだ。自分の部屋を出てここで見ていると、何かをしているんだよ」

こうした調子で、サインフェルドの家の台所、居間のカウチ、玄関、近所のコーヒー・ショップと限られた場所で、この四人のごく日常的な会話で進められる。三〇分の一話では二、三シーンしか出てこない。

この四人はいまやグリーティング・カードの人気商品だ。秋にはケロッグのシリアルの箱に四人で登場すると言われている。五月一四日、アメリカン・エキスプレスのテレビのキャラクターのサインフェルドは、全国18のコメディ・ツアーをはじめる。主要都市では完売している。リチャーズは（混乱して汗みどろのリ

ンカーンに似ている）ＧＡＰのプリント広告に。アレキサンダーは四月一〇日のＳＮＬのホストに決まっている。ルイスはロブ・ライナーの次回作の映画『ノース 小さな旅人』（一九九四年）で夫婦を演じる。リチャーズとアレキサンダーは七月完成のスティーヴ・バロンの映画『コーンヘッズ』（一九九三年）に出演している。

前シーズンのレギュラー・プライム・タイムの中ではランキングは38位と、視聴率的にはいつも一〇パーセントと二〇パーセントの間で、これといったお化け番組ではない。『サタデー・ナイト・ライヴ』は三〇パーセントを越えることがままあるのだ。だが、『サインフェルド』は「ネットワーク宣伝営業の夢」とＮＢＣの人間が言うほど広告業界では注目されている番組なのだ。業界がターゲットとしてもっともほしい一八歳から三四歳の男性視聴者を確実に獲得しているからだ。

スタンダップ・コミックのジョーク　ジェリー・サインフェルド

●印象付けが必要

「なんでマクドナルドはハンバーガーの販売個数を数えなくちゃいけないんだ？　目的は何なんだろう？　牛に全面降伏させたいのかな？　ただ看板に『マクドナルド――ぼくらはうまくいっています』って書いときゃいいじゃないか」

●室内装飾

「おふくろは、鏡張りの壁は部屋を広く見せるって言い張るんだ。さも誰かが鏡に向かって、『おい、こっちにもこことまるっきり同じ部屋があるぞ。それに、俺とまるっきり同じ奴がいるぞ』……。おふくろは部屋に放し飼いのインコを飼っているけど、そいつがよく鏡に衝突するんだ。いくら向こうにもう一つ部屋があるからといっても、向こうのインコには避けてもらいたいね」

『サインフェルド』のおかしさ

プロデューサーのラリー・デヴィッドは、この番組のチーフ・ライターでもある。ライターは他に、ピーター・メルマンとラリー・チャールズがいる。

「恋愛沙汰もない。教訓もない」

ラリー・デヴィッドはこの番組を一言で言う。

つまり、サインフェルドとその仲間は人生にとって大事なことを何も学ばないし教えないし、とりたてて面白いエピソードもない。六八回やって来ても、四人にロマンスの話一つない。他のシットコムでは登場人物が、結婚、育児、新しい仕事といった何かドラマチックなことがあって成長していったりドラマが発展していくのが普通だが、『サインフェルド』にはそういったことはまるでない。

サインフェルドは言う。

「番組で困ることはあります。女性に関してのことですけどね。そういうことに不器用だから距離を置いているんです。嫌いなんですよ。コメディアンははにかみ屋ですからね。でも自分のショーだからやりたくないことはやらないでも済む。恋愛物にしたくなければしなくていいんですから。でも、少しは皮を破ろうとしていますよ。いちゃもんをつける前にとりあえずやって見ようって言います。下着姿でやれって言われてもね。まぁ、そんなにぼくの下着姿も悪いもんじゃないですけど」

そんなサインフェルドの性格を、ラリー・デヴィッドは見事に番組にしていく。

デヴィッドはコメディアンとして失敗している。ショーマンシップに欠けていたのも原因だが、それが周りのコメディアンたちを刺激したのも事実だ。客が自分のコミックを聞いていなかったり、笑わなかったりすると、マイクを捨てて袖に引っこんでしまうといったコメディアンだったらしい。どんなスタンダップ・コメディアンも、やりたくてもできなかったことだ。デヴィッドはこんなことを言っている。

「たいていの人は『サインフェルド』が暗いショーだということに気づいていない。よく見ていれば登場人物にひどいことが起こっている。職を失う。突然別れ話が起きる。鼻を整形したほうがいいと言われる。そういったことがぼくの感性なんだ」

この感性はジョージ・コスタンザのキャラクターを見れば分かる。この背が低くてずんぐりしていて、禿で、イタリアの名前なのにユダヤ人である男を「ニューヨーク・ニュースデイ」は「テレビ史上もっとも分かりやすくてだまされやすいお人好し」と評した。

「エンターテインメント」誌によると、最近の回では、バナナについての哲学を披露している。

サインフェルドが自宅に戻り、食料品を降ろして、台所のカウンターの上のボウルの中の黒くなった果物について、友達のジョージにこんなことを言い出す。

「こいつを見ろよ！　なぜバナナがいるんだ？　こいつは一日しか持たないじゃないか！」

『サインフェルド』では、いつもこうした日常のなんでもないことを取り上げてきた。

ジェリーにとっての日常は、しばしばボウルの中のバナナなのだ。ジュニア・ミンツ、ゴム手袋、ホーム・アローン、木版模様の壁紙、技術投資、減量、二日しかたってないのにある女性の名前を忘れてしまったパニック、脾臓摘出手術、といったものも同様にドラマに出てくる。それがどうということでなくてなんでもないところがこのシットコムの人気の秘密らしい。普通ならシットコムの情報にならないことも、『サインフェルド』は三〇分の番組にしてしまう。三〇分でこれだけ盛りだくさんなんだから十分過ぎるほどだ。

『サインフェルド』は、いつも日常的なことに魅せられてきた。この『日常的』というところが人気の原因だ。「エンターテインメント」誌でも特集を組まれているのはこの『日常性の』部分のおかしさについてである。

「あなたの前後四分の一インチの巨大な未開拓の領域がどんなにぼくを引き付けるか」

実際、『サインフェルド』は何かメジャーになる要素を持ってきた。ジェリーの日常の毎週毎週を期待する。その熱烈なファンはそれから、ストーリーを自分の友達や同僚と組み立て直して、自分たちの日常の台詞のビットに使う。最近は番組は、毎週変わる秘密のパスワードが加わり、常連のファンにはたまらない『サインフェルド』だけの世界を味わえるようになってきたらしい。この特集でも『サイン用語録』として、一ページまるまる五〇ほどの用語解説がある。

「アトランティック」誌では、『サインフェルド』の人気の秘密を、メディアの前提である忘れがちな日常の中の不条理を、フィクションである台詞に託したラリー・デヴィッドの力としている。この手法はジョージ・バーンズ、ジャック・ベニー、最近ではゲリー・シャンデリングに見られる。このシットコムでのサインフェルドの成功は、彼が役者経験がなくて、自分自身をそのまま演じたところにある。彼の台詞は回を追うごとに少なくなり短くなっている。それが彼の素材を出すのにいちばん適したやり方だからだ。

テレビで成功したのはコメディだけだ

テレビがアメリカに登場したとき、絵付きラジオという紹介のされ方をした。じつはそれから何十年たっても絵付きラジオのままだとフランシス・デイヴィスは言う。ニュース、トーク・ショー、ソープ・オペラ、シットコムの多さがそれを物語っている。どちらかというと、どの番組も見ることよりも聞くことを主とした構成にしているからだ。

それがテレビを面白くなくした原因だ。ソープ・オペラは堕落への誘惑で、自分の知り合いがニュースに出てきて有名キャスターに紹介される有名人であってほしいし、オプラ・ウィンフレイから説教されたらいいと思う。そのこと自体がおかしくなってきている証拠だ。その中で、コメディだけは他の番組よりテレビで、うまくいっている。

コメディは映画でもうまくいっているかに見える。ビル・マーレイ、エディ・マーフィー、マーティン・ショート、リック・モラニス、そして死んだジョン・ベルーシたちすべて、テレビの人気者から映画に進出している。デイヴィスはそうした映画がほとんど低俗なものだったと言い切る。テレビから映画になんてそう簡単に転身できるものではないのだ。コミックの才能を五分持続させることと、二時間持続させることは根本的に違う。テレビのスケッチ・コメディアンは長台詞はすべて苦手なはずである。それでもハリウッドのコメディはいまや絶頂期と言える。理由は、ティーン・エイジャーしか映画館に足を運ぶことがなくなったからだ。映画館の経営者は、彼らが売店で落とす金で稼いでいる。

一方テレビは、たしかに勢いはなくなりつつあるが、そこはそれ、家にしかいられない事情のある大人たちにターゲットを絞ることになる。昔はテレビは父親が刑事物を見て、母親が新しいミニ・シリーズを、そして家族全員でシットコムを見るために囲んだものだった。だがアメリカのライフ・スタイルが変わり、テレビ・ゲーム、貸しビデオ、ケーブル・テレビなどの進出で、一軒に何台ものテレビが増えたことで、番組の選択権というものがまったく変わってしまった。逆に言えば、それだけターゲットを絞れるということになる。

テレビでは暗いユーモアは向いていなかった。ロバート・アルトマンの『ザ・プレイヤー』（一九九二年）やジム・ジャームッシュの『ナイト・オン・ザ・プラネット』（一九九一年）などと比べられる作品はテレビにはなかった。『ツイン・ピークス』と『サインフェルド』がそれを打ち破ったと言える。

出来のいいシチュエーション・コメディは、これまでは映画にしかなかった。映画は教養や、分かりやすいユーモアを提供し、テレビはそれ以下のものとされていた。シェークスピアは大衆のために書いていたのだから、いま生きていたらテレビのために書いていたかもしれない、といったことを売れないテレビ作家たちがよく口にする。それはないとしても、多くのマルクス・ブラザーズの映画台本を書いてきたS・J・ペレルマンも、いまの時代にいたらテレビのシットコムを書いていただろう。プレストン・スタージェスやビリー・ワイルダー、I・A・L・ダイアモンドもいまの映画界で受け入れなかったとしたらテレビのシットコムを書いていたかもしれない。

シットコムは、典型的な家庭や職場のセットは変わらなくても、七〇年代頃から人間の習慣といったところの面白さを素材にするようになった。主なテーマは、いかに身近な人間が自分たちにかかわり、混乱を巻き起こすかになってきている。

テレビで仕事をする人間は、社会の低い層に番組を提供しているということを痛感しているから、芸術面より、芸術効果とか、自己満足的な社会風刺を取り入れてきた。その時代に『アール・ザ・ファミリー』『M★A★S★H』が生まれ、いまでは『デザイニング・ウーメン』『マーフィー・ブラウン』が人気を得ている。

出来のいいシットコムは大きな問題を取り上げることはなく、むしろキャラクターが相手に感じるいら立ちや、日常生活で起こる平凡な事柄で大きな笑いを取ることが多くなった。『サインフェルド』がその先鞭を切ったわけだ。

『サインフェルド』は回を追うごとに奇想天外な方向に行っているらしい。視聴者がいままでのシットコムに飽きてきたのだ。

シットコムの行きづまりの中に登場して、人気を得たわけで、同じような『マッド・アバウト・ユー』や、やはりスタンダップ・コメディアンのポール・レイザーが主演している『エンターテインメント・ウイークリー』といったシットコムは、必ずしも評判は良くない。

かつてサインフェルドのスタンダップ・コミックは『観察ユーモア』と言われていたが、この番組で『認識ユーモア』に変わったと言われている。モート・サール、ジョージ・カーリン、リチャード・プライヤー、レニー・ブルースは、自分の経験を一般化させる手法を取っているが、サインフェルドのスタンダップ・コミックは、一般の人々が経験したようなことを自分の物にしている。つまり視聴者でも考えつきそうな空港だとかデートだとか、子供の頃食べたキャンディといった物を皮肉なビットにしてしまうわけだ。

もう一つ、『サインフェルド』には信憑性がある。それは登場人物だ。彼らは、これまでのテレビでは好かれないタイプだ。典型的な『サインフェルド』のプロットに、不意に秘密がばれてしまったり、相手を傷つけまいとして本当のことを言ってしまうというのがある。つまり登場人物たちは、隠し事のできないタイプで、無礼な態度は愛敬と取ってしまえばそれまでだが、もう少し大人になってほしいといった人種だ。

従来、成功しているシットコムの秘密は、視聴者が毎週自分の家のリビング・ルームに招きたいような登場人物を作り上げることだと言われてきたが、『サインフェルド』はこれに当てはまらない。実生活では出来れば遠ざけたい連中である。付き合わないでいて、彼らの不運を毎週テレビ見ていることのほうがよほど楽しいのだ。

プロデューサーのラリー・デヴィッドは『サインフェルド』のネタ切れを心配しつつも、いま、テレビのコメディが面白い方向に来ていることを認めている。

スラップスティックの時代じゃない

デーブは、コミックを楽しむには「現実を忘れなければならない」と言った。あり得ない話を支持しないと成り立たない。だが『サインフェルド』は、現実のおかしさを楽しむ。現実を思い出すから笑えるのである。相反するこの二つは、明らかに異質の笑いである。

かつて日本のスラップスティック・コメディ映画の

巨匠、斎藤寅次郎監督も、「喜劇は忘れることです」と言ったことがある。アニメでは成立するような高いところから落ちて立ち上がるといったことが、映画になるとスラップスティックになる。スラップスティックこそ、現実を忘れないことには素直に笑えない。

「そうね。だけど、設定にリアリティがないと駄目なんですよ。身体を使うギャグってあんまり芸風として、程度が高くないんですよ。道具を使ったり、観客に物を投げたりっていうのは。むしろ身体の動き方だったり、その間に喋ることの面白さだったりするわけです。

コメディアンとコミックは違うんです。それをごっちゃにすると、とんでもないことになっちゃう。全然違うんです。(新聞の切り抜きを見せて)ここに書いてあるでしょう。ミルトン・バールが言ったのかな？　コメディアンは『面白いことを言う』。コミックは『ことを面白く言う』。そういう伝統的な違いがあるんです。いまではオーヴァーラップしちゃったけど」

大きな問題がデーブの口からサラッと出てきた。コメディアンとコミックの違い……。なるほど、コメディアンは「面白いことを言う」には、客に現実を忘れさせなければならないが、コミックは現実を思い出させたほうが「ことを面白く言う」ことができる。とすると、『サインフェルド』的なコミックの笑いがいま風だとすると、スラップスティック的なコメディの笑いは古いことになる。

待てよ……。ただ単にアメリカの笑いが変わってきただけではないのだ。デーブの話をまとめてみよう。『サインフェルド』は「現実を忘れなければならない」というコミックの楽しみ方を知っているアメリカの観客に、あえて現実を提示するということをしたからウケたのである。

……うーん……じゃあ、アメリカではコメディアンとコミックって呼び方を、きちんと分けて使っているのかな……。

「いまはあんまり分けてないけどね。コミックって愛敬のある言い方で、普通はコメディアンって言いますよね。とにかくいまは身体を使うコメディアンなんていませんよ。そんなこと必要ないですから。ジェリー・ルイスが身体を使っていると言っても、それはステージの動き回り方と表情ですね」

でも、スティーヴ・マーティンなんかはよく動くコメディアンじゃないですか。

「まあ、ね。道具を使ったりね。でも、一般的には『面白いコメディアン』と『動く』ことにはなんのつながりもないんですよ。いまスラップスティック・コメディなんて需要がないですよ。ギャラガーがいますけど。そんなもんかね」

身体を使うことは芸風として程度が高くないんですか……。

「じゃあ、やっちゃいけないことをいくつかアドヴァイスしましょう（笑）。ストーリーをやるな。ストーリー・テラー、これはウケない。ビル・コスビーとか、昔はマイロン・コーンとかいますけど、これは話が長いんです。古典落語みたいに、凝っていて、オチも素晴らしくて芸としてはとてもいいんですけど、一〇分くらいかかる。観客の忍耐力がなくなって、集中力が続かなくて、絶対ウケないんです。それから、ジョーク、これは当たり前ですけど、いま流行っているジョークは言うな。それは素人のすることだからね。それと、肉体で勝負するな」

『1941』（一九七九年）というスピルバーグのスラップスティック・コメディ映画が見事に大失敗したけど、それ以降もああいう大掛かりなスラップスティックを作ろうといった動きはないのだろうか？

「ないですねえ。『ホーム・アローン』がウケたのもクリスマスだったから。映画が当たるのは必ずしも内容じゃなくてタイミングですから。『ウェインズ・ワールド』は比較的スラップスティック・コメディの映画で評判いいけど……訳すの大変だろうな（笑）。スラップスティック・ギャグの映画は結構作ろうとはしてますけどね。でも、キートンみたいな全篇スラップスティックというのはもうないでしょうね。観客はいま、知的なギャグを欲してますからね。アメリカと日本の違うところは、アメリカのテレビのギャグって子供の存在をまったく考えてないこと。そうですね、『サインフェルド』なんて、子供が見てもちっとも面白くないね。子供の分かるギャグって、ろくなもんじゃないですよ」

じゃあ、アメリカでは肉体を使うコメディアンより喋れるコメディアンのほうが評価が高いわけですか？

「喋れるコメディアンしかいないんですよ。道具を使う人や、効果音が売り物の人は、もうほとんど認められてないですね。ピー・ウィー・ハーマンは変な靴を履いて表現はスラップスティックに近いけど……。昔のスラップスティック・コメディはあまりにセンスが高いから、そういうのとは違うんだよね。彼もギャラガーも昔のスラップスティック映画に出る資格ないでしょう。勉強してないから。

マルクス・ブラザーズは喋りと動きの両方だね。鏡の有名なギャグとかは、いまの人できないよね。天才的だもん。グラウチョはいまだに通じますよね。彼がやっていた古い番組が今度復活してビル・コスビーがやるんですよ。うまく行くかどうかね……」

日本にも身体で勝負するようなコメディアンは少なくなった。お笑いタレントは、大半が口で勝負している。毒舌が売り物のタレントもいる。「面白いことを言う」タレントより「ことを面白く言う」タレントのほうが重宝がられている。それなら、スタンダップ・コミック、日本ではどうかな？

「ベルザーのハウツー本みたいなのがあるのは、アメリカではまったく一人ではじめるからなんですよ。日本のようにプロダクションはないしね。由利徹さんはいいね。芸が細やかで本当にうまい感じだけどね。日本のコメディアンは、あんまりインテリって感じがしないんだよね。アメリカも大昔はそうだったんだけど、いまは知的ですよ。馬鹿なふりをしても馬鹿じゃない。日本でも上岡龍太郎さんなんかインテリですけどね。山城新伍さんは、存在感があるからネタ作家がつけば、ジョニー・カーソンみたいなことが出来るかもしれない」

日本のスタンダップ・コメディアン……ぼくは何人も知っている……と思っていたんだけれど。

13 新しい出会い――一九九三年の長いエピローグ

コミックとコメディアンの違い

翻訳が出るたび、何百万部の大ベスト・セラーになるシドニー・シェルダンの、『私は別人』(原題A STRANGER IN THE MIRRORアカデミー出版)の主人公は、スタンダップ・コミックという言葉こそ使っていないが、明らかにスタンダップ・コメディの芸人である。地方巡業からラスヴェガスへ、そしてニューヨークで人気が出て、ハリウッドの大スターになる話が、例によって情景描写のない、ハラハラさせるストーリー展開から、いきなり結論が出るというパターンで書かれている。モデルは自分ではないかと、作家のもとにジェリー・ルイスから電話があったそうだが、シドニー・シェルダンはどうやらグラウチョ・マルクスを想定して書いたらしい。

その中でボードビルについて、こんな記述があった。

「ボードビルというお笑いショーは、一八八一年頃から急に人気を得て、一九三二年、殿堂のパレスシアターが終焉を迎えるまでアメリカ中でもてはやされた。若手からベテランまでのコメディアンが次々に出演して客を笑わせる一種のバラエティショーである。

ところでこのボードビルは、野心溢れる若手のコメディアンたちにとっては、絶好の訓練道場だった。野次を飛ばす意地悪な観客たちをギャフンと言わせる、ウイットの棘を磨く戦場でもあった。ここを勝ち抜けば、富と名声が待っている。エディ・キャンターしかり、W・C・フィールズしかり、ジョルソン&ベニーの二人組、アボットとコステロのコンビ、ジェッセル&バーンズ、マルクス兄弟——みなボードビルを勝ち抜いてきた男たちだ」

このあと、ボードビルが死に絶えたいま（一九三〇年代）、大物たちはワンマン・ショーを開いたり、ラジオに出たり、大都市のナイトクラブに出演し、小物たちはドサ回りに出るようになったとある。つまりそれが本格的なスタンダップ・コミックの出現ということになるのだろう。

主人公トビー・テンプルのドサ回りのステージの様子が、こんなふうに書かれてある。

「まず流行歌から始まる。続いて大スターたちの口真似と物真似だ。彼の十八番は、クラーク・ゲーブルにケーリー・グランド、それからハンフリー・ボガードとジェームズ・キャグニーだ。それが終わると大物コメディアンたちから盗んだギャグの焼き直しで締めくくる」

そのトビーの才能に気づいたプロデューサーが、まずしたことは、彼に有能な二人の構成作家をつけることだった。彼らはトビーに、売れっ子のコミックになるのにいちばん大事なものは何かと尋ねる。トビーは「ネタ」と答えるが、違うと言って興味深い答えをする。

「古代ギリシャの喜劇作家アリストファネスが最後のジョークをつくってから、未だに新しいジョークはできてないんだ。ということは、つまり、昔からジョークは基本的にみな同じで、少し目先を変えてあるだけなんだ。例えばジョージ・バーンズなんか、前座の出演者と同じジョークを繰り返しても、もっと客を笑わせることができるって吹いているよ。じゃあ、何が観客をそんなに笑わせるんだと思う？　そいつの持つ人間臭さ、個性だよ」

またコミックとコメディアンの違いをトビーのネタを書くことになった構成作家が、

「コミックっていうのは、おかしなドアを開ける奴で、コメディアンていうのは、ドアをおかしく開ける奴だよ」

と、スタンダップ・コミックとコメディアンをはっきり区別する発言をしている。トビーに関する記述では、ヤング・コミックという言い方をして、コメディアンという呼び方をしていない。それでいて、シドニー・シェルダン自身がコメディアンとコミックという言葉を曖昧に使っているのは、アメリカでもそれほどきちんとした使い分けがなされていないせいだろう。

ここで気になるのは、デーブがミルトン・バールから引用した「コメディアンは『面白いことを言う』。コミックは『ことを面白く言う』」というフレーズだ。

なんだか言葉づらだと、シドニー・シェルダンの書いていることと逆のように思える。そこで原本を見てみると、「A comic opens funny doors. A comedian opens doors funny.」とある。つまりコミックはおかしそうな扉を開け、コメディアンは面白おかしく扉を開けるということなのだ。やっと、コミックとコメディアンの違いが明確になった気がした。コメディアンが演技力だとしたら、コミックは観察力なのだ。由利徹がコメディアンで、タモリがコミックだといったらもっと分かりやすい。林家三平はコメディアンというより、コミックといえる。珍しくその両面を持っているのがビートたけしだろう。

コメディアンはコメディアン、スタンダップ・コミックは正式名称でスタンダップ・コメディアンともコミックとも言う（ちなみに、スタンダップと言えば、報道番組で、現場にいるレポーターが画面に登場すること）。長い間の疑問が、一挙に解決した。

日本人のスタンダップ・コミックを見た

ベルザーの本に出会ったときからはじまったスタンダップ・コミックの勉強も一段落ついた。だが、一つだけ心残りがある。デーブの話に出た日本人の女性コメディアン、タマヨのことだ。

小林信彦さんの『怪物がめざめる夜』（新潮社）の中に、主人公が二〇年若かったら西海岸の外れの小さなクラブでスタンダップ・コメディアンを志していたかもしれないと思い、その夢想が非現実的なものではないとして、アメリカにいる日本人のスタンダップ・コメディアンについて触れる記述がある。

> 私の知る限りでも、この分野で活躍している日本女性がひとりいる。たしか関西の出身で、奇妙なキモノを着て、嘘の原爆体験を語って、観客を笑わせる。彼女が一流のトーク番組に出演した時のビデオを観たが、司会者は「言葉のちがう国にきて、大胆に言葉で勝負する彼女に拍手を！」と温かい声援を送っていた。たしかに、それはぞくっとするような〈勝負〉だった。

この小説に登場しているのは、明らかにタマヨ・オオツキだ。

彼女のことは、デーブから借りたビデオで見たことがある。NBCで九二年の九月に放映した「コメディ・ストア」の二〇周年記念スペシャルだ。着物姿のタマヨがアメリカ人を笑わせている姿は、なんだか遠いものを見るようで、あまり親近感がわかない。いったい、どういう日本人なのだろう。なんとか彼女の生のステージを見てみたいし、彼女から直接話も聞いてみたい。そうすれば、自分の中でいま一つ解決のついていない日本とアメリカの笑いの差が、ハッキリするかもしれない。彼女が一緒にいたサム・キニソンについても聞いてみたい。

そこで在米の友人の何人かに、タマヨさんを探してもらったが、明確な回答はもらえなかった。仕方ない、今回は諦めるかと思っていた矢先、三年間にわたってこの本のためにビデオや雑誌の翻訳に協力してくれたヘレン和田さんから朗報があった。TBSの朝の番組に大槻珠代というコメディアンが出演して、近々東京でライヴをするという話をしていたというのだ。早速、問い合わせて八月一四日の夜の渋谷クアトロのチケットをとった。まったくの偶然だったが、彼女の日本でのマネージメントをしているザ・ドラマチック・カンパニーの社長がぼくの古い友人で、東京乾電池の初代社長の篠原さんだったのだ。

タマヨはすでに、七月下旬に一〇年ぶりに帰国していて、八月一二日に、生まれ故郷の大阪で凱旋公演をすましている。このときは日本語でやったらしい。アメリカと同じステージを見られないのは残念だが、まったく同じネタを日本語でやってみせたというステージには少なからず興味がわく。

当日、七時半の開演少し前に会場に着いた。入口で十数年ぶりに篠原さんと再会した。客席はロックのライヴ同様、すべて立ち見である。すでに四〇〇人くらいの客で、立錐の余地もない。しかも日本人客はその三割ほどしかいない。ロスかニューヨークにでもいるような気分になる。

「どこにこんなにたくさんのタマヨファンがいたんだろう」

ヘレンさんもぼくも、あらためてタマヨの人気ぶりに驚かされた。おそらく大半は外人向け情報誌「東京ジャーナル」で、この公演を知ったのだろう。

「スタンダップ・コミックに興味のある日本人って、こんなにいるんですね」

ぼくもヘレンさんと同じことを考えていた。

「SNLのビデオの予約だって、いっぱいだったしね」

ステージには「TAMAYO」の看板と「GYAHAHA」といった切り文字が吊されているが、その簡素なセットがいかにもアメリカらしい。八時少し前に、会場の灯りが暗くなり、BGのロックが少し大きめになった。いよいよタマヨの登場である。

「たま〜よぉ〜、たま〜よぉ〜」

相撲の呼び出しをまねた男性の声で、会場が騒然となった。

長い黒髪のスカート姿のスラッとした女性が、割れんばかりの拍手の中にニッコリ笑って登場し、軽くシコを踏んで見せた。タマヨだ。そのままセンターのマイク・スタンドまで来ると、マイクを抜いて照明を避けるように左手を目の上にかざして会場を見回しながら喋りだした。

「ずいぶんいっぱいの人がいますね」

英語だ。どうやら今夜は外人向けのステージにしたらしい。

彼女は、客に向かって、

「連れの女性はアメリカ人?……日本の女性を連れて

る人もいるわね……ここに来ている日本人は、外人とデートしてる女の子だけかな」

こうした客いじりで、ものの一分もしないうちに完全に客をつかむと、少しゆっくりめの英語で日本の政権交代という時事ネタからはじめた。

「日本人は金持ちだと思われているから、あたし、日本人でいるのが大きなプレッシャーなんです。そうした先入観は、デカイ黒人がちっちゃいペニスだというのと同じことなんですけどね」

そこで、客席の黒人から何か野次が飛んだ。彼女はその野次の方向を見て、

「あなたは大きいペニスでしょ」

とやり返した。笑いが一段と大きくなる。

「日本の女の子はどうしてあんなにルイ・ヴィトンが好きなのかしら」

客席がどよめく。

「日本人の女の子は地下鉄の中までルイ・ヴィトンを持っているのね。(笑)あのバッグのどこがいいのかしら？ 色？ 日本人の女の子に『好きな色は？』って聞くと『茶色』って答えないで、みんな言うわ――『(カマトトっぽく)コバルト・ブルー』」

じつに間がいい。内容以上に間で笑わせてくれる。そこで得意ネタ(後述するハワイ公演のビデオでもウケていた)をはじめる。

アメリカにいると父が日本から電話をよこすの。

「(受話器を持ったポーズをして太い声の日本人的な発音で)タマヨ、アイ・ハード、ユー・ハヴァ・ブラック・ボーイフレンズ。ノー・ブラック・ボーイフレンズ」

古い親父で日本のレッド・ネック（red neck＝無学な白人労働者）なの。でも黄色人種だからオレンジ・ネックね。（大きな笑いが起きる）

「アイ・ハード・ユー・ハヴァ・ブラック・ボーイフレンズ。ノー・ブラック・ボーイフレンズ。ステイ・ウイズ・ジャパニーズ・ガイズ」

「お父さん、黒人のボーイフレンドなんて私いないわよ。どこのどいつがそんなことを言ったのかしら！（Who the mother fucker told you that!）」

父親がマザー・ファッカーなのは当然なので、大きな笑いと拍手が来る。たっぷり間を取ってから、

そこで父親に教えてやろうとしたの。

「（再び受話器を持ったポーズをとり）いいわ、韓国人と付き合うから」

「（父親の声で）ステイ・ウイズ・ザ・ブラック・ガイ」

（再び笑いの間をたっぷりとって）サンキュー、サンキュー、ヴェリマッチ。ここに韓国人はいますか？

この日本人男性の真似が、アメリカ人にウケるらしい。このあとの話の中にも、何度かこうした英語を喋る日本人を登場させて、アメリカ人に大喝采をウケていた。カラオケ好き日本人、ゴルフ好き日本人、ハワイでポン引きと話す日本人――いずれも外人にも日本人にも大ウケする。

アメリカ人には韓国人も中国人も日本人も見分けがつかない。でも日本人男性はアメリカに二年間いるとヒゲが生えてメキシコ人の顔になるから分かる――このジョークも受けた。

それにしても、客の笑いの間のタマヨの得意そうな笑顔がじつにチャーミングだ。

日本と韓国ではちょっとした問題を抱えています。知ってるでしょ？　本当に知ってるの？（笑いの間）秘密なんだけど。（笑いの間）日本人は韓国人の女性に悪いことをしてきたんです。恥ずべき問題なんです。韓国人はそれを忘れないでいるの。だから日本人は韓国人が嫌いなのね。（笑いの間）私たちは隠してきたのです。戦争が終わっても韓国人の黄色いケツを蹴飛ばして来たのね。あたしたちも黄色いけど。（笑いの間）韓国人はもっと黄色いのよ。（笑）アメリカ人は戦争が終わったら戦わない。アメリカは日本に勝ったんだけど、すごく怒ってるの。経済で負けて。（笑）アメリカは戦争が終わってごめんねって言えるけど、日本人は言えないのよね。クズ野郎（asshole）だって知っているからね。

それから、そうは言っても日本人は謝るのが得意だと、日本人男性同士が「いや悪いのは私だ」と謝り合う情景を演じて笑わせる。日本人はキスよりお辞儀がうまいんで、お辞儀をされているうちに自分のニップル（乳首）が固くなる。なんてことを言い出して場内をわかせる。そして、思い出したようにケツの穴（asshole）の話に展開する。

日本語にはケツの穴って言葉がないの。ケツの穴がないわけじゃないのよ。この言葉がないっていうのは問題ね。日本人がケツの穴じゃないってことになるから。金持ちのケツの穴もいるでしょ、アメリカからなんでも買い取ろうとするケツの穴が……。

笑いの間を見計らって、突然、話題を変える。「セックスが終わると、どうして男性は同じことばかり聞くんでしょう？」――「（得意そうな男性の声で）良かった？」――ものすごい笑いが起きる。「いった？」――さらに大きな笑いになり、たっぷり間をとる。「こっちも演技して『あなた最高』とか言ってやるの」――で笑い。「気をつけて見てりゃ演技だって分かるのにね」で大爆笑になる。

こうした下ネタも彼女のお得意らしい。日本人のセックスについてのジョークも飛び出す。

日本人もセックスの仕方を勉強する子が多くなったのよ。本でセックスを覚えた子を家に呼んだの。彼はまずおへそにキスをした。（笑）させたんだけどね。（大爆笑）

「ちょっと待って、本を見るから……へそにキスをしたあとは、えーと」

いつまでもかかるんで、言ってやったの。「69ページを見なさい」って。（大爆笑）

それからシックスティー・ナインについてのかなり際どい話になる。英語だから笑ってられるが、日本語でこうした話をされて、はたして笑えるものだろうか？

たくさんの外人にまじって、本気で一緒に笑っている自分にふと気づいた。こんな経験はなかった。いままでビデオで見たスタンダップ・コミックでも、おかしさは分かっても観客と同じに大笑いできたことはなかったのだ。日本人をテーマにした笑いだから素直に笑えたのかもしれない。ネタの背景が明確なのである。だから、観客の一人になって取り残されないで笑っていることができる。これがスタンダップ・コミックの面白さなんだ。そんなことを考えていたら、彼女のネタはズッと先に行っていた。時計を見ると九時を回っている。一時間以上立っていたことになる。急に疲れが出てきた。それから約三〇分は、聞いているこっちに集中力がなくなってしまった。

九時半、すさまじい拍手の中、タマヨは退場し、さらに高まった拍手に迎えられて登場した。「これが本当のスタンディング・オベイションね」——そう言ってからお土産にと、バイブレーターの下ネタを一つ披露して、この晩のショーを終えた。なんだか感動してしまった。

出口でハワイのブレジデル・コンサート・ホールでやった彼女のビデオを買った。篠原さんが、このあとのパーティーに誘ってくれたが、これ以上立っていられないので遠慮させてもらった。会場を出てから、ぼくとヘレンさんは近所のバーに来るまで興奮気味にいまのステージを振り返って喋り続けていた。

スタンダップ・コミックを見終わって「面白かった」と言いながら出て来たなんてはじめての経験だった。

サム・キニソンが笑いを変えた

その二週間後の八月二七日、台風一一号の真っ只中、六本木のぼくの事務所でタマヨこと大槻珠代さんのインタヴューが実現した。

珠代さんは、ワンピースに赤い下駄という出立ちで現れた。

「あんたのせいや、こない嵐の日ぃに」

関西訛りの大きな声が事務所の他の部屋まで響きわたった。

「牛乳あります？」

お茶を持って来た事務所の人間に珠代さんは注文した。牛乳なんか冷蔵庫にあるわけがない。この嵐の中、買いに行けるわけもない。

「カルピスで、いいでしょうか？」

「あ、それでええわ」

この本の趣旨を説明してから、スタンダップ・コミックで心底笑えた経験がなかったが、先日の珠代さんのステージではじめて笑うことができた、と切り出した。

「ありがとぉ。それはやね、ある意味ではね、あたし、どんなお客にも分かるようにやるからなのよ。あの一、おかしな話だけど、こっち帰って来て、トーク・ショーとか見たでしょ。全然笑えないのよね、誰か知らんもん。本で読んだってだめで、やっぱり一緒に育ったんでないと。あたしら、ジャッキー・メイソンゆうたって、バック・グラウンドとか、みんな知ってる。だからあたしにはレニー・ブルースなんて面白いわけがないのよ、いま見ても。そのときいなきゃだめなのよ。あの人の生き方が面白いっていうのは分かる気がするけどね。サム・キニソンがずっと遊んでたよ、レニーのお母さんと。彼女、もう七〇近かったんとちゃう」

「どんな人を知ってはんの?」

そう聞かれて、ビデオで見たコメディアンたちの名を挙げた。

「誰が面白かった?」

ぼくが、サム・キニソンとスティーヴ・マーティンかな、と答えると、不思議そうなリアクションをして、

「あたし、二年間一緒に暮らしてたからね、サムと」

と、ぼくをじっと見て言った。それから珠代さんは、サム・キニソンとの生活について話し出した。

「デンジャーフィールドがサム・キニソンを世に出したのよ。HBOスペシャルで『ヤング・コメディアン』っていうショーがあるのね、あの人がそれにサムを出したのよ。それがエアーして——あの頃は一日に二回くらい、一週間くらい流し続けたかね——そしたら本当の話、一週間後にはどこに行っても、隣に座ってる知らん連中がね、「サム・キニソン見たか」って話してるの。あたし、もうビビッたね。こんなにすごくなったかって。八六年くらいかな?

でもさ、なんかもう一つさ、うるさいし、酒ばっかり飲んでるしさ、一緒に家に帰って来るんでも、あの

子、絶対、友達一〇人以上ついてんと嫌なのよ。だからいつも家は人でいっぱいなのよ。あの子、寂しい子、うん、寂しい子。

やっぱり、自分を理解してくれる人がいないって最終的に言やったけどね、みんなが帰ったあとで二人で話したけどね。アポロで月に行った人いたでしょう。自分はあの人みたいな気がするってゆうのよ。バーに座って、自分は月に行ってきたんだぞゆうても誰もその話を信じてくれる人がいないって——ジョーク言ってみんながシーンとしてたり、反感買ったりするときね、その孤独感があるって。

いま、ときどき、あたしもそれと同じこと考えてるのね。こっち帰って来て、みんなに「成功しはったんですね」って言われたってやねぇ……あたしは月には行ってないけど、アメリカのコメディアン業界でサムとウロウロしてたなんてこと、みんな分かんないんだもん。コメディを最初にいまみたいに作りよったのはサムよ。あいつがコメディを引っ張りだしよったのよ。あれ一人で。だって、これ本当の本当の話よ。寿司屋行くでしょ、隣に座っているおっさんがサムの話をしてるのが聞こえるのよ。町中みんながゆうてんねん。恐ろしかったよ。アメリカであんなん起きたことない。

別れたんだけどね。あたしが逃げるから、サムが家に押し込むのよ。最初は窓ガラスを割って入るくらいで済んだんだけどさ、あとのほうになったら戸を、ガンガン蹴ってさ、戸を壊してね。怖いよ、怖い怖い。

いまなって、いろんなコメディアンが『好きなコメディアンは？』って聞かれたら、みんなサム・キニソンってゆうわ。死んでからみんな認め出すの。あれ、最後はレニー・ブルースと同じように見捨てられて死んだのよね。あたしは『もう死ぬな』って思ってたのよ。思ってたより生きのびたけど。……ま、日本だから言うけど……これ英語にならないよね。

あの子、勉強なんてしたことないよ。ノートなんてつけない。あたし一度ゆうたもん。あんた一回ぐらいノートに書いてみたらって。でも絶対、書かない。コケインやりながら他の連中とグダグダ言って練習してたの。

あたし、一回もコケイン、手ぇ出さなかったですよ。あの子とおるときはまだ草(マリファナ)も吸わなかった。口に無理やりに持って来ても吸わなかった。あの子、それが気にいらなくて、憎悪に変わって行ったのよ。コケインがないと生きていけないところまで来てね、本当にすごい量よ。自分の持っているコケインに集まって来る連中が、あの子には必要だったのよね。生命とひきかえにしてもいいぐらい大事なものを、あたしが必要としないのが悔しかったのね。そのへんから亀裂が走り出したのね。あたしが一緒におったときも二回ほど医者に行ったよ。

あたしをはじめてアメリカ全土のテレビに出したのがジョーン・リヴァースなの。それからサムがジョーン・リヴァースをものすごく嫌い出したわけ。大戦争になっちゃったのね。

サムが死ぬ半年ほど前、ジョーン・リヴァースがサム・キニソンをインタヴューすることになったのね、生で。とうとうあの子、来なかった。スタッフが生中継のカメラを回しながらホテルに迎えに行ったけど起きれないのよ。心の底で、あたしのことでジョーン・リヴァースに恨みがあんのよ。あたしが有名になると、自分を捨てるだろうって思ったらしいのよね。

アメリカではあたし、サム・キニソンの彼女だったいうことは内輪だけで抑えてるのね。そうでないと、ステージに出た瞬間からサム・キニソンの元の彼女ってことになってしまうのね。それだけ力が大きすぎたからね。だからあたし、それ絶対出したくなかった」

彼からの影響がいちばん大きいですか？　というのもばかな質問かと思ったが、彼女は「もちろん。最高に得でしたね」と答えてくれた。珠代さんのステージングのうまさを誉めると、「それもサムちゃいますか」と即答された。

「あの子に追いかけられたときはコメディアンになってすぐ。もう、すぐ追いかけて来よったの。八四、八五年かな？　あたしがステージにおったら、ステージに飛び乗って来るのよね。あたしがやっとつかんだ三分のショーによ。そして、あたしを押し倒して——ドライ・ハンピングってゆうんやけど——一発やってるフリとかし出すのよ。最初はあたし、嫌な奴やな思っててん」

「どこの店ですか」

「ロスの『コメディ・ストア』。あたしというものを話そうとしたら『コメディ・ストア』抜きでは話せないんですよ。ちょっと、順序立てて話しましょうか？」

聞きたいことが多すぎて、ぼくの質問があっちこっちに行ってしまう。どんなコミック・クラブに出ているのか？　いまコミック・クラブは下火なのか？　そんな話の前に珠代さんのキャリアを聞くべきだったのだ。

「最初から笑いの道を目指していたわけではないんでしょう？」

「笑いだけは避けたかったです」

そう言って珠代さんは、半分ほど残っていたカルピスを飲みほした。

タマヨのスタンダップ・コミックへの道

珠代さんは大阪・河内出身である。子供のときから吉本のファンだった。テレビの『ヤング・オー・オー』、ラジオの『ヤング・タウン大阪』『ヤング・リクエスト大阪』と吉本の漫才を見て笑いながら大きくなった。だがそうした経験は、いまやっていることにはまるで影響がないと、珠代さんは言い切った。

「間とかが全然違う。コメディアンになってからは、努めて見ないようにしてますしね」

学校ではいつも人気者だった。本人に言わせると権力志向があったとかで、生徒会長などを務め、勝手なルールを作って楽しんでいたらしい。人前で演説することも大好きだった。毎週、「今週の歌」というのを決めて、月曜日の朝礼のとき、千人以上の全校生徒の前で伊藤咲子の「ひまわり娘」などを歌っていた。

「子供のときは何になりたかった？」

「本当はね、魔女」

そう言われて、ぼくがリアクションに困っていると、「高校のときくらいは歌手になりたいと思ってましたよ」

とフォローした。歌手になってチヤホヤされたかったそうだ。

富田林高校の入試では一番だった。学生時代、総じて成績は上位だった。

大学は関西学院。一年後に退学して渡英。英語学習くらいの気持ちで行ったイギリスだったが、ケンブリッジに二ヵ月、ロンドンに一年四ヵ月滞在した。その間、寿司屋でアルバイトをしながら、客として来ていたパンク・ロックのミュージシャンたちを相手に英語の勉強に励んだ。シェークスピアの芝居には興味があったけど、音楽にはまるで関心がなかった。ちょうどジョン・レノンが殺されたときだったが、ピーター・セラーズの死のほうが印象的だったと言う。

帰国後、阪急交通社で添乗員を一年経験。喋りがうまいせいか、旅行者には好評だったらしい。海原千里・万里のファンで、彼女たちのやる物真似を自分の持ち芸にしていた頃だ。カナダ、オーストラリア、香港、シンガポール……一九歳にして大槻珠代は世界を股にかけていた。

一九八一年渡米。ロスに行けばなんとかなると一〇〇ドル持って飛行機に乗った。動機はあった。大好きなバーブラ・ストライサンドに会いたかったのである。ストライサンド家の女中になるつもりだった。歌手の夢は捨てたわけではなく、音楽学校のビザ持参だった。

機内で隣の席にいた男の子が、空港に着くと母親に電話して、彼女を自宅に住まわせてほしいと頼んでくれた。男の子は五歳だった。

「あいつ、あたしと寝ようと思うてたんやで、ホンマに。ベッドに引き込まれたもん」

音楽学校では先生に下手だと言われてばかりいたので、「もうアカンわ」と、バーブラになることもベット・ミドラーになることも、あっさりあきらめた。

彼女のショー・ビジネスの入口はストリッパーの仕事だった。

「あの頃、ものすごいエエ身体してたのね。水泳してたし、剣道してたし。可愛かったのよ。いまでこれやけど、一二年前でしょう。会う人会う人、ストリッパーになれって誘うのよ。で、しょうがないからやったわよ。すごくいいイタリアン・レストランなの。いま、そこ見に行ったら、ようあんなすごい連中と競争してたな思うわ。あっこで根性がもう完全に……。

三年、ストリップやって、あたしナンバー・ワンになっちゃった。ステージからお客さんに向かって、なんだかんだゆうてた。普通、ストリッパーってそんな喋らんのよ。そのうちみんな、お前、面白いからスタンダップ・コメディアンになれって。で、そんなん知らんでしょ。スタンダップ・コメディアンて日本人全然知らんでしょ。あたしも知らなかったから、コメディアンになれって言われたって、それがどういうことか、どこへ行って何をするのか、全然わからない。だから聞き流していたのね。

そしたらあたしのファンのロサンジェルス警察の局長が、「コメディ・ストア」に無理やり、あたしを連れてったのね。『なんだこれは』って思ってた」

ここで彼女を驚かせたのが、リチャード・プライヤーのショーなども書いていたスタンダップ・コメディアン、ポール・ムーニーだった。珠代さんは平成五年八月一九日の日本経済新聞の文化欄に、そのときのことをこう書いている。


大きな体の黒人男性は、せわしなく動き回りながら早口でまくしたてる。その内容がまた強烈なのだ。

「白人地域に黒人が住みはじめると、やつらは決まって他へ引っ越しちまう。〈ＥＴ〉なんてわけのわからない怪物とは仲良くなって寝室に入れ、親切にも、電話まで使わせるのになあ」

会場は大爆笑である。

日本によくある、だれにでも心地よいジョークではないにもかかわらず「あんなこと言って、けしからん」と目くじらを立てる心の狭い人間もいなかった。米国生活の中で、差別問題の深刻さを肌で感じていただけに、複雑な気持ちになった。

ちょうどその頃、コメディ・ブームがはじまったせいもあって、どのクラブもアマチュア・ナイトを設けていた。珠代さんが初めて出演したのはハリウッドのルーズベルト・ホテルのアマチュア・ナイトだった。プロになる気などはなく、いつもテレビを見ながら悪態をついているときのように、思いついたままを遊び半分で喋り続けたが、何を喋ったのか直後でも思い出せなかったと書いている。その後、「コメディ・ストア」のアマチュア・ナイトに出演する。

「その頃、あたし、弁護士のミストレス（妾）をやってたのね。「コメディ・ストア」のアマチュア・ナイトは通常のショーが終わってだから、夜中の一時くらいまで待たなくちゃならないのよ。だけど、あたしが夜、家にいないと、そいつがさ、どっか行ってフラフラしよるからね、早く帰らないといけないのよ。

で、半年ぐらいしてからかな、夜の一〇時くらいになると、そいつがソワソワしだすようになってね。現場を捕まえたのよ。あたしが昔、踊ってたバーのパーキング・ロッドに止めた自分のロールス・ロイスん中で一発やってたの。それでその人の持ってた家を出たの。ほんでもうコメディの道。

そのちょっと前に「コメディ・ストア」の女オーナーが——ミッツィー・ショアっていうんだけど——

あたしを偶然見て、面白いから無給のレギュラーにしてやるって。彼女は目をかけた子には私生活もうるさくゆうのね。おっさんのこともガダガダゆうてたけど、あたしはおっさんにドップリやったからね。三年間、ストリップしだしてすぐからズウッーと一緒やったからね。あたしの恋人であり、お父さんであり、先生であり、もうすべてであったわけよ。あたしとしては、離れられないのよね。だけど目の前で一発やってるのを見つけて、ふんぎりついたっていうか……」

家を出てミッツィーのところに行ったら、店の裏にコメディアンたちに生活させるための一軒家があって、そこに住むことになったのよ。あたしの部屋は、ロビン・ウィリアムズが離婚したとき行くとこないから住んでた部屋なの。あと、あの頃はロシアのコメディアンのヤコブ・スミヤナフとか、アンドリュー・ダイス・クレイやルーイー・アンダーソンの甥が住んでた。八四年ね、そこに二年住んでました。

何しろ、店の裏の家に住んで「コメディ・ストア」に出てるって生活でしょ。だからドップリつかってしまうわけよ。朝起きたら、もうコメディアンたちがワイワイやっている。そのまま一日中、コメディアンたちと一緒にいて……。みんな考え方がどっか曲がっているでしょう。どこか滑稽なのね。しょうがないことでまじめに悩んでいた」

珠代さんは「コメディ・ストア」の裏に二年間住んだ。そしてサム・キニソンの猛烈なアタックに屈し、一緒に住むようになる。

あぶないネタは笑える

「サムがHBOに出たからコメディがグッと上がったの。火つけ役よ。そのあとでMTVが『ハーフ・アワー・コメディ・ショー』をはじめたの。あたし、それに出たのよ、最初からね。そのあと、VH1ができてコメディやり出して、八九年くらいにコメディ・チャンネルが二つできたのね。二四時間、コメディだけやってんのね。二つが両立しないんで、一つにまとめて、いまコメディ・セントラルになったのね」

珠代さんのステージではかなり際どい言葉が飛びかう。まず放送禁止用語について聞いておこう。ケーブル・テレビで許される基準は明確なのだろうか？

「fuckとdickとあとは、pussyとcuntですか、これはだめですね。ケーブルでも抑えてますね、ほとんど。うるさいですよ、まだね。あれはサム・キニソンがね、ほんとに変えてんのよね。

あの子がすごいすごいって言われ出して、自分の『サム・キニソン・スペシャル』出して、デンジャーフィールドと一緒に映画やったのね、『バック・トゥ・スクール』（一九八六年、アラン・メッター監督）。そんなときにデヴィッド・レターマンの番組に出て『Fuck!』って言いよったんや。それをブリープされたのよ。喋りの途中でビーッて音入れるのあるでしょ。あれをブリープってゆうんよ。コメディアン、サム・キニソンが、放送禁止用語を口にしてブリープされたっていうのがニュースになってね。ケーブル・テレビに片っ端から出演しはじめたの。そのあと、ブリープするのが、かっこいいようになったのよ。流行になっちゃったのよ。

でも普通のテレビとケーブルの規制って、あんまり差はない。FOXチャンネルに『コミック・ストリップ・アライヴ』という番組ができたのね。FOXはちょっとまだオープンなの。それであたしはじめて、ニップルってゆうてね——乳首っていうのとね、ペニスってはじめて言った。でもブリープされなかった。それまでみんな、アカンと思ってたのよ。あたしはじめて使った。で、あたしのあとみんなニップルっていうの使いだしたよな、NBCとかABCで。でも、ケーブルでもやっぱり、mother fuckerとかはあんまり出さないけどね。

最初のステージに立ったときのことは何も覚えていないと日経新聞に書いていたが、「コメディ・ストア」ではどうだったんだろう?

「fuckとかpussyとかmother fuckerの連発でしたね、たぶん。それゆうと笑うのよ。いまのあたしみたいな顔じゃないのよ。すごい、可愛い子だったのよ、あたし。で、ストリッパーあがりでしょ、やっぱりセクシーなの。声かて甘くてブレッシーで、ちょっとマリリン・モンローの真似してさ。服装もね、スパンデックスっていうピッチピチのピンクのパンツはいてね。クルーのここがガッとあいたブラウスで出てくるから、ものすごくセクシーで異様で東洋の神秘だったろうね。

覚えているジョークはね、みんなすけべなジョーク。

運転してると道の途中に「eat」と「here」っていう看板が出てるでしょ、食事するとこなんかでね（「eat here」は、オーラル・セックスの意味もある）。「eat」と「here」がいっぱいあるのにね、どうして「fuck」と「here」っていうのがないんだ、なんてしょーもないことをゆうてたのよね。すごい大爆笑だったわね。ちょっとテレの入ったガハハーって感じで。あたし、自分はすごいんだ、天才だなんて思った」

ビデオにもなっている九二年のハワイのライヴでは、二五〇〇人の客が相手だった。そこで珠代さんが最初にやったのは、すでに二〇〇〇回以上のステージ経験をもつ、彼女のもっとも有名なネタだった。それはアメリカ人が聞いた日本人の喋りの印象で、でたらめの日本語を太い声で話す。客はこのネタで完全に珠代さんの手中に落ちた。

「このジョークがまだ続けられるなんて信じられないわ」

とステージで珠代さんが言う。その言葉でまたウケる。こうしたお決まりのネタについて聞いてみた。

「いまの日本ほどひどくないけど、何かを見て、あぁ、えーなと思うと、仲間の連中が同じようなタイトルを探すでしょう。だから最初のインパクトが続くのは一、二年。その上を行こうだとか、あいつの足を引っ張ってやろうとかされますから、すぐ埋もれますよね。だから、いつでも新しいものを用意していないと。

ベルザーの本の中でしたっけ？　アメリカのコメ

ディでは言っていけないことは一つだけしかない。宗教のことでもセックスのことでもなく、原爆だって書いてなかった？」

書いてない。言ってはいけないジョークはフランク・シナトラだというのはあった。でも、いくらなんでも原爆のジョークを日本人がやるのはまずいだろう。だが、そのタブーを珠代さんが破ったのだ。

まずセックスについてのネタで爆弾という言葉を出し、いきなり「日本に二つも原爆を落としてくれてありがとう」と言う。客は当然引く。日本では天皇が毎日、今日はアメリカ人を何人殺したと発表していた。そこに爆弾が落とされる。畜生、もう戦争で負けたことなんか忘れよう、コンピューターを作ろう、とこうなる。というのがタマヨの原爆ネタの一つだ。かなりあぶないジョークだ。

「原爆のジョークであたし、三年ほど飯食ったからね。で、そっからなんかみんな、何言ってもよくなったのね。サム・キニソンは、ジーザス・クライストのジョークをやったの。

ジーザスが十字架にかけられて、みんなが『なんて悲しいんだ。なんでジーザスが死ななきゃいけないなんて』って言ってんのね。そしたらジーザスが、『泣いてる暇があったら、釘抜き持って来て抜け』って。で、『そのうちジーザスが復活して、自分たちを助けてくれるんだ』と言ってると、ジーザスが雲の上で『そうやな、この手の穴がなおったら帰ってもええな。この手の穴通したら空が見えるぞ。これで口笛吹けるぞ、ピュウピュピュー』

あの子もあれでアメリカで大旋風をまいちゃったのね。あっこからアメリカのモラルって狂いだしたの」

タモリの昔のネタで「中国の針師」というのがあった。

「ちょっとすみません。針でなおしてください」

と言って首が回らない患者が来る。針師はデタラメ中国語で何か言って患者に針を刺す。刺されていくうちにだんだん身体がゆがみだし、右手の指が三本だけ異常な形になってしまう。口も麻痺して言葉が聞き取りにくくなる。治療が終わって患者は自分の右手をじっと見つめて一言。

「これじゃボーリングしかできない」

それを思い出した。

「リメンバー・パール・ハーバー。ノー・モア・ヒロシマ。ワン・モア・ナガサキ」

これもタモリのネタだった。


「中曽根さんが、黒人とかヒスパニックは程度が低いって言ったでしょ。それまであたし黒人のファンすごく多かったのよ。ポール・ムーニーに教育されたからね。

あのときね、すぐにあたしゆうたの。ほんとは日本人、黒人に感謝してるんですよってね。黒人はいつも大きいラジカセ買ってくれるでしょう。で、肩に乗せて歩いてる。日本人は重くてかつげないんですよ。だから、日本人用にはソニー・ウォークマン作ったんです。だから、あんまりへそ曲げんとね、大きい東芝のラジカセ買うてください。ちょうど東芝が叩かれてたの、あんとき。

そしたらみんな笑ってね、日本人が大きいラジカセかついでフラフラしている真似するとね、大笑いしてくれたの。あたしね、日本の失敗、アメリカにおって、うまいことかわしたと思った。みんなが怒っているときに、全部笑いでごまかしたからね。ごまかさんと、あたしの次の一歩が進まないのよ」

それから珠代さんはアメリカで受けた日米摩擦をネタにしたべつのジョークを聞かせてくれた。

「日米の政治の摩擦でいちばん大きかったのが、渡辺美智雄さんが、アメリカ人はなまけもんで字が読めないって言ったとき。あんとき、ものすごく日本は反感買った。日本が大きくなっているから、反感の力も大きくなるのよね。

ほんであたし出て行って、あたし日本から来ました、なまけもんだからアメリカに来ましたってゆうのね。ほな、やっぱり何パーセントか笑うんですよね。で、笑ってない人を見てね、いまのは嘘だと思ってるから笑わないいんでしょってゆうのね。みんな困るわけよ、そこで。

そこでお客さんが、嘘だ、ゆうてくれれば、次のジョークあるんだけど。ほんまやっていうのが多いのよ。あたしはすごく困んねんけど。アメリカ人は予想外のことしよんねんね。

んで、なまけもんやから来たっていうのはね、よろしくない。ちゃんと正しく言い直します。あたしはアメリカにね、なまけもんやし、字が読めないから来ました。(笑) そなね、最初笑ったやつらが笑わなくなんのね。で、最初から笑わなかった連中がそこで笑う。そやけど一応、合計したら一〇〇パーセントの人が笑ったことになるから、いいやと思ってね。面白いでしょ。あたし、かなりのもんですよ。二回に分けてね、全員を、最初のジョークでつかんだのっていうのは」

珠代さんは日米摩擦の解消に多大な貢献をしたと自認している。チャーミングな東洋の女性の口から、際どい言葉や下ネタがボンボン飛び出す。その口が、一歩間違うとアメリカの観客を怒らせかねないあぶないジョークを発する。自分がユダヤ人や黒人であることを武器にするスタンダップ・コメディは多い。TAMAYOも日本人であることを武器にしている。もちろん女性であることも。

いま女性のコメディアンっていうのは、何割ぐらいいるんですか？

「三割じゃないですか。いやあ、二割かな。でも多くなったのよ。ミッツィーがやっているの、あたしのボスが女の子ばっかり集めて、八五年に『ガールズ・オブ・コメディ・ストア』っていうの作ったの。ビデオになりましたけどね。で、やっと八八年くらいからよそがやりだした。

あたしが出たときは一割なかったですよ。当時はジョーン・リヴァースがいちばん売れてて、その次ぐらいにサンドラ・バーンハードというのと、イレイン・ブーズラーっていう二人がいてね。その下ぐらいに目立っていたのが、名前を思い出せないんだけど、昔、レニー・ブルースの彼女だった人」

そのことを売り物にしてたの？

「売り物っていうか有名になっちゃってたのね。だからあたし、彼女の二の舞になりたくなかったのよね。サムとレストランなんか行って、テレビカメラが来ても絶対に顔出さなかったもんね。つらかったですよ、そんなときは。だって、やっぱり売れたいやん、サムと一緒にいたら一発やん。だけどやらなかったです。

これからはもう、あんまり変わったコメディアンは出にくいだろうね。もう出つくした感じだもん」

主婦を売り物にしている女性もいるの？

「主婦で最初に成功したのがローザンヌ・バーね。いま結婚してローザンヌ・アーノルドになってるんだ。オクラホマで主婦してててね、ある日突然、キッチンでチキンを切ってたら、こんな生活でいいのかっていうのが頭にビヨヨヨ〜ンって来てね。で、あたしがやったテレビのショーを作った人が『ローザンヌ』っていう番組を作って、それがアメリカのテレビ番組のナンバー・ワンになった。三年続きましたよ。インパクト強かったから。主婦がコメディアンになろうとする『パンチライン』（一九八八年、デヴィッド・セルツァー監督）っていう映画も、それに則《のっと》っているんですよ」

スタンダップ・コミックが見えてきた

大阪公演を日本語でやったとき、珠代さんはネタをどう替えたのだろう？　タマヨのいつものジョークをそのまま日本語に直してやった場合、どれくらい面白いだろうか？　もし同じ面白さで同じ笑いが来るとしたら、日米の笑いの差などないということになってしまう。


「大阪のときは中身も変えたんですか？」

「同じです」

「英語でやるのと同じリアクション来る？」

「来ない」

「どう違うと思います？」

「日本人って笑う前に、いらんこと考えすぎやな。へんに大人みたいに」

「ぼくなんかがアメリカで見てると、なんでこんなに笑うんだろうと思うけどね」

「ものすごいジャッジメンタルっていうか、分析しすぎや、日本人は。素直に楽しみなさい。何しようがね、ほんと死ぬんだから。自分もそうだったんだろうなと思うから、あまり言えないけど、日本人、笑うのへたやね。ガッハッハって笑える人あんまりいないのよ。とくに女の人」

「でも逆にウケるでしょう、日本人の弱点をネタにやると。昔、タモリが名古屋人を中傷するネタをやってたんですよ。それを、名古屋でやったらどうだろうって話があって、やったんです」

「ウケただろうねぇ」

「ウケた。そのときに、タモリが『同じ名古屋人でも俺は違うと思っているけど、おまえのこと言ってんだ』って」

「すごい方ですね」

「でも、この前の珠代さんだってそうだったよね。ぼくも一緒になって笑ってたけどさ、おまえのこと言われてるんだぞ、っていうのもあるもんね」

そこで珠代さんお得意の人種ジョークについて聞く。父親が「韓国人と付き合うくらいなら黒人と付き合え」と言ったというネタは、アメリカ人が聞いてもおかしい？

「あたし、このジョーク七年やってんですよ。はじめはみんな知らないからね。でも一〇パーセントぐらいは笑っていたんですよ。

七年たって同じジョークをやってまだタイムリーなんだから、世の中おかしい。その根底には、日本人あほやな、もうほんまにもう情けない、なんで日本人にはそんなしょーもない残虐な面があるんだ、という悲しさがあるんですよね。あたし、それ忘れたらあかんと思うよ。

あたし、この間、朝のテレビの番組で『珠代さんは日本の出身ですよね』って言われたから「いえ、わたし韓国です』ってゆうたのね。嘘ですよ。あたしの中学のときの親友の一人が韓国の子で、その子が一緒に来てくれていて、あとで怒られたのよ。『韓国人ってゆうなら、韓国の歌でも一発歌ってほしかったわ』って。そんなもん知らんがなって言っとったけど」

お客さんの前に出て最初の「つかみ」というのは、やっぱり大変なことなんですか？

「あれは直感ですよ。最初のジョークはもう直感。それと、数踏んだのもあるでしょうね。サム・キニソンと二年間おって、もう毎晩見たからね。それが何よりも自分の力になってると思いますね」

スタンダップ・コミックとコメディアンという言葉の使い分けについて。

「あたし自身の中では、アイム・コメディアンって考えてますね。ドタバタやる人もコメディアン。スタンダップやる人もコメディアン。コメディアンの中にスタンダップというのがある。

あたしコミックってようわからん。だってコミックっていうとマンガになるね。コミックというのは、なんていうか、言葉を短くしてかっこよくする、っていうふうにしか、あたしは思ってないですけどね。

コメディアンとコミックは一緒だろうし、スタンダップ・コメディアンって言い方とスタンダップ・コミックっていう言い方で両方で人を指したりしてますね。スタンダップだけでも通じます。通じるけど、そういう使い方はあんまりしない。

日本じゃ、ぜんぜん通じません。スタンダップ・コメディアンって言わないほうが分かりやすいので、こちらではもっぱら漫談ですね。名前がどうのこうのなんていうのは、もうなんでもいいです。向こうの新聞に書いている人でも、やっぱりコメディアンっていうの、あんまり分かってないです。結局は耳学問ですよ。自分がコメディアンじゃないから、いちばん下のところが分かってないんですね」

珠代さんにとってジョニー・カーソンはどんな位置にいたのだろう？

「最後の三年間を除いて、八〇年代までは、あれで当たった子は当たるということですね」

「でもコメディアンの力も相対的になくなりはじめていた時期でもあったでしょう。コメディ・クラブもどんどんつぶれていったし……」

「いや、それはブームに乗って新しく作った連中がつぶれたっていうだけのことで、もともとよかったところはちゃんと残っている。でも、もうお客は来ない。テレビでやってるから。テレビに殺されるのよね、舞台は」

「どこも同じだね」

「そう。どこも同じですよ」

これからも日本に来る？

「あんまり来たくない。そのうちほら、あたしいつのまにか調子に乗ってさ、お笑い番組に出てさ、ゲストでしょーもないこと言って……」

『サインフェルド』ってテレビのショー、人気はどうなの？

「すごいですよ。でもサインフェルド自体は人気ないの。そんなに好かれてないの。サインフェルドじゃなくてアンサンブルの人気。あれに出てるマイケル・リチャーズね。あたしあの子、昔から、すごいなぁと思ってたんです。あの人、動きで表わしたでしょう。歩いていてマイクにボーンと突き当たってね、マイクに怒ってんのよね。そしたら、今度は椅子が文句言ってくるのよ。マイクの味方してね。それで三人でね、椅子と自分とマイクとで、喧嘩しだすのよ。あの子はすごいな」

アメリカのスタンダップ・コメディアンたちは誰をいちばんの目標にしているの？

「みんなジョン・ベルーシのように死にたいっていう気持ちが、あんのよね。でも、一九九二年には本当に四人も死んだから、あまりコケインには期待しないほうがいいと気づいたみたい。あれは絶対にアカン！」

窓を打つ雨足が激しい。スタンダップ・コミックとも珠代さんとも本当に嵐のような出会いだったな、という気持ちがした。

いままで見たスタンダップ・コミックで、あんなに素直に笑えたのはタマヨのステージがはじめてだった。おかしかったのは彼女の話す内容以上に、彼女のとる間と表情だった。話のバック・グラウンドも知っているものばかりだった。タマヨのネタも背景についての知識がなければ笑えないだろう。ぼくたちがアメリカのテレビ番組についてより、日本人を肴にしたジョークのほうが笑えるのは当然だ。スタンダップ・コメディアンにとっては、自分を支えてくれる客がいちばんなのだ。日本から来た一日だけの客を笑わせてたところで意味がない。そう思うと、いままで聞いたスタンダップ・コミックで笑えたり笑えなかったりしたのも当然のように思えてきた。

「タモリさんの初期のテープをくれはります？」

そうだ、さっきそんな約束したっけ。

「帰られる前までに録音しておきます」

「アメリカに来やはったら連絡してください。コミック・クラブ、案内しますから」

珠代さんは、ステージと同じ笑顔をして立ち上がった。

「ニューヨークだったら、珠代さんのステージはどこで見ることができるんですか？」

「分からない。ニューヨークで仕事があると思ったら、ニューヨークで仕事取るようにするんです。『キャッチ・ア・ライジング・スター』に電話して『タマヨちゃん行くから出してね』ゆうたら出してくれる。そこまでいってるの。あたし、『キャッチ・ア・ライジング・スター』がいちばん好き。客層がいいし、出てる子もすごいしね」

どしゃ降りの雨の中、車に乗り込んだ珠代さんは助手席の窓を開けて手を振った。しばらくスタンダップ・コミックともお別れかな？　と思いながら手を振り返した。

一〇日後の九月七日、珠代さんから電話があった。タモリのテープが面白かったし、「四ヵ国語麻雀」のネタはいまのアメリカでそのまま通用するから、ぜひやってみるべきだと珠代さんは強調した。

それからすぐに、ぼくのまとめた原稿の間違いを指摘したファックスが届いた。今度はこちらからお礼の電話をした。

「黒人の恋人のジョークあったでしょう。あれ、父親がマザー・ファッカーなのは当たり前で、それでお客さんが笑ったって書いてあったけど、違うんです。あれは黒人と付き合っていないって言いながら黒人訛りで喋っているのがおかしいんです」

すごい間違いだ。

「どうも理解力がなくて……」

「いいえ、ああいう取り方でもいいんです。いままで気づかなかったけどね。友達のコメディアンに、そういうふうに取った人が日本におったゆうたら、みんなものすごいウケてたわ。そう書いといてください」

あーあー、スタンダップ・コメディを理解する道は遠そうだ。

「それとやね、『キャッチ・ア・ライジング・スター』が先週でクローズしたのね」

「えっ!?」

一瞬、身体じゅうの力がぬけた。「キャッチ・ア・ライジング・スター」にはじまったぼくの勉強は、こうして「キャッチ・ア・ライジング・スター」によってとりあえず締めくくられることになった。

ここまでのあとがきと、それから

ぼくらが何をどう笑うかを覚えたのは、アメリカの喜劇映画によるところが大きい。ローレル＝ハーディーから『ピンク・パンサー』に至るスラップスティック・コメディも面白かったが、ビリー・ワイルダーの映画にも笑った。ウォルト・ディズニーの漫画映画も楽しみだった。ザッカー兄弟とジム・エイブラハムズのパロディを好み、ウディ・アレンの笑いが大好きになった。テレビでは『ペリー・コモ・ショー』や『ダニー・ケイ・ショー』で、アメリカ的な笑いを再認識し、『サタデー・ナイト・ライヴ』が発信地の新しい笑いとコメディアンたちを知った。そしてウディ・アレン同様、彼らがスタンダップ・コメディ出身と呼ばれることに少なからず興味を抱くようになった。

スタンダップ・コメディとの最初の本格的な出会いは映画『レニー・ブルース』だが、それ以前にもボブ・ホープやジェリー・ルイスのステージ・ショーを字幕スーパー入りで何度かテレビで見てはいた。その明確な定義づけや、ほんとうの面白さを知らないまま、スタンダップ・コメディアンという言葉も使っていた。漫談家と訳されるが、どうもしっくりこない。いったい、何なんだ？　機会でもあれば、じっくり調べてみるのもいいな。だが、まさかこんなかたちで本にしてしまうなんて思ってもいなかった。

きっかけはリチャード・ベルザーの本との出会いだ。一九八八年の夏、その日からスタンダップ・コメディの勉強がはじまった。しかしベルザーの本を読み終えてみると、ますますスタンダップ・コメディの正体が分からなくなってしまった。これは一つ本気でやるしかないかな？ そこでニューヨークに行くたびに何かの役に立つだろうと思って買っておいたスタンダップ・コメディに関する本やビデオやレーザー・ディスクを引っ張り出し、英語のこととなるといつも手伝ってもらっている、友人のヘレン和田さんの力を借りて、少しずつ文章にしていく作業をはじめた。

なんとか方向が見えたのは、すでに四年が経過した九二年の春だった。この時点になって内容がどうにも頼りない気がして、かねてマークしていたデーブ・スペクターさんの協力を要請した。はじめは巻末の対談くらいに考えていたが、話を聞いてビデオや雑誌などの資料を借りだすと、そんなことでは済まなくなってしまった。まだほんの入口にしか触れていないことに気づかされたのだ。目次を大幅に変更することになった。ヘレンさんでも分からないことはデーブさんに聞く。そういうやり取りを何度もした。デーブさんはそのたびに資料を貸してくれるので、会うたびに勉強することが増えてしまった。

こうした作業が一段落したのが、九三年の夏だ。まとまったものはまだまだ不十分に思えた。スタンダップ・コミックの生の声がほしい。そんなとき偶然、大槻珠代さんをインタヴューする機会を得た。彼女の話から、たくさんの新しい発見をすることができた。勉強が足りないのでもう一度いままでの資料を見返してみると、そこにもまた以前は気づかなかった新しい発見があった。当分終わりそうもないという予感がした。

ここまで来て少しばかり力が抜けた。ほっとした気持ちと不安感が同時に押し寄せてくる。何か一つ分かりかけてくると、スタンダップ・コメディの世界はまた新しいステップを踏み出している。いまでも刻一刻と変化をしているのだ。

デーブさんに言われた。

「何年何月までと断ったらいいいんじゃない？　毎月何かが変わっちゃってるもんね」

ぼくの知っているアメリカはいつも笑っている。映画、テレビ、音楽、芝居、ミュージカル、絵画、ミステリー──いつもぼくらに優しく笑いかけてくれる。

そしてスタンダップ・コメディの勉強をして、それを本にした日本人に対しても、きっとアメリカは笑っている。

と、九三年に出版された『スタンダップの勉強──アメリカは笑っている』のあとがきは結んでいる。で、二〇一五年に選集の第四巻として復刻することになる。そこでまず、タイトルを『スタンダップ・コメディの復習──アメリカは笑いっ放し』にする。

さて、どこから手をつけるか……。とりあえず、今回も、デーブ・スペクターさんに会ってみることにした。

Ⅳ スタンダップ・コメディの復習

（書き下ろし）

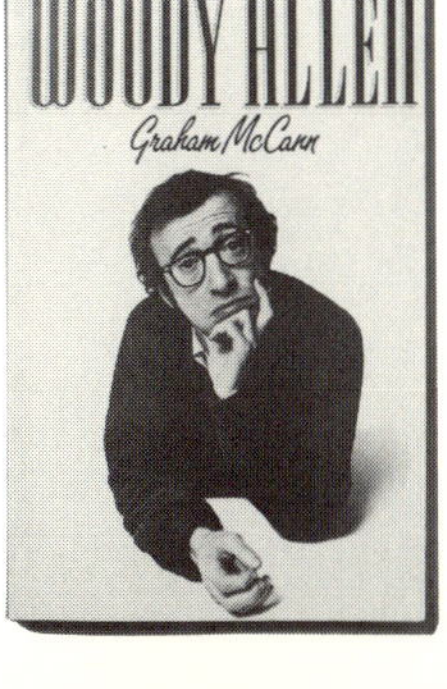

"Woody Allen"
Graham McCann
Published by
Polity Press in
association with
Basil Blackwell

笑いはいまやインターネットで

1 二〇一四年のデーブ・スペクターとの対話

地下鉄麹町駅近くにある地上二六階地下四階建ての大型総合ビル紀尾井町ビル二階（株）スペクター・コミュニケーションズ、文藝春秋西館の右隣である。オフィスはガラス戸にSPECTOR COMUNICATIONSと書かれてある。あまりにアメリカ的である。

扉を開けて案内されると、すべてに映像が流れるモニターが十数台並んでいる。初めて行ったデーブさんの事務所は新宿ヒルトンのホテルの一室で、コンソールの上に数台のモニターが並ぶまるでテレビ局のサブ・コントロール室（副調整室）だった。次の事務所は南青山の骨董通りにあり、モニター数が増えていた。二〇年後、モニター数はさらに増えたような気がした。テレビ朝日『ワイド！スクランブル』の生出演から帰ったデーブさんは、『スタンダップ・コメディの勉強』を二冊持って登場した。握手をし、これから出す本の趣旨を話す間もなくデーブさんは話しはじめた。

以前は吉本、松竹芸能に加えて太田プロしかお笑いをやっていなかったんですが、いまでは、ホリプロ、ナベプロ、浅井企画、もう全部がやっている。漫才でうまくいけば司会へ転身できる。だからといって、面白いかどうかは別。面白くない人がテレビに出られるのは日本だけです。実習見習いが出られる環境がある。向こうなら面白くなけりゃすぐカットです。ネットを見ていれば面白い人を発見できるから、他人に聞く必要もなくなっているし、つまらない人は見られもしない。コンビやトリオだから残るという日本とは、まったく違いますね。

相変わらず日本のお笑いやテレビ界に詳しい。いきなりネットが笑いを変えたというインパクトのある発言が、軽く飛び出して来る。こんな場所にオフィスを構えているデーブの仕事がテレビ出演だけではないことは明白だ。デーブの公式サイトを紹介しておこう。

スペクター・コミュニケーションズ海外映像部では、リアルタイムのイベント、ポートレイトなど、海外セレブの情報（画像・映像）を多数取り揃えております。

他にも海外セレブタレントCM出演及び商品化ライセンスのご相談もうかがっております。お問い合わせはコチラ。

会社案内を開くと東京オフィスのほか、ロスのUSAオフィスがあることが示される。そしてしっかりした会社理念、会社案内などが書かれている。決して洒落や冗談ではない。

所属タレントの欄には本人のほか数人の名前が挙がっている。デーブをクリックするとこんなプロフィールが出てきた。

本名　デーブ・スペクター
出身地　シカゴ出身、アメリカ合衆国
職業　放送プロデューサー、タレント、放送作家
日米交流の橋渡し役として、アメリカのテレビ番組や情報などを日本に紹介している。

また、アメリカのテレビ番組ABC TV、NBC TV、CBS TV、FOX TV、及びイギリスBBC TVにて、日本国内の取材・調査やレポーターもこなし、数多くの日本のテレビ番組、芸能、人物、ドキュメント、情報、ニュースなどを紹介、国内外を問わず活動し、幅広い層から多くの支持を得ている。

小さい頃から、アメリカで子役として舞台、テレビ、CMで活躍。

その後、アメリカのメディア業界にテレビプロデューサー、放送作家として活躍するようになり、一九八三年、米国ABC放送の番組プロデューサーとして来日する。母国アメリカにおいて日本語弁論大会で二年連続優勝の経歴を持ち、現在も一日三〜五の新しい日本語の単語を覚えることを日課とし、その卓越した日本語にますます磨きをかけている。

ポイントをおさえた的確なコメント、鋭い批評は多方面から好評を博し、テレビ出演のほか、全国各地の

講演や執筆活動で多忙な毎日を送っている。
二〇〇九年度オリコン「好きなコメンテーターランキング」第一位獲得。

「外人だから許せるが、日本人だったら鼻持ちならない」と言ったのは高田文夫さんだが、ぼくもそう思う。それでも、外国人がこれほどまでに日本のテレビ文化に食い込んだ例はないだろう。

確かに九二年頃は、スタンダップ・コメディは健在だったよね。テレビでは、『サインフェルド』とかシチュエーション・コメディがまだ盛んでね。九七、八年頃からのインターネットの普及で、笑いとかユーモアは与えられるものではなくて、自ら自分で探しに行くという世代が急増する。面白いものはないかと、芸人や何かを探すより、インターネットの猫や犬の動画で十分笑えることに気づく。コメディアンにとって、どんどん風向きが悪くなる。日本でだって、昔の笑いの映像をはじめ、なんでもインターネットで見られるから、生でコメディをわざわざ見なくてもすむ。

視聴者が見たいときにいろいろな映像を視聴できるという、いわゆるオンデマンド時代になったわけで、ユーチューブなどで好きなコメディアンのつまみ食いをいつでもできることから、スタンダップ・コメディアンそのもののブームが去った。コメディ・ハウスも七〇年代、八〇年代ほどの数はない。一つにはコメディ・クラブが増え過ぎて、B、Cランクのコメディアンを出して、カバー・チャージも取らないような店が増えて、大物を呼べなくなったってこともありますね。三〇〇店ほどあるコメディ・クラブは、おもにニューヨークとロス。オーランド、シカゴ、ヴェガスに数軒。相変わらずアマチュア・ナイトもあるが注目度が減った。エンターテインメント性も減少し、コメディアン一人ひとりの知名度がなくなったというのも、すべてインターネットの影響です。

アメリカ全般でちゃんと落ち着いてコメディを見ようという風潮もなくなったんです。コメディアン、歌手、誰でもオーディション感覚で自分をユーチューブにアップしている人が多い。家で自費で撮った映像が面白ければすぐ話題になる。そこにはなんのリスクもない。五〇〇〇万人が見たなんていうのはざらで、ミニドラマや漫談のユーチューブをひたすら見て発掘するスタッフもいる。その人にオファーして、番組を作らせるんです。

二〇一五年一月、逃亡生活をユーチューブに送った「つまようじ少年」もユーチューバーだ。次いで一月二〇日発行の『悲嘆の門』（毎日新聞社）でも、著者の宮部みゆきは死体を撮影してユーチューブに投稿した少年の気持ちをこんなふうに書いている。

やった！　オレってチョーラッキー！　これ撮ってアップしたら、百万単位のお客が来るぜ。みんなしてこいつを再生するぜ。オレって一躍有名人じゃん？　カミだよカミ！　てなことかんがえてたんだろう、きっと。（『悲嘆の門』より）

未来のテレビ社会を暗示した筒井康隆著『48億の妄想』（文春文庫）というSFは一九六五年に出版された。そしてさらにその先にあったユーチューブ投稿世界という現実。すべてが筒井ワールドになってしまったのだ。

いまコメディをやりたい人は以前よりいるかもしれ

ない。前みたいに、人前でウケない下積みを経験するというタフさがなくてもよくなった。観客もそういう映像をアップする人ばかりで、クラブでは演ろうという人も見ようという人もいないのが現状です。インターネットと比べれば桁違いです。世界のどこでも、芸を持っている人がオーディションなしでデビューできる。ジャスティン・ビーバーだって、一五歳のとき、母親がユーチューブでアップした歌手活動からはじまってるわけだし、従来のようなコメディアンはずっと減少しました。

デーブのこの言葉は重い。同時にスタンダップ・コメディは前回の本を出した九四年から大きな変化を遂げていないことが明白になった。ベルーシやエディ・マーフィーを上回るコメディアンもほとんど出ていないのは当然なのだ。

そうですね。マイク・マイヤーズ以降、SNLから大きなコメディアンは一人も出ていませんね。

ニューヨーク・タイムズに載ったデーブ

デーブのツイッターは冗談ばかり。そう本人が言う。二〇一四年一二月、デーブのツイートはこんな具合だ。

ソープの定休日↓シャボン玉ホリデー

懐かしい選挙キャンペーンソング↓投票だよおっかさん

選挙のニーズにこたえるコンビニ↓民意ストップ

【速報】デーブ・スペクター氏が総選挙の投票出来ず。CD1000枚購入が無駄に。

政治家はオムツと似てる。しばしば替える必要がある。

おしゃれじゃない高級寿司屋↓食うべい

五〇〇〇円のインド料理ランチ↓コインタンドリー

なんでも知ってるスリランカ人↓ウイッキー・ぺディア

時節柄、選挙ネタが多い。四日前から、一時間前まで、こうしたフレーズが二七ある。一日六、七個作っているらしい。大きい字のジョークは、得意作なのだろう。二〇年前と変わってないな（というか懲りてないな）とは思ったが、二〇年前よりは、ずっと程度が高い。暇なときに眺めるには悪くない。本人もそのつもりで、程度の高さ低さを気にせずに思いつくまま書いている。なかには、今夜の酒席で披露すれば受けそうなジョークもある。

そのデーブの紹介記事が二〇一四年八月二二日のニューヨーク・タイムズに載った。タイトルはAmerican's Star Power Unrivaled in Japan（アメリカ人パワーが日本で炸裂）で、マーティン・ファクラーという人が取材している。テレビ番組で活躍するデーブのカラー写真も二枚もある。一枚の写真には、「ぼくは外国人というカテゴリーを意識してないいんです」そう、デーブ・スペクターは語る。「いまでは日本のポップ・カルチャーの一部のようでとても嬉しい」

というキャプションがついていた。記事をまるまる紹介しよう。

東京発――デーブ・スペクターは生まれたシカゴではそんなに知られてはいないが、ここ日本では誰もが知っている。白くなったブロンドの頭で完璧な日本語で数々の冗談が言える。スペクター氏は、三〇年もこの国で誰よりも日本通のアメリカ人として、日本に住む誰よりも日本通のアメリカ人として、日本に住む誰よりも日本通の騒がしいトーク・ショーの常連だ。その忙しすぎるスケジュールからも、日本に住む誰よりも日本通のアメリカ人としてどれだけ有名か分かる。ワイド・ショーの常連として登場し、有名人のゴシップや最近の出来事について解説する。彼はアメリカ製のスニーカーやチョコバーなどの製品のCMに主演している。

テレビでハリウッドのセレブのインタヴューをする一方、最近では五〇万人を超える閲覧者を持つツイッターで、毎日六つのジョークを考えている。

三〇年間の日本のテレビ界で、スペクター氏は、実年齢の五〇何歳（実際の歳を隠しているわけではない）よりずっと若く見える。若々しい熱気は、シリアスなニュースのコメンテーターとしても、親しみやすいコメディアンとしても定評がある。最近の海外のパパラッチのニュースで日本の視聴者を笑わせたり、ときには文句が出るような駄洒落の連続で、速射砲のようなコメントをして文化人的な位置を築いてきた。

スペクター氏の最大の長所は長持ちしていることだろう。彼は最後の大物「ガイジンタレント」である――日本での生活を喋りまくり、日本人が気を良くするような日本に対する世界の見方を教える、八〇年代のバブル期に有名人になった日本語を話す外国人だ。

彼はあのバブル期の日本に殴り込んで活躍したアメリカ人の一人である。あの時代、日本経済がアメリカに挑戦し、もはや白人への劣等感を抱かなくなった日本人と理解し合える白人たちが、歓迎される風潮があった。それどころか、外国人タレントは親しみやすさ、面白さでウケて、テンションの高さやコメディアンのようなスタイルが、日本のテレビ界に受け入れられたのである。

時代は変わり先細りになったとはいえ、より成熟した日本は西洋への対抗意識は少なくなってきた。現在、外国人タレントは増え、イランやガーナ出身までいる。日本の難しい言語や文化に戸惑う彼らから生まれる笑いが、日本人に喜ばれるのだ。こうした風潮の中で、スペクター氏は、まるで前世紀の遺物のような存在だが、他の外国人タレントが真似のできない高みにいることも事実だ。

「他の外国人より業界に長くいるから、保《も》っているんですよ」

スペクター氏は東京のど真ん中にある、小さなTVスタジオを備えた自分のオフィスでインタヴューに答えた。

「ぼくは外国人枠という意識はないんです。いまでは日本のポップ・カルチャーの一部になったようでとても嬉しい。いわば西洋へのドアであり、お茶の間のお馴染みさん。こたつの上のミカンのようなものです」

二つの異文化の社交的な通訳という彼の役割は、スペクター氏のオフィスに来るとよく分かる。そこで、日本人の奥さんの京子さんが、数人の日本人と外国人のタレント・オフィスをやっている。壁には国際的な有名人と懇談している彼の写真が所狭しと貼られていて、なかには彼のコメントのレギュラーであるレディ・ガガ、ジョニー・デップ、そして在日アメリカ大使のキャロライン・ケネディがいる。

レギュラーのバラエティ番組の一つ『サンデー・ジャポン』では、最近、彼の立ち位置が決まった。スペクター氏は元ポルノスターを含む八人の日本の有名人と一緒に、金の柱やギリシャ彫刻や巨大なシャンデリアが飾られた豪華なセットでの二時間ほどの生放送で、その週のニュースやゴシップについて語る『デーブ・スペクターのワールドワイド・ニュース』という一〇分のジョーク満載のコーナーを担当しているのだ。

「この番組の躍動感みたいなものはデーブさんのジョークのお蔭です」

番組の小日向アツシディレクター（註：サンジャポジャーナリストの一人）は言う。

「いまや必要不可欠の存在で、もっとも息の長い外人タレントになりましたね」

シカゴの小学校ではクラスのクラウンだったスペクター氏は、コーンフレークとホットドッグのCMで子役としてテレビ初出演をした頃から、すでにTVの虫で、就寝時間が過ぎても父親が見ている『ザ・トゥナイト・ショー』の音を秘かに聞いていた。そこで聞いたジョークをノートにファイルし、ショーのユーモアのなんたるかを分かろうとした。

五年生のときに日本人の同級生が彼に見せてくれた日本の漫画が、彼の日本に対する驚きのはじまりで、その多彩な摩訶不思議さにたちまち虜になった。そうした漫画を自分で読みたくてたまらなくなり、土曜日に日本語クラスを受けるようになった。

「それがぼくのパラレル人生のはじまりなんですよ」

一九八三年、ABCがその日本語の能力を買って、LAの若きTVシナリオライターだったスペクター氏が『Ripley's Believe It or Not!』の、何本かのエピソード収録のために東京へ派遣されたとき、彼のパラレル人生が終結した。数週間で終わるはずの仕事は、スペクター氏曰く「この日本のクレージーなTV番組」からのクリップを、ネットワークへ提供し続けているうちに数ヵ月が数年へと延長していくのである。

彼が言うにはこうしたクレージーな番組（註：『笑っていいとも！』）の一つに出演したのが一九八四年で、出演動機は帰国した際に友人たちへの自慢話がしたいだけだった。ところが、たちまちのうちに出演依頼が殺到したのだ。理由は、英語教師だったり、日本に派遣されたモルモン教の宣教師だったりしたほかの外国人タレントに比べ、彼のジョークのウケがいいのと、テレビの世界でも舞い上がったりしないことだった。とうとう彼は日本に留まることに決めた。

東京を一望できる彼の居間は、LAから持ってきた七〇年代の家具でいまも飾られている。子供はいないスペクター氏だが、このクリーンで秩序ある社会に暮らすほうが合衆国にいるよりも居心地が良いと語る。

「人生の九〇パーセントは日本で暮らしています」

東京の外国人社会でも、深い付き合いをしていないと語る。日本と日本の持つ繊細さに尊敬の念を抱くことこそ、スペクター氏の日本在住の活力源となっている。だから普通の日本人よりも、日本の有名人の最新ニュースに関心を持つようにしているんですと言う。

日本を非難する場合でも、彼はこの国と人々への愛情から柔らかい表現にする。国粋主義者の総理大臣が物議を起こす東京の戦没者神社を今年（二〇一四年）の初めに参拝したことを非難するワイド・ショーで、彼は唯一バランスを保つ立場で意見を述べるコメンテーターだった。

「火を噴く銃を持つ立場にもなれないし、着物を着てヘラヘラしたくもない」

彼は言う。

「ぼくがどうやって微妙な立場に立つかも十分分かっているので、この国はぼくに国内のもっともセンシティブな課題をはじめ、あらゆることを話す機会を与えてくれる」

「ぼくの本当の業績はそこだったんだと思っています」


やはりデーブ・スペクターは、いちばん新しいアメリカを、ごく自然に日本に紹介してきた、まさに宗教を強要しない伝道師である。彼は下手な駄洒落とアメリカン・ジョークの好きな外人タレントで片づけてはいけない人材なのだ。

2 その後のスタンダップ・コメディ

ロビン・ウィリアムズの死とアンディ・カウフマン

二〇一四年一二月一二日、ブロードウェイでアラン・メンケン音楽、ティム・ライスらが作詞のミュージカル『アラジン』を見た。

いちばんの興味はランプの精ジニーだ。一九九二年のディズニー・アニメ『アラジン』でジニーの声をやったのがロビン・ウィリアムズだ。速射砲のようなトークは、ロビンのスタンダップ・コメディそのものだった。『スタンダップ・コメディの勉強』をまとめている時期だっただけに、アニメのジニーを見て妙に心が高ぶった。ジニーの「フレンド・ライク・ミー」

というショー・ナンバーがなかなかいい。これを現実のミュージカルでどう表現するか――その興味がいちばん大きかった。

そしていま、『スタンダップ・コメディの復習』をまとめている時期に、ブロードウェイのジニーを見ると思うと因縁を感じる。

幕が開いて早速、ジニーが登場したにもかかわらず、客席の反応がない。ジニーは今年のトニー賞主演男優賞を獲っているのだ。「アラジン・ナイツ」を歌ってそれっきり出てこなかったジニーは、一幕の終盤にいきなりアラジンの前に現れ、ロビン・ウィリアムズに迫る早口で台詞をまくしたて、そのままショー・ナンバー「フレンド・ライク・ミー」に入る。歌が終わるとまさにショー・ストッパー。観客の鳴り止まない拍手で芝居がフリーズする。

休憩時間に同行の吉本の坪倉さんが特典でもらったジニー役の役者ジェームズ・モンロー・イーグルハートの写真立てを見て「今日のジニーはこの人じゃないんですね」と言った。ぼくはあわてて「プレイビル」(無料のパンフ)を開いて、差し込まれた紙片に載った本日の出演者の名前を見た。ドナルド・ジョーンズ・ジュニア。今夜のショーではジニーだけがアンダースタディ(代役)なのだ。少しばかりがっかりした。

だがこのジニー、二幕でも素晴らしかった。本役のジェームズに勝るとも劣らないのではないか。カーテン・コールでは最後に出てきて一段と大きいスタンディング・オベイションをもらっていた。観客がドナルドのジニーを認めたのだ。幕開きのドナルドの登場に観客の反応がなかったのは、トニー賞を獲ったジェームズでないので唖然としたからだろう。

二〇一四年八月一一日、ロビン・ウィリアムズが亡くなった。ロビンは舞台になった『アラジン』を見たのだろうか？　ジェームズもジョーンズもアニメのロビンを見ているだろうし、大いに参考にしただろうことは舞台をみれば分かるし、歌い方を聴けばロビンなくしては誕生しなかったキャラクターだということも分かる。

終演後、ブロードウェイの街に出ると寒さが身に染みた。タクシーがつかまらないのでしばらく歩いた。近日上映の『ナイトミュージアム／エジプト王の秘密』（二〇一四年、ショーン・レヴィ監督）の大看板があった。『ナイトミュージアム』（二〇〇六年、同監督）にも『ナイトミュージアム2』（二〇〇九年、同監督）、どちらにも、ロビン・ウィリアムズが博物館の展示物のセオドア・ルーズベルトという重要な役で出演していた。一作目に警備員の役で出演していたミッキー・ルーニーも、今年、ロビンの前に亡くなった。もちろん新しい看板にはロビンの姿はなかった。元々博物館の蝋人形のルーズベルトなんだから、今度は蝋人形のまま動かなくなったルーズベルトでもよかったんじゃないか。そんなことを考えて感傷的になったが、タクシーが止まって暖かい車内に入ったら、これから向かう店で何を食べるかという考えに簡単に変わってしまった。

一九九二年一〇月にサム・キニソンが死んだ。三八歳だった。交通事故死。サムの乗ったトランザムに、一七歳の酔っ払った少年が運転するピックアップトラックがセンターラインをまたいで突っ込んだのだ。サムは神経性トラウマを疾患していたが、死因は薬ではなく衝突死だった。アンディ・カウフマンは一九八四年五月に肺がんで死んだ。三五歳だった。二人の死は不可抗力だが享年六三のロビンは自殺だった。

一九九九年に、アンディ・カウフマンを描いた映画『マン・オン・ザ・ムーン』が公開された。監督は『カッコーの巣の上で』（一九七五年）や『アマデウス』（一九八四年）のミロス・フォアマン。アンディはジム・キャリーが扮し、そのマネージャー、シャピロを、生前のアンディを知り、制作にも加わっているダニー・デヴィートが演じた。（註：アンディに関しては141〜143ページ参照）

コメディ・クラブでまったくウケないアンディ。わざとウケないネタをやっているわけではない。ネタがつまらないのである。

次の店。まったくつまらない話。ジミー・カーターの物真似。ウケない。「次、エルヴィス」。

「ツァラトゥストラかく語りき」がかかる。向こうを向いてエルヴィスになる支度をする。ギターを抱えて振り返る。歓声。「ブルー・スエード・シューズ」の口パク。これはウケる。

そして彼に何かを感じてマネージメントを引受けるジョージ・シャピロ。

第一回目の『サタデー・ナイト・ライヴ』。アンディが紹介される。レコード・プレーヤーを横に、アンディはしばらく喋らない。そしてレコードをかける。「マイティ・マウス」のテーマだ。マイティが歌う二小節分だけ振りを入れて歌う。ウケる。

ＡＢＣのシットコム『タクシー』の主演の修理工ラトゥカの役を獲ってくるジョージ。シットコムの笑いは嫌いだと出演拒否するアンディだが、ラスヴェガスで一緒だったという歌手トニー・クリフトンの四回出演を条件に承諾する。ジョージはクラブにトニーを見に行く。「ボラーレ」をちょっと歌い、客席に下り、客いじりのトーク。ただの罵倒だ。客は引く。トニーは明らかに肉布団を着て、サングラスに髭とカツラと含み綿で変装したアンディだ。いじられていた客はアンディが仕込んだ友人のコメディ作家ボブだ。

『タクシー』のヒットでABCの特番が決まる。わざと画面を乱せと注文。視聴者がテレビの故障だと思い、あわてるのがおかしいというアンディ。局は一〇秒だけならと認めるが、関係者は誰ひとり面白いとは思えない。

大学でのスタンダップ・コメディ。会場から「ラトゥカをやれ!」というリクエスト。アンディは、フィッツジェラルドの『グレート・ギャツビー』を朗読する。アンディが、普通に朗読する中、ほとんどの客が帰ってしまう。

アンディはこんなことをして何が面白いんだろう。

アンディは売春宿に行き、二人の娼婦に番組をぶち壊してくれと依頼。そして娼婦二人を連れたトニーが『タクシー』の収録現場に来る。リハーサルから滅茶苦茶をやるトニーは、追い出され馘《くび》になる。

コメディ・クラブ『マーヴ』で、観客から自分とレスリングをする女性を募る。上がってきた女性リンをカウントスリーで負かす。ブーイング。

アンディはリンとやらせのプロレス対決をショーにする。客を挑発してリンが出てくると、本物のプロレスラー、ジェリー・ロウラーが、本物の女子プロレスラーをリングに上がらせる。最初は苦戦するアンディだが、ついに女子プロを組み伏せる。

久しぶりにテレビ番組『フライデー』のゲストに決まる。薬でハイになる演技を要求されるが、本番で彼はできないと言う。ディレクターとアンディが取っ組み合いに。CM中にプロデューサーが「すべてやらせだったことにしよう」と提案。CMが終わってプロデューサーが「これはすべてやらせです」と言う。安心して喜ぶ観客。しかしアンディはCM中に、プロデューサーがそう決めたと明かしてしまう。客席が騒然とするので、再びＣＭへ。

ジェリーとの宿命のプロレス対決。ジェリーの二つの技でアンディはリングに沈む。

ＳＮＬプロデューサーのローン・マイケルズに会い、ＳＮＬ復帰を頼むジョージ。

アンディはジェリーと一緒にＳＮＬに出演し、謝罪と和解を約束する。が、生本番でアンディは約束を破り、ＳＮＬを降板する。じつはこれもジェリーと二人で決めたやらせだったのだ。『タクシー』も中止が決まる。

朝の四時にジョージとボブとリンが呼ばれる。「肺ガンだ」と告白。

これは本当だ。だが家族も芸能誌も、いつものジョークだと思っている。ガンは進行する。

フィリピンへ行き、指で開腹して悪いところを取るという心霊手術を受ける。もちろん施術者のやらせである。手術中、アンディは笑う。

死。葬儀で流れるアンディのスタンダップ・コメディと歌の映像。

自分がおかしいと信じてそれをやり通すコメディアンは、洋の東西を問わず、テレビ向きではないとテレビから駆逐されるしかない。一五年ぶりに映画を見ても、最後までアンディに共感できなかった。ジム・キャリーは本物のアンディ・カウフマンをコピーしてはいない。いつも狂気じみた演技をするジムと、根の暗さでステージを務めるアンディとは全くの別人だった。ジムには向いていない役柄だったのである。ぼくがビデオで見たスタンダップ・コミックをやっているアンディ本人が、この映画の主演をやっていれば共感できたのかもしれない。本物のアンディにはそれほど計り知れない未知感と存在感があったのだ。

その後の『サタデー・ナイト・ライヴ』

レギュラーに、ホスト（メインゲスト）一名と音楽ゲスト一組という基本構成はいまも変わっていない。オープニング（Cold Open）は、いきなり政治や時事ネタのスケッチが始まり、スケッチの最後に誰かが、「Live from New York, It's Saturday Night!」と叫ぶ。そしてSNLバンドの演奏でテーマソングに乗せてニューヨークの街と出演者の顔が現れクレジットが続く。続いてホストのトーク、映画、テレビ、CMパロディ、音楽ゲストの演奏、ニュース・パロディ「ウィークエンド・アップデイト」が入る。後半はスケッチ、音楽ゲスト、VTRによるスケッチ、エンディングは音楽ゲスト。この流れも基本的にはほとんど変わっていない。輩出したコメディアンは、ベルーシやエイクロイドの頃ほどの派手さはなく、ウィル・フェレル（出演期間一九九五〜二〇〇二年）、出演期間最長のダレル・ハモンド（一九九五〜二〇〇九年）くらいしかいない。フォーマットは海外にも販売し、イタリア、スペイン、日本、韓国でもその国版のSNLが放映されている（日本など現在は放映されていない国もある）。「キラー・ビーズ」「サムライ・シリーズ」「コーン・ヘッズ」「ブルース・ブラザーズ」に続く一九八九年の「ウェインズ・ワールド」以降はさしたるヒット企画はなく、しいていえば二〇〇七年に登場した時限爆弾から脱出する『冒険野郎マクガイバー』のパロディのウィル・フォルテの「マクグルーバー」くらいだ。これとて、デーブに言わせると「たいしたことないよ」なのである。再びデーブ。

SNLも、いま、全然面白くない。日本のバラエティも制約や制限が多過ぎて面白いものが少なくなっていますよね。マイク・マイヤーズ以降、スターは出ていません。日本の『アメトーーク』みたいな、半端じゃない露出度の番組ほど面白いものがアメリカにはないんです。BPO（放送倫理・番組向上機構）もなくて制約の少ないMXテレビがいちばん面白かったりする。視聴者は破天荒でなんでもありの笑いを求めているけど、そんなものはない。コメディはリスクを負ってやってきたから面白かったのに、いまはそんなものありませんしね。生粋のエンターテインメントもなくなっちゃいましたね。情報ばかり。スマートフォンで情報にしか関心がなくなっちゃった。ある意味で悲しいですね。

では、SNLでブレイクしたコメディアンは最近、どうしているんだろう。思い出すまま並べてみよう。

＊（　）内の年号はSNL出演年

ダン・エイクロイド（一九七五〜七九年オリジナルキャスト）

一九九三年の『コーン・ヘッズ』は、テレビ・サイズでは面白おかしいものの、映画で六〇分以上は持たないことを再確認させてくれた。以来、取り立てて言うほどの話題作には出演していないが、九八年の『ブルース・ブラザース２０００』、〇一年のウディ・アレン監督の『スコルピオンの恋まじない』の二作の出演は、ファンであるがゆえに、ただ嬉しかった。一三年のスティーブン・ソダーバーグ監督の『恋するリベラーチェ』がある。マイケル・ダグラスがピアニスト、リベラーチェを演じ、ダンはマット・デイモンとロブ・ロウらと脇を固めた。

チェビー・チェイス（一九七五〜七六年オリジナルキャスト）

SNLのレギュラー出演で知名度が一気に上がり、映画やテレビドラマなどへも出演。人気コメディ俳優としての地位を確立した。にもかかわらず、九一年に『絶叫屋敷へいらっしゃい』、九二年に『透明人間』『靴をなくした天使』、九三年にシュワルツェネッガーの『ラスト・アクション・ヒーロー』……。シリーズものでは、八三年の家族旅行の珍道中を描いた『ホリデーロード4000キロ』のヒット以来、九七年の『ベガス・バケーション』まで四作制作されたが、その後、さしたる作品もなくいまに至っている。バケーション・シリーズは、どうやら『ハングオーバー！シリーズ』（二〇〇九〜一三年、トッド・フィリップス監督）で人気の出たエド・ヘルムズでリブートされるらしい。七四年生まれのエド・ヘルムズはスタンダップ・コメディアン上がりで、〇二年よりケーブル・テレビの「コメディ・セントラル」の月木深夜のジョン・スチュワートが司会する人気番組『ザ・デイリー・ショー』に出演したのをきっかけに、テレビドラマや映画に起用され、〇九年、『ハングオーバー！』でブレイクした。

ビル・マーレイ（一九七六〜八〇年）

派手な活躍はしていないが、相変わらず地味にコツコツいい仕事をしている。ティム・バートン監督と『エド・ウッド』（一九九四年）、ソフィア・コッポラ監督と『ロスト・イン・トランスレーション』

(二〇〇三年)、ジム・ジャームッシュ監督と『コーヒー&シガレッツ』(二〇〇三年)、『ブロークン・フラワーズ』(二〇〇五年)、『リミッツ・オブ・コントロール』(二〇〇九年)、ウェス・アンダーソンとは『天才マックスの世界』(一九九八年)、『ザ・ロイヤル・テネンバウムス』(二〇〇一年)、『ライフ・アクアティック』(二〇〇四年)、『ダージリン急行』(二〇〇七年)、『ファンタスティック Mr FOX』(二〇〇九年アニメ)、『ムーンライズ・キングダム』(二〇一二年)と、主役脇役を問わず忘れがたい役を演じている。一四年の最新作ウェス・アンダーソン監督の『グランド・ブダペスト・ホテル』ではムッシュ・アイヴァンを演じ、メイキングで撮影した街を案内している姿が、なんともよかった。

エディ・マーフィー(一九七九〜八四年)

九〇年代の一時期、確実に低迷していたが、九六年の『ナッティ・プロフェッサー』、九八年の『ドクタードリトル』(どちらも面白くもなかった)や、〇一年の声の出演の『シュレック』で盛り返し、『ドリーム・ガールズ』(役者として悪くなかった)で初めてアカデミー賞にノミネートされた。現在もギャラ的には大スターで、一六年に『ビバリー・ヒルズ・コップ』の新作公開が予定されている。

スティーヴ・マーティン(七〇年代にSNL出演でブレイク)

鬼才、奇人というどちらの肩書も似合うスティーヴ・マーティン。『花嫁の父』(一九五〇年)のリメイク作品の一九九一年の『花嫁のパパ』(なぜ、原題は同じなのに邦題は「パパ」になるのだ。これではまるでパロディ映画を想像させるがそうではない)から狂気が消えたかに見えたが、〇一年の『ノボケイン/局部麻酔の罠』(デヴィッド・アトキンス監督)で、本来の姿を取り戻したかに見えた。麻酔を使う歯科医というのは、もちろん、ボブ・ホープの『腰抜け二挺拳銃』のオマージュかと喜んだが、どうもそうではないようにも思えた。〇六年、〇九年と『ピンク・パンサー』のリメイク作品で、クルーゾー役を演る。脚本にも加わり、スティーヴらしさを垣間見せるが、八〇年代の突き抜けたおかしさはなく、寂しい思いをさせてもらった。

ビリー・クリスタル（八〇年代にSNL出演でブレイク）

一九八九年に『恋人たちの予感』で、コメディアンではなく役者として成功するが、九一年の『シティ・スリッカーズ』、九二年の『ミスター・サタデー・ナイト』でコメディアンに戻る。その後、映画では目覚ましい活躍をしていないが、九〇年以来、一二年まで、禿げ上がった額をさらして、アカデミー賞の司会を九回担当している。

マイク・マイヤーズ（一九八九年～九五年）

セカンド・シティ出身のマイクは二本作った『ウェインズ・ワールド』（一九九二年、ペネロープ・スフィーリス監督／九三年、スティーブン・サジーク監督）以降は何年か間があり、九七年に製作・脚本・主演の『オースティン・パワーズ』で主役のオースティンと、敵役のドクター・イーブルを一人でやって成長ぶりを見せた。『オースティン・パワーズ・デラックス』（一九九九年）、『オースティン・パワーズ・ゴールド・メンバー』（二〇〇二年、三作ともジェイ・ローチ監督）は、下ネタも豊富だが、ギャグはさらに充実し、トム・クルーズやスピルバーグがカメオ出演して、昔懐かしいにぎやかなスター登場の映画らしい映画だ。パロディも含めて、出来のいい作品といえる。アニメ『シュレック』の声をシリーズで二〇一〇年まで四本出演している。最近は名前を聞かないが『オースティン・パワーズ』の新作を期待したい。

アダム・サンドラー（一九九一〜九五年）

一九九一年から現在まで三〇本以上のコメディ映画に出演しているが、日本でヒットした作品はない。SNLのDVD『ベスト・オブ・アダム・サンドラー』から、そのコメディアンぶりをちょっとだけ紹介しよう。

いきなり少年の格好のアダムはギター片手にスタンド・マイクの前で、自分はどういうふうに悪い子だからサンタクロースが来ないという歌を歌う。SNLのオープニングのスタンダップ・コミックだ。時事問題やセレブをオペラ調で歌う。その後のジーンズ・ショップや隊長がゲイのボーイ・スカウトのスケッチも笑えない。「ウィークエンド・アップデイト」のセットで紹介され、再びギターの弾き語り。今度は子供でなくてアダム本人である。冒頭と同じくユダヤ人ジョークがはさまる。再び歌があって、イタリアのホテルへ来た新婚カップルのスケッチ。ここではアダムはボーイの一人で、ややバカ。再びオペラ調。「ザガット」（レストラン案内）と「テレビ・ガイド」のスケッチ――面白くない。こんな調子で番組は続く。

あんなに面白かったSNLは、八〇年代で終わってしまったのだろうか。

笑いはケーブルテレビ『コナン』と『コメディ・セントラル』

一九五四年にスティーヴ・アレン司会で始まった『ザ・トゥナイト・ショー』は五六年から三人の司会者を経て、五七年にジャック・パールになる。パールの司会は六二年三月まで続き、ジョニー・カーソンが六二年一〇月に司会を務めることになる。この半年の間に、なんとグラウチョ・マルクスやジェリー・ルイスなどが司会をしている。カーソンは九二年五月まで司会を務め、ジェイ・レノに替わる。NBCは番組が五〇周年を迎えた二〇〇九年五月に司会をコナン・オブライエンに替える。コナンは翌年一月で降板し、ジェイ・レノが返り咲き二〇一四年の二月まで続け、スタジオをカリフォルニアからニューヨークに移し、ジミー・ファロンに替わった。タイトルも『ザ・トゥナイト・ショー・スターリング・ジョニー・カーソン』以来、『ザ・トゥナイト・ショー・ウィズ・ジェイ・レノ』と「ウィズ」だったのが、再び「スターリング」に戻されている。

ジミー・ファロンは、一九七四年生まれで、『サタデー・ナイト・ライヴ』（一九九八～二〇〇四年）、『レイト・ナイト・ウィズ・ジミー・ファロン』（二〇〇九～一四年）とレギュラーを務め、歌真似や物真似のうまいコメディアン、俳優、歌手、ミュージシャンと多彩な顔を持つ。

一九九二年、カーソンの後任は、誰もがそのあとの時間帯に放映されていた『レイト・ナイト・ウィズ・デヴィッド・レターマン』のレターマンが司会をするものと思っていた。ところが後任はレノに決まり、レターマンはNBCを離れて『ザ・トゥナイト・ショー』と同じ時間帯の、CBSの『レイト・ショー・ウィズ・デヴィッド・レターマン』をはじめたのである。

二〇〇九年に、『ザ・トゥナイト・ショー』を降板することになったジェイ・レノは、その前の時間帯の『ザ・ジェイ・レノ・ショー』の司会に就任する。

NBCの『レイト・ナイト』は、司会をコナン・オブライエンにし、〇九年に司会をジミー・ファロンに任せ、本人は『ザ・トゥナイト・ショー』の司会に移籍した。一年もしないでコナンが降りたのは、視聴率低下によることとバンクーバー・オリンピックによる時間の変更を知らされていなかったことなどによる。コナンは三三〇〇万ドルで降板を了承した。そしてその後、『ザ・デイリー・ショー』、そしてケーブル・テレビの『コナン』という強敵が出現することになるのだ。再びデーブに聞く。


笑いはケーブル・テレビの「コメディ・セントラル」というチャンネルがメインです。クラブで収録したスタンダップ・コメディが、夜の一〇時半から一一時の月金の三〇分の『ザ・デイリー・ショー』です。その中で「ディープ・スペッシャル」という、ジョン・スチュアートというコメディアンがキャスターで、一人でその日のニュースを解説するニュース・パロディが抜群の人気です。多局で流れた今日のニュースを見せ、滅茶苦茶な解説をする。ケーブルですから局も何も関係ない。

時事ネタです。もう昔みたいな「うちのカミさんがね……」といったネタはないです。エスニック・コメディアンにもあまり興味がない。政治ネタ、揶揄や皮肉といったニュースのパロディがいちばん受けていま す。『ザ・デイリー・ショー』も基本的にはライヴです。ライヴで時事ネタといういま起きていることに、何か言ってほしいという視聴者の要求にピタリ答えてくれるから人気があるんです。内容が激しい。中間選挙だけで三〇分まるまるやっちゃう。過激な発言ばかりですが、ライターが五、六人いて台本通りなんです。ジョン・スチュアートみたいなコメディアンはしばらく出なかった。繊細で天才的な人です。アメリカでは、九〇年代以降はこの人くらいしかいませんね。

コメディ・セントラルはコメディ・チャンネルとして一九八九年に開局した。初めてデーブに会ったとき、コメディ・チャンネルの話を聞いた。デーブが一押しするジョン・スチュアートは一九六二年生まれで、俳優、コメディアンであり放送作家やテレビプロデューサーの仕事もしている。一九九九年にスタートした『ザ・デイリー・ショー』の人気で二〇〇六年と〇八年にアカデミー賞の司会も務めている。

デジタル時代に入って、コメディの注目度が減った。そこで一般の人のチャンスが増えた。いままではロスやニューヨークに行けない地方の人は断念していたが、いまは行かないで自分で撮影してネットに出せばいい。ある意味でフェアになったとはいえ、すでに飽和状態です。

ここ二〇年近く、アメリカでは人がジョークを言わなくなった。これはインターネットのせいです。コメディは自分から手を出して旨いものを食べられる回転寿司になりました。立場が逆転してしまったんです。ネットのおかげで自分にやれることが半端じゃなくなった。そういう人にアメリカでも日本でもコメディ・クラブ——日本では寄席ですね——に行かせるのは難しくなった。

でもね、関西出身のコメディアンは面白い。市民全部が面白いんですが、この面白さのスタイルはアメリカにはありません。話芸、話術、イントネーション——言葉の選び方が上手い。三枝（桂文枝）、（故）やしきたかじん、文珍……。

いま、コメディの定義自体が難しくなっています。インターネットのせいで、笑いのハードルが上がった。過激でないと視聴者は見ない。コナン・オブライエンはケーブル局TBSの深夜時間帯で『コナン』（二〇一〇年一一月開始）の中のワンコーナーの犬のぬいぐるみのトライアンフがおかしいです。ラテン語のアクセントで、あちこちに「ピー」が入っている。ワールド・シリーズについて「サッカーなんて最悪。ボールの行方を見ているくらいつまんないことはない。点数だって世界一少ないスポーツだ」なんてぼろくそにけなすんです。いまや三大ネットワークは関係ないんです。ケーブルのほうが質が高い。アメリカのケーブル・テレビは日本のMXテレビ化しています。

アメリカではケーブル・テレビも見向きしないようなお笑いの番組を、まだ地上波で流している日本に、ケーブル・テレビでお笑いを見るなんて未来があるのだろうか。デーブが言うようにMXテレビは、アメリカのケーブル・テレビに近いスタンスをしている唯一のチャンネルなのかもしれない。

ラスヴェガスのペン&テラーと活躍する日本人

二〇一四年一二月、ラスヴェガスで六本のショーを見た。最初に見たのは『ヴェガス! ザ・ショー』。昔懐かしいバラエティショーだが、最後にフィルムで、九〇年代にダイナマイトで次々に爆破されて壊される「サンズ」「リオ」「ランド・マーク」など、懐かしいラスヴェガスの消滅シーンを次々に流されて思わず涙ぐんでしまった。

二本目は、『ペン&テラー』（58～59ページ参照）のショーだ。これがいちばん見たかった。大男のペンはともかくブラックなジョークを喋りまくり、小男のテラーはいっさい喋らない。これが売り物でもある。影絵やモニター、ピストルと実弾を使うマジックなどが並ぶが、このコンビらしいのが箱に入れた美女の電動のこぎりによる人体切断だった。真っ二つにして手前の板をはがすと、美女の腰の部分が箱の下の台にしっかり納まっている。そこでさらに台部分も切ってしまって、二つに分けると内臓が床に落ちてくる。本当に美女を切断してしまったのだ。これぞペン&テラー一段と大きな拍手が来た。

二日目。七時からは『ジャバウヲッキーズ』。白い仮面をつけたダンサーのヒップ・ホップなどのダンス・ショー。ま、それだけのこと。

九時半からのショー。ここから明日を含め三本はシルク・ドゥ・ソレイユのショーだ。シルクのショーは『O』『KÀ』『Mystère』『Michael Jackson: One』『Zumanity』『Love』『Criss Angel Believe』『Zarkana』の全部で八作品。毎晩（休みは一日か二日）上演されている主要なショーは大小取り混ぜ四〇本くらいだから、そのうち八作品というのは凄い。『オー』と『ラヴ』は、二作品ともこの期間は休演している。まずは『マイケル・ジャクソン／ワン』だが、ここからの三本は吉本の外国芸人やショー出演者を招聘している帆先さんが、『カー』の関係者にチケットを依頼してくれた。ぼくらはショーの劇場入り口でチケットを持って待っていてくれた髙橋典子さんに会った。チケットを渡してくれて、

「客席の前の方の舞台の」

とちょっと考えて、

「えーと、正面の上手っていうのかしら、そこで私を呼び出してください。それからバック・ステージをご案内します」

彼女がちょっと考えていたのは、上手下手の意識はなく、レフト・ステージ、ライト・ステージという言葉が先に浮かぶからだろう。ぼくらはチケットの御礼を言って典子さんと別れた。マシ・オカさんの取材もすることだし、同じくアメリカのショー・ビジネスで活躍する典子さんの話を、明日、三〇分ほど聞かせてもらおう。ぼくは勝手にそう思った。

ショーはマイケル・ジャクソンの曲で展開される。アクロバットや宙吊りが、うまく曲や中身に溶け込んだものは気にならないが、なんでこの曲に宙吊りが必要なのかと思った途端に興ざめになってしまう部分もあった。けれどもやっぱり、アメリカ（カナダ）は凄いの一言でくくられてしまう。

最終日、まずは『ズーマニティ』。よくシルクが作ったと思うほどの下ネタ大会である。それ以上の印象はない。でもアメリカ（カナダ）は凄いのである。

そして今回のショーでいちばん大がかりな作品『カー』を、MGMホテルで九時半から見る。

ショーが始まって場面転換があって、すぐに出演した小柄で可憐な東洋系の女性を見て、同行してくれたロサンジェルスのよしもとエンターテインメント・USA代表の頼廣アキ（彰伸）さんが、

「あれが髙橋典子さんですよ」

同行のよしもとの坪倉さんとぼくは、典子さんはアンサンブル（その他大勢）だと勝手に決め込んでいたが、準主役級の役どころだった。

中身はただもう驚かされる連続だった。

終演後、上手客席前方に行くと、場内の観客がまったくいなくなった頃に、係員が「典子の友人か」と訪ねてきて、バック・ステージに入れてくれた。ひととおりまだメークを落としていない典子さんに案内してもらい、インタヴューをさせてもらった。

初めてシルク・ドゥ・ソレイユを見たのは、最初に来日した『ファシナシオン』（一九九二年）でした。それから一九九四年に『サルティンバンコ』を見たんです。そしたら、私のバトン・トワリングの先生が、「あそこでバトンができたらいいね」って言われて、それが夢になって。九九年でした。シルクが映画を作る話を世界バトン・トワーリング連合に持ってきたんです。そのとき、日本人からは五名が選出され、履歴書や、写真、ビデオを送りました。オーディションはありませんでした。でも、その映画の話はなくなって。そのあとで、『サルティンバンコ』に新しくバトンを入れたいという話があり、新たにビデオなどを送るよ

うに世界バトン・トワーリング連合から話がありました……でもそれもなくなったんです。あとで分かったことですが、人事異動などで、ショーの内容を変えるどころでも、新しいアクトを入れるどころでもなかったようです。

それで、今度は自前で履歴書を（シルクの本部のあるモントリオールに送ったんです。トレーニングさせてほしいって。忘れかけた頃にメールが来ました。迷惑メールではないかと、メールアドレスの@マークの後ろのcirquedusoleil.comの部分を何度も確認しました。メールの内容は、「今度新しいショーを作ります。興味がありますか?」というような簡単なものでした。「もちろんです」ってすぐ返事を送りました。『KÀ』を作りはじめているまだ話し合いの段階で、私のことを見つけてくださったようで、オーディションなしで選んでいただきました。私はワクワクしているので早く行きたかったのですが、「まだ来なくていい」と連絡が来て、そろそろかなと思うと、やっぱり「まだ来なくていい」という連絡が続き、出演者の大多数が行った一〇月、一一月から三ヵ月も遅れて、翌年の二月にシルク・ドゥ・ソレイユ本部のあるモントリオールへ向かいました。二〇〇四年のことです。

何も持ってこなくて良いと言われるなか、バトンができますようにと願いながらバトンを持って行きました。行って初めて、私はチームの演技がほとんどないので早くから行かなくて良かったことが分かりました。みんなから「あなたがバトンをする人!」と言われました。バトンができるか不安で行きましたが、私以外の人たちは内容を知っていました。ショーの流れのビデオがすでに作られていたからです。そこには、舞台の動きのコンピューターグラフィックスと、場面ごとのアクトのビデオが組み込まれていました。私が送ったビデオもそこに入っていて、そのビデオを見た人たちは、すでに私のことを知っていたわけです。

特殊な舞台でどういうことができるのか、話の流れに沿ってどういう演技ができるのか、ショーそのものを作っていくことのほかに、ジュというクラスがありました。フランス語で、遊び、演技、肉体の一部の動きなどの意味があるそうです。仮面をつけて表情ではなく身体でいろいろなことを表現させられるのとかがありました。「水から油になる」とかそういうワークショップです。奈落が深いので、何かがあったときに安全ネットにきれいに落ちることができるように「落ちる練習」もたくさんしました。

いま現在の出演者は、役者やダンサーはほとんどいませんが、オリジナルの出演者にはいました。新体操の人はいません。京劇の人が七人ほどいます。サーカス学校出の人はいます。日本ではあまりイメージが浮かばないことですが、サーカス学校に通うというのがほかの国ではもっと一般的なことのようです。

とても可憐な演技をしてましたねと言うと、「ありがとうございます」とチャーミングに微笑んだ。ブロードウェイのショーに立ちたいとか思います?

それはもちろんやっていきたいです。私にできる役が来たらという気持ちはあります。いまやっているこの役も好きですが、できればクリエーションからやっていきたいと思っています。シルク以外のショーでも、チャンスがあればクリエーションから上手く入ってやっていきたいと思っています。

アメリカのショー・ビジネスについて率直な感想を聞かせてください。

私は出演者で、自分のできることを精一杯取り組んでいるだけで、あまり「ビジネス」という感覚がないかもしれません。アメリカのショー・ビジネスの多くが成り立っているのは、一つにはお客さまがいらしてくださるからではないでしょうか。ショーを見るということに関して、アメリカのほうが慣れていると言いますか、もう少し身近なような気がします。

「来週の日曜日にコンサートをするので来てください」「今度、チャリティ・ショーに出演するので見に来てください」というようなことがしばしばあります。入場料も無料であったり安かったり。そういうところに出向いて、何かを見たり聴いたりする機会は、たくさんあります。興味も生まれ、気軽に足を運ぶ習慣もでき、もっとたくさん見たい、もっと良いものを見たいという気持ちになることもあるでしょう。

「結婚記念日だからショーを見に行こうか」「誕生日だからあのショーを見たい」などと、ショーを見に行くことを特別な日にすることの一つにしてくださる方も、たくさんいらっしゃるようです。余談ですが、アメリカ人の多くが自分の誕生日に仕事を休むことに、私は驚きました。

日本のショー・ビジネスのことは、関わったことがないので、詳しくは分かりません。日本に居たときの自分、客の自分を考えると、期間が短いものは、「いま行かなくては!」となんとか都合を付けて見に行きますが、ロングラン公演であると、そのうちにと思っているうちに機会を逃してしまいます。期間限定商品に弱い自分が、そこにも現れていました。そして、時間的にも経済的にも余裕がなかったり……。

聞くところによると、同じブロードウェイ・ショーでも、日本では出演者に支払われる金額が低いそうです。私は単純なので、劇場（使用料）が高いのかしらと思ってしまいますが、そんなに簡単なことではないと思います。アメリカですべてのショーが成功しているわけではないです。ラスヴェガスに来ては消えていくショーをたくさん見てきました。でも、すぐ次のショーがやって来ます。

アメリカとカナダという違いは感じますか？

クリエーションのときに過ごしたモントリオールは、カナダのなかでも一味違うケベック州にある都市です。アメリカも西と東では大分違いがあるようです。そして私が現在住んでいるラスヴェガスは、アメリカでも特殊なところ。仕事場は多国籍。その環境に居る私が一言で違いを言うのは間違っていると思いますが、アメリカはおおらかで、カナダは思考する国かな……。

髙橋さんにとって、お客さんの前でパフォーマンスをするというのは、どういうことだとお考えですか？

私を育ててくれたバトンのことを考えると、たくさんのお客さまにバトンを見ていただける貴重な機会です。私自身のことを考えると、恥ずかしがり屋の私に神様が与えてくださった修行の場。積み重ねた時間を振り返れば、お客様の前で演技をするのはほんの一瞬ですが、その一瞬を楽しんでくださるみなさんのお蔭で私に喜びが返ってきます。自分を磨く場、そして、磨いていただく場。前進していくエネルギーをいただけるありがたい瞬間だと思います。

それでもウディ・アレンがいい

ウディ・アレンから始まった

スタンダップ・コメディアンに興味を持つようになったのは、ウディ・アレン・フリークだったたからだ。『泥棒野郎』（一九六九年）と『ウディ・アレンのバナナ』（一九七一年）のギャグにウケた。ボブ・ホープとグラウチョ・マルクスを敬愛していると何かで読んで安心した。「これだな、W・アレンは」と納得した最初はハーバート・ロス監督の『ボギー！俺も男だ』（一九七二年）だった。『ウディ・アレンの誰でも知りたがっているくせにちょっと聞きにくいSEXのすべてについて教えましょう』（一九七二年）で、ますますこの人に興味をそそられた。『アニー・ホール』（一九七七年）、『マンハッタン』（一九七九年）、『スターダスト・メモリー』（一九八〇年）で、ぼくのW・アレン熱は本物になった。八〇年にニューヨークの「マイケルズ・パブ」でアレンのクラリネットのライヴを聴き、休憩中に「いつかインタヴューがしたい」と話しかけた。書くものと言われて出したメモに「W．ALLEN」と金釘流のサインに事務所の電話番号を書いてくれた。『ブロードウェイのダニー・ローズ』（一九八四年）

を見て、カーネギー・デリでダニー・ローズというサンドウィッチを頼んだが、食べきれなかった。その頃からW．アレンと同じ空気が吸いたくて毎年NYに行くようになった。『ハンナとその姉妹』（一九八六年）のアレン選曲のサントラ盤は好きなモダン・ジャズ・レコードと同じくらいの回数を聴いた。『重罪と軽罪』（一九八九年）、『夫たち、妻たち』（一九九二年）――アレンは変わっていなかった。『ギター弾きの恋』（一九九九年）のショーン・ペンもたまらない。

主演と監督をするアレンとイーストウッドは音楽好きのジャズ人間だ

監督もするし、映画音楽も人には任せられない役者と言えばウディ・アレンとクリント・イーストウッドがその双璧である。二人の大先輩にチャールズ・チャップリンがいるくらいで、そうそう天は二物や三物を与えない。『街の灯』『ライムライト』などチャップリンの映画音楽は秀逸。『モダンタイムス』の「スマイル」はスタンダードの名曲だ。

アレン最初の主演・監督・脚本・音楽四役担当作品は『スリーパー』（一九七三年）。その前年の『誰でも知りたがっているくせにちょっと聞きにくいSEXのすべてについて教えましょう』で音楽のディック・ハイマンと初コンビを組む。ハイマンはアレンの八歳上のニューヨーク生まれの編曲兼作曲家で、ビ・バップのトランペッター、ディジー・ガレスピーのグループにいたこともあるジャズ・ピアニストだ。以来『スターダスト・メモリー』『カメレオンマン』（一九八三年）『ブロードウェイのダニー・ローズ』『カイロの紫のバラ』（一九八五年）『ラジオデイズ』（一九八七年）『世界中がアイラブユー』（一九九七年）『ギター弾きの恋』などに音楽としてハイマンの名が出るが、タイトル・

クレジットに音楽家名がなく使用曲が並ぶ映画はアレン自身の選曲になる。『マンハッタン』ではジョージ・ガーシュインの作品だけで、ズービン・メータ指揮のニューヨーク・フィル演奏で「ラプソディ・イン・ブルー」やスタンダード・ナンバーの「サムワン・ウォッチ・オヴァー・ミー」などをシンフォニック・ジャズで聴かせる。アレンは映画のBGMの選曲をする際、1000曲以上の曲を聴く。『ハンナとその姉妹』では、アレン演じるテレビ製作に携わる男が選曲で難聴になったのを耳の癌と思い悩むシーンがあった。この映画でハリー・ジェイムスやカウント・ベイシー楽団からバッハまでを選曲した自身の体験がストーリーに反映したわけだ。『マンハッタン』と『ハンナとその姉妹』のサウンドトラック盤はCDアルバムとしても質が高い推薦盤でもある。アレンはクラシック、ジャズ、オールディーズ、なんにでも詳しいが、そのバックボーンはジャズだ。自らがクラリネットを吹き、リーダーを務めるニューオリンズ・ジャズのバンドもある。ニューヨークの「マイケルズ・パブ」で聴いたことがあるが、およそスイングしないバンドだった。

クリント・イーストウッドの映画もジャズが多い。彼の監督としての師であるドン・シーゲルはコンビの出世作『ダーティ・ハリー』（一九七一年）の音楽に、前出のディジーやクインシー・ジョーンズ楽団に参加していたジャズ・ピアニストのラロ・シフリンを起用している。イーストウッドの初監督作品は『恐怖のメロディ』（一九七一年）。ジャズ・ピアニストのエロール・ガーナーの名曲「ミスティ」を毎夜「Play Misty For Me私のためにミスティをかけて（原題）」と電話でリクエストする女性に出会ったことから悩まされ続けるようになるDJを自身が演じている。『バード』（一九八八年）では、ジャズマニアらしくバードの愛称のビ・バップの創始者、アルトサックスのチャーリー・パーカー（フォレスト・ウィテカー）を描き、その後、異端のジャズ・ピアニスト、セロニアス・モンクのドキュメンタリー『ストレート・ノー・チェイサー』（一九八八年）を編集している。

アレンは初期の『スリーパー』（一九七三年）で音楽を書いたくらいで、その後の音楽は選曲はディック・ハイマンだが、イーストウッドは最近になって『ミスティック・リバー』（二〇〇三年）『ミリオンダラー・ベイビー』（二〇〇四年）『父親たちの星条旗』（二〇〇六年）『チェンジリング』（二〇〇八年）と立て続けに音楽も担当している。

コメディとシリアスの両極端にいるアレンとイーストウッドだが、役者で監督をする二人の異才の背中にあるのが、即興演奏で数々の優れた名曲と名演奏を生んできたアメリカで生まれたジャズであることが興味深い。音楽を知っている監督は信用できる。

スタンダップ・コメディと落語、そしてウディ・アレンと三遊亭円朝

ウディ・アレンの傑作、『アニー・ホール』『マンハッタン』『ハンナとその姉妹』はニューヨークが舞台のソフィスティケイトされた都会的恋愛になりそうでならない物語。どの作品にもストーリーとは関係ないアメリカ的な笑いの仕掛けがどこかにある。スラップスティック、ナンセンス、楽屋オチ……。バスター・キートン、マルクス・ブラザーズ、ボブ・ホープを敬愛するアレンの初期作品は、こうした先達が作り上げたアメリカ的笑いに満ちみちている。初の監督・脚本・主演の『泥棒野郎』は粋さを狙うなんてことはなく、とにかくギャグに徹しようという姿勢が見える。ドキュメンタリー・タッチの実録犯罪物のパロディも

楽しむ。この実録パロディ形態は『カメレオンマン』『ブロードウェイのダニー・ローズ』や『ギター弾きの恋』で完成させている。

中南米の小国の革命をパロディにした『バナナ』を経て、三作目の監督・脚本・主演作品『誰もが知りたがっているくせにちょっと聞きにくいSEXのすべてについて教えましょう』は不思議な作品だ。中世から現代、そしてSFまでの七話のオムニバスで、どれもセックスを笑いにした艶笑コメディである。トリは「精子のメカニズム」。ストーリーは未来的な制服を着た男性職員が働くコンピューターが作動している近未来セットから始まる。そこから脳へ指令。続いて胃に。どうやらここは男性の身体の動きを指令する、体内のどこかにある司令室らしい。男は女性と食事中。職員たちは会話をしている――「セックスまで行くかな？」――潜望鏡を覗く。相手の女性が映る。難しそうだ。だが、司令室から脳への刺激もあって、なんとかカー・セックスにまで持ち込む。勃起室では労働者たちが勃起させるためのハンドルを奴隷船のように廻し始める。精子たちが待機している精子室。アレン扮する精子は出動を恐がっている。「ピルを飲んでいたらどうしよう。ゴムにぶつかるんじゃないか」。急に勃起室でハンドルが逆回りする。大脳皮質で罪悪感が起きたのだ。司令室に牧師が連行される。「未婚の男女が！」と抗議する牧師は監禁される。再び勃起。いよいよ精子の出動だ。アレンはまだ抵抗する――「今夜は両親と食事の約束があるんだ」。飛行機から飛び降りる落下傘部隊のように次々に射精。「成功！」――司令部の職員たちは祝杯を挙げる。突如、緊急灯が点滅。「二回目が始まる」――職員たちは再び部署へつく。

古典落語のお色気噺で艶笑落語という分野がある。

いきなり落語を登場させるのは気が引けるが、精子に人格を持たせたことと艶笑コメディの連想から、ぼくの体内のどこかにある司令室から脳に指令が来たらしい。アレンと古典落語が結びついたのは艶笑噺『疝気《せんき》の虫』だ。大好物の蕎麦を食べると、人の腹の中で筋を引っ張って暴れる虫がいる。苦手は唐辛子だ。唐辛子が来ると別荘に逃げるらしい。別荘というのはアレン映画にも登場した精子室を保護する部分だ。そんな夢を見ていた医者のところに、疝気で悩んでいる旦那から往診の依頼が来る。この医者、夢を信じて旦那の口元で、旦那のかみさんに蕎麦を食べさせる。蕎麦の匂いにつられた疝気の虫は旦那の中から出て、かみさんの口に入り腹の中で大暴れ。今度はかみさんが七転八倒。そこで、唐辛子を溶いた水をかみさんに飲ませる。仰天した虫は、あわてて別荘を探すが……噺家は立ち上がり「どこに行っちまったんだろう」と別荘を探して、キョロキョロしながら高座を下りる。

艶笑落語には他にも『紙入れ』『なめる』『錦の袈裟』『蛙茶番』などがあるが、これ以上下ネタに行くのもはばかられるので内容は割愛。軌道修正をしよう。せっかくここまで来たのだから落語の中にアレン的な笑いを探してみよう。『粗忽長屋《そこつながや》』は、粗忽な男に「お前が行き倒れで死んでいる」と言われ現場に行くと、死体を見て自分が死んでいると思い込む、これも粗忽な男。行き倒れの死体を抱きながら「抱いた死《し》骸《げえ》は俺に違いねぇが、抱いている俺は誰だろう」というオチ。『後生鰻《ごしょううなぎ》』は、裂こうとした鰻を「殺生はするな」と鰻屋から買い上げて、前の川にポチャーンと投げ込むご隠居の噺。鰻屋もいい商売なんで毎日、鰻を裂こうとしてご隠居に買い上げさせる。鰻がなくなりゃすっぽんだ。ある日、久しぶりにご隠居が通りかかったが、あいにく生き物は何もない。かみさんが負ぶっていた赤ん坊を裸にして裂き台の上に乗せる。ご隠居あわてて高値で買い取り、前の川にボチャーン。古今亭志ん生の滑稽話は、アレンのナンセンスな世界に通じるかもしれない。

アレンの実録物あるいは自伝的作品――例えば『スターダスト・メモリー』――は、落語で言えば会話より地の文で進行する『お血脈《けちみやく》』『源平盛衰記』などの地噺に通じる。立川談志の『源平』が代表的だ。監督として円熟期のアレン作品を古典落語にあえてなぞらえると、人情噺かもしれない。代表的な人情噺に歌舞伎でも上演されている『文七元結《ぶんしちもっとい》』や『芝浜』がある。その作者の噺家、三遊亭円朝（一八三九～一九〇〇）は怪談物の『牡丹灯篭』『真景累ケ淵《しんけいかさねがふち》』などでストーリーテラーとしても類まれな才能を発揮する。軽いホラー落語『死神』の原作はグリム童話で、円朝が江戸時代の話に翻案した。落語家は常に監督であり役者である。円朝はこれに加えて原作、脚本も手がけている。ここでやっとアレン映画と古典落語の共通点を見つけることができそうだ。インテリなアレンと博学な円朝。コメディと落語というどちらも笑いを追究する世界である。で、監督・脚本・主演も共通する。ニューヨークっ子で立って一人で面白おかしい話をするスタンダップ・コメディアン出身と、江戸っ子で座って一人で面白おかしい話をする落語家。時代と国を越えてスタンダップとシットダウンが交わる――二人のツー・ショットを想像すると楽しい。

スコセッシのニューヨーク、アレンのニューヨーク

確かに『タクシードライバー』（一九七六年）は衝撃的だった。舞台が七〇年代のニューヨークでなければ成立しない映画だった。あの殺伐としたどうしようも

ない寂寥感はロスでもシカゴでもない。アスファルトの路上から吐き出される蒸気の向こうに、ポケットに手を突っ込んだデ・ニーロ――その映像が、ニューヨークという街のすべてを語っていた。一九七六年のニューヨークは、どこかピリピリしていて他人行儀で怖い街だと画面は主張していた。でも、この映像を見てニューヨークに憧れることはなかった。

ウディ・アレンの映画のニューヨークが登場したのは、翌七七年の『アニー・ホール』だった。七九年の『マンハッタン』では、ニューヨークという街をガーシュインの音楽とともに息づかせた。七七年にスコセッシは『ニューヨーク・ニューヨーク』を撮る。ニューヨークのジャズサックス奏者と歌い手とくれば、粋で都会的な映画を期待したが、ぼくには画面のニューヨークもジャズも心躍るものではなかった。アレンのニューヨークは『スターダスト・メモリー』(一九八〇年)、『ブロードウェイのダニー・ローズ』(一九八四年)、『ハンナとその姉妹』(一九八六年)と続いた。画面の隅々までもがニューヨークだった。

アレンが七歳上だが、二人ともニューヨーク大学の映画学科出身である。アレンの生まれはブルックリンで、ユダヤ系である。一方のスコセッシはロング・アイランド生まれリトル・イタリーで育ったイタリア系。この違いが二人の描くニューヨークの違いにもなっている。

二人とも映画の中に既成曲を挿入する。アレンがウディ・ハーマン、ハリー・ジェイムスという懐かしいジャズを好むのに対して、スコセッシは、ザ・バンド、ローリング・ストーンズ、ヴァン・モリソン、ボブ・ディラン、エリック・クラプトンなどの楽曲を使う。ぼくはスイング・ジャズもビッグバンドもモダン・ジャズも、ロックよりニューヨークの風景にふさわしいと思っている。『マンハッタン』の冒頭のゴミの浮くモノクロームのサウスフェリーに「ラプソディ・イン・ブルー」が、たまらない雰囲気を出した。ブルックリン橋を背にし、アレンが自分より背丈のあるダイアン・キートンとのシルエットのキス・シーンには「サムワン・トゥ・ウオッチ・オーヴァー・ミー」が似合う。『ブロードウェイと銃弾』（一九九四年）はジャズが聞こえる古き良き時代の明るく軽いギャング、スコセッシの『ギャング・オブ・ニューヨーク』（二〇〇二年）はアメリカの暗黒面の歴史を背負う暗くて重いギャング——アレンのニューヨークが暖色の街なら、スコセッシのそれは血の通わない街だった。

一九八九年、『ニューヨーク・ストーリー』で二人の名前が、コッポラとともにクレジットされた。スコセッシのニューヨークは選んだテーマからして明るくはない。イーストサイドの倉庫にアトリエを構える主人公の画家からして重苦しくて暗い。助手の若い女流画家との微妙な関係。彼女には恋人がいて、仕事関係の男たちにもちやほやされる。イライラする画家。アレンの映画によくあるような設定だが、アレンなら女性に振り回される愛すべき男がニューヨークに溶け込んでいる。スコセッシの主人公は独りよがりで観客に共感されるのを拒む。画家役のニック・ノルティがニューヨーク的な洗練さのない野暮ったい田舎者に見えて来る。

同じニューヨーク物語というテーマで、アレンは中年男の不倫の恋の悩みといった男と女がいる風景にニューヨークを選ばず、口うるさい母親と、いまだに子ども扱いされるウディ・アレン演じる息子とニューヨークの空との不思議な物語を描く。中国人の魔術師の舞台に上がって、箱に入ったまま消えてしまう母親。数日後、外を歩くと、母親が大声で町中の人に息子のことを喋りまくっている。どこにいるのかと思うと、真っ昼間のマンハッタンの空いっぱいに、巨大な入道雲さながらの母親が。そのスケールとバカバカしさに、スコセッシのチマチマした男女関係も、コッポラの大金持ちの幼い娘の現代のお伽噺も、どこかに吹っ飛ばされてしまうのだ。

　ぼくはアレンのニューヨークに対して、スコセッシのニューヨークがそんなに好きじゃない。映画を否定するのではなくて、スコセッシのニューヨークが肌に合わないのだ。小津安二郎の東京、フェリーニのローマ、ルイ・マルのパリは、アレンのニューヨークに通じる街への愛情がある。スコセッシのニューヨークは大島渚の東京なのかもしれない。ぬくもりのない、取りつく島もない街――そういうニューヨークや東京の描き方を否定する気はまったくない。それが映画であって、その映画の好き嫌いを言えるのはぼくたち観客に許された特権でもあるからだ。

最近のウディ・アレン――好きな映画と嫌いな映画

『ミッドナイト・イン・パリ』（二〇一一年）ではアレンのファンであり続けてよかったと思った。着ているもの以外は全然似てはいないけど、オーウェン・ウィルソンが若き日のW・アレンに見えてきて嬉しくなった。アレンにとってのNYがそうであるようにパリの街も愛おしくなった。ここまできたら、この先、どんな映画を出されても、その思いは永遠に変わらないはずだ。でも『ブルージャスミン』（二〇一三年）は好きになれない。映画館で見てDVDを買わなかった初めてのアレン映画だ。なぜあんな救いのない映画を作ったのだろう。その後の『ジゴロ・イン・ニューヨーク』はよかった。同じ二〇一四年に封切られたイースト・

ウッド監督の『ジャージーボーイ』もいい。いま、アメリカを代表する監督は文句なくウディ・アレンとクリント・イーストウッドだ。

3 模索するスタンダップ・コメディ

モキュメンタリーとサシャ・バロン・コーエン

イギリスの近年の笑いと言えばBBC制作の『モンティ・パイソン&フライング・サーカス』だが、一九九九年~二〇〇二年に放映された『ザ・リーグ・オブ・ジェントルメン』というダーク・コメディがある。一応物語があって、イギリス北部にある村に青年がハイキングに来る。この村には、よそ者が行方不明になる雑貨屋や人肉らしきものを売っている肉屋や、女装運転手など奇妙で不気味な人たちが住んでいる。これを、三人の役者が男女関係なく演じ分けている。次にBBCでヒットした笑いの番組が二〇〇〇年から〇六年まで続いた『リトル・ブリテン』だ。女子高生、女装趣味の男性、村いちばんのゲイ、車椅子生活の健常者と介護ヘルパー、首相秘書官などのレギュラーが繰り広げる。こっちはストーリーというよりスケッチの積み重ねになっている。そのあとは？　デーブ・スペクターに聞く。

イギリスでは面白い人が多いです。『モンティ・パイソン』も復活したしね。イギリスのコメディアンはエッジが切れていていいし、最初から演技力がある。コメディをしてもレベルが高いですね。サシャ・バロン・コーエンという天才がいます。架空の独裁者を演ったり、スケールの大きなコメディアンです。

そういえば、そんな映画があったことを思い出した。略歴を調べてみる。

サシャ・バロン・コーエン（一九七一年生まれ）は、一九九八年、イギリスのチャンネル4で　ブラック・カルチャーにかぶれた白人ラッパー、アリ・Gというキャラクターを演じて大ブレイク。二〇〇〇年から『ダ・アリ・G・ショー』で数々の賞を受賞。〇二年自ら総指揮・脚本主演で映画『アリ・G』（マーク・マイロッド監督）が公開される。〇六年、『ボラット　栄光ナル国家カザフスタンのためのアメリカ文化学習』（ラリー・チャールズ監督）で制作・原案・脚本を手掛け、ゴールデングローブ賞主演男優賞受賞。〇七年『スウィーニー・トッド　フリート街の悪魔の理髪師』（ティム・バートン監督）、〇九年『ブルーノ』（ラリー・チャールズ監督）、一一年、『ヒューゴの不思議な発明』（マーティン・スコセッシ監督）、一二年『ディクテーター／身元不明でニューヨーク』（ラリー・チャールズ監督）、『レ・ミゼラブル』（トム・フーパー監督）と、結構な映画キャリアがある。何よりも驚いたのは、以上の映画で彼が脇役出演をしている三本を見ていたことだ。特に『レ・ミゼラブル』では、悪役の宿屋の主人テナルディエを演じていたのである。

早速、主演した四本の映画を手に入れてみた。最初の『アリ・G』以外の監督はすべてラリー・チャールズ。この人はベルザーの本の共著者で、『サインフェルド』の脚本を二八本も手掛けている。

まずは『ボラット　栄光ナル国家カザフスタンのためのアメリカ文化学習』。なんだこりゃ……面白いのである。カザフスタン人ジャーナリストであるボラットのドキュメンタリー映画という形式のコメディである。ボラットはカザフスタンの情報省の依頼でアメリカに行き、何人かのアメリカ人をインタヴューして、その経過をドキュメンタリーとして映像に収録する任務に就く。自己紹介を兼ねて自分の生まれた村を紹介する冒頭からすさまじい展開になる。貧しい村は男尊女卑で、妹のナターシャはカザフスタンでベスト4に入る売春婦と自慢気に語り、反ユダヤ主義の「ユダヤ人追い」という、とにかくバカな村祭りを紹介する。このあたりからすっかり、サシャの手中にはまってしまう。ニューヨークの地下鉄の乗客に挨拶をして回る。戸惑う真顔の乗客たち。いきなり彼の手荷物からニワトリが飛び出し、車内は騒然となる。ホテルに泊まるボラットは、エレベーターを部屋と間違え、荷物を広げたり、とにかくホテル側を困惑させる。このあたりで、これは本当のことで、一般人が巻き込まれていることに気付いた。そういえば、これはモキュメンタリーじゃないのか。

モキュメンタリー（Mockumentary）とは、映画の撮影手法の一つのジャンルで、架空の人物や団体、事件、出来事をドキュメンタリー風に表現する手法をさす。Mock（偽の）とドキュメンタリーの合成語だ。フェイク・ドキュメンタリーとも呼ばれている。

フェイク・ドキュメンタリーは大好きな映画の作りだ。モンティ・パイソンが一九七八年に作った『ザ・ラットルズ』というテレビ映画がある。ぼくは同年、東京12チャンネルで深夜の時間帯で初めて見た（DVDも発売されている）。原題は『オール・ユー・ニード・イズ・キャッシュ』で、ラットルズという架空のロック・バンドが世界一になるまでの伝説をドキュメンタリーで紹介する内容だ。タイトルからも分かるように、もちろんビートルズのパロディである。ミック・ジャガーやポール・サイモンがインタヴューで「ラットルズ」を語る。中身はビートルズを語っている。ジョージ・ハリスンがテレビ・レポーターでカメオ出演もしている。『イエロー・サブマリン・サンドイッチ』というアニメや、『ヘルプ！』の映像を彷彿させる「アウチ！」、「トラジカル・ヒストリー・ツアー」「ア・ハード・デイズ・ラット」「サージェント・ラターズ・オンリー・ダーツ・クラブ・バンド」「シャビー・ロード」など、まるでビートルズそっくりな楽曲と映像が紹介される。

じつは、ぼくもこの手法で七〇年代に、売れたばかりのタモリの偽ドキュメントを12チャンネルの番組で構成している（第三巻に詳しい）。タモリの二枚目で発禁になったアルバム「戦後日本歌謡史」もこの手法で、元歌にそっくりなタイトルとメロディーの歌謡曲を歴史順に並べ、タモリが偽の解説をもっともらしくナレーションするという偽歌謡史をでっち上げた。

この偽ドキュメンタリーの手法を撮った映画は、ほかに一九八三年にウディ・アレンが演じるゼリグという架空の男が近代史のあらゆるところに現れているという『カメレオンマン』、一九九四年のトム・ハンクスの『フォレスト・ガンプ』（ロバート・ゼメキス監督）にも見られる。日本でも一九六七年の『人間蒸発』（今村昌平監督）、二〇〇七年の『大日本人』（松本人志監督主演）などがある。

『ボラット』に戻ろう。偽ドキュメントと分かると見方も変わってくる。ボラットはユーモア講座に行きインタヴューをする。そこでボラットは、義理の母との性交渉や弟の知的障害を笑いにして講師に話す。呆然とする講師がおかしい。フェミニスト団体のおばさん三人にインタヴュー。眉をひそめるようなことを言い出し、おばさんたちは怒って帰ってしまう。車のディーラーに「女性が引っ掛かる車がほしい」と切り出したり、地方局に出演して天気予報を目茶目茶にしたり、マナーを学ぶディナーパーティで、トイレに行き、水洗便所の使用法が分からないからとビニール袋に排泄物を入れて戻ってきたり、いやはやもう好き勝手放題をする。もちろん物議を醸さないわけはない。現実に、地方局のプロデューサーは解雇され、ユダヤ人協会には訴訟を起こされ、カザフスタン外務省も黙ってはいなかったらしい。

次に、最近作『ディクテーター　身元不明でニューヨーク』（二〇一二年）を見た。サッシャは、北アフリカのワディア共和国のアラジーン将軍という独裁者に扮している。これもマンハッタンでのラクダに乗ったパレードなどのモキュメンタリー要素も見受けられるが、基本的には純然たる喜劇映画である。それから最初の主演映画『アリ・G』を。いきなり黒人ラッパー風な怪しい白人が黄色い古いオープンカーで登場する。これがボラットと同一人物には思えない。ハーレムの黒人もどきの英語でまくしたて、黒人顔負けのラップを披露する。サッシャの多彩な才能に驚く。このキャラクターは『ダ・アリ・G・ショー』で生まれた。モキュメンタリーではなく、純粋のコメディ映画である。

　最後に『ブルーノ』を見た。これが面白い。モニュメンタリーとしても前作『ボラット』より格段の進歩を見せている。ブルーノに翻弄される一般人を見ていて、何度も笑ってしまった。ブルーノはオーストラリアのゲイのファッション・レポーターという設定になっている。ミラノのファッションショーに得体の知れないレポーターとして現れ、モデルやデザイナーに次々に無意味な質問を続ける。挙句、全身マジックテープの服を着てショーに登場し、大騒ぎを起こす。ともかく有名になりたいブルーノは、同じくゲイのルッツをアシスタントにして、ハリウッドで有名になろうとエージェンシーを訪れる。ここで本物のプロデューサーが現れて、台本を読ませるが、あまりにオーバーな演技に呆れてブルーノは追い返される。それでもテレビ番組のエキストラ役を手にする。法廷シーンの陪審員の一人だ。ところが、ここでもブルーノはオーバーな仕草やリアクションをし、邪魔になるので馘《くび》になる。今度はハリウッドの豪邸を借りて、セレブのインタヴューを考える。家具のない邸宅で、庭にいた数人のプールの掃除人をもっといいギャラで雇い、人間椅子と人間テーブルにして、人気テレビ番組『アメリカン・アイドル』の審査員の女性を待つ。彼女は不審な顔をして人間椅子に座り、馬鹿な質問に真剣に答える。食事をと運ばれてきた裸体の中年男性の腹に乗せた寿司を見て、マネージャーが怒りだし、彼女を連れて帰ってしまう。

　次は、CBSのプロデューサーに会い、『ブルーノのセレブのマックスアウト』という番組のパイロット版のモニターテストをする。ブルーノらが待機する部屋のマジック・ミラーの向こうには数人のモニターがいる。豹柄のブリーフに豹柄のシャツで腰回りを猥褻に動かすブルーノのダンスではじまり、新人インタヴュー。再びダンス。すでにそのインタヴューに呆れるモニターたち。ハリソン・フォードの突撃インタヴューでは、待ち構えたところに出てきたハリソンに声をかけ、けんもほろろに無視される。次のつなぎのカットはグルグル振り回されたブルーノの一物《いちもつ》。女性モニター一人が退場する。呆れ返るモニターたちの前に出てきて、ダンスを披露するブルーノ。

次はホテルの一室で、二〇〇八年大統領選候補で共和党に所属するロン・ポール下院議員のインタヴュー。いきなりスーツのブランドを聞いて、分からないと言われたところで照明の調子が悪くなり、二人は別室に入れられる。ここでブルーノは、電気を暗くし音楽をかけダンスを踊り出して議員を挑発する。ズボンを足元に落としたところで、議員は怒り狂って出て行く。

本物の霊媒師の前で、相談しながら男性とのセックスを再現描写しはじめるブルーノ。

有名になるなら中東に行って誘拐されることだと、パレスチナの難民キャンプに出掛け、大物にインタヴューするが、ビン・ラーディンを批判し、大物は怒って帰ってしまう。

ロスに戻るが、荷物受取所のコンベアに載る段ボールを開けると六キロの黒人の赤ん坊がいる。養子だと叫ぶブルーノに軽蔑の目を向ける旅行者たち。次はこの子供と一緒に映す写真に出演する子役のオーディション。ブルーノは、赤ん坊を磔《はりつけ》にするだとかスズメバチと一緒に撮るだとか、すごい条件を出すが、どの親たちも、うちの子なら平気だと答えるところがすごい。ステージママは日本もアメリカも同じである。

南部の保守的な町ダラスのテレビ局のトークショー

出演が決まる。彼は「シングル・ファーザー」として紹介される。客席の半分近くを占める黒人観客に向かって「ぼくはアフリカ系アメリカ人が好きだ」と言って、共感を得るが、すぐに「ぼくは老後を一人で過ごしたくないから理想の男性を見つけたい」でいっぺんに観客が引く。司会者が子供を登場させる。ブルーノが連れてきたのは黒人の子供。唖然とする客。「どこで養子の許可を取ったの?」「アフリカって国」「あそこは大陸で国じゃないわ!」「どうやってその子を見つけたんだ!」「交換したの」「何と?」「iPodと」。よく一人で大勢のアフリカ系アメリカ人を前にこんなことが言えるな。もう感心に近い。ここで撮影した写真を紹介。スズメバチがたかる裸の赤ん坊を抱く防蜂服を着たブルーノ。磔にされた赤ん坊の下で剣を持って立つ子供たちの兵士。もう限度を超えている。観客の半分が席を立つ。そこでアメリカ児童局の女性が登場し、赤ん坊を保護する。返してくれと泣き叫ぶブルーノ。そのあとも馬鹿なモキュメンタリーが続く。

八ヵ月後、アーカンソーのテレビ局で『ストレート・デイヴのマックスアウト』という新番組。これは金網の中でのレスリングの中継番組だ。土地柄、ゲイが大嫌いな観客ばかりである。番組ホストの長髪、もみあげ、口髭のストレート（異性性欲者）なブルーノが登場するなり、観客をあおる。「俺と同じ一〇〇パーセント異性愛者か」「ストレートの誇りを持て」そして「ストレート万歳」の大合唱になる。「オカマは帰れ!」とアジると会場の一角から「オカマはお前だ!」の声。そこに登場したのはブルーノと喧嘩別れをした同じ趣味のルッツだ。彼はリングに上がり、本気でブルーノと取っ組み合いになる。興奮する観客。金網にブルーノがルッツを押し付けたところで二人は見詰め合う。観客が静まる。二人は熱いキスを交わしリングの上で抱き合う。呆れたり、驚いたり、観客は罵倒を浴びせ、リングに物を投げ込み、会場をあとにする。

このブルーノの姿勢は、「今夜はここにニガーはいるかい？」とクラブでスタンダップ・コメディをはじめるレニー・ブルースに共通する。そして客を挑発して、怒らせることこそエンターテインメントだと信じていたアンディ・カウフマンにも共通する。レニーとアンディに共通点を感じたことはなかったが、サッシャのモニュメンタリーが三人の共通性を浮き彫りにした。とにかくぼくは、レニー・ブルースやアンディ・カウフマンに通じるサッシャのスタンダップ・コメディアン気質に脱帽した。

SNLと提携した吉本興業

二〇一三年に吉本興業が主催するアメリカ人出演のショーを作るに当たって、二〇一三年の初頭から会議が開かれ、その席でロサンジェルスのよしもとエンターテインメント・USA代表の頼廣アキ（彰伸）さんを紹介された。頼廣さんは、会ったその場で「アキと呼んでください」と言って握手の手を差し伸べてくれた。「大﨑社長に聞くとアメリカで弁護士をなさっていたんですってねぇ」「ええ、ひょんなことからこうなりました」――スキー焼けしたアキさんは顔に残ったゴーグルの部分よりもずっと白い歯を見せて微笑んだ。

一九六八年、神戸生まれのアキさんは神戸銀行の頼廣彦輔を父に持ち、その父の転勤で、五歳から七歳までを東京。小学一年を終えて七五年の春にロサンジェルスに移住した。七八年から八〇年までをロンドンで過ごし、小学六年と中学一年の八一、八二年が神戸。以後、再びロスに戻りクレアモント・マケナ大学を経て、ジョージ・タウン・ロウ・スクール(法律大学)に学び、九三年にニューヨークのマークス・村瀬法律事務所(ファーム)に就職。ここは九七年にビンガム・デーナ法律事務所と合併し、その後は弁護士を一三〇〇人以上も抱えるビンガム・マカッチェン法律事務所となる。九八年、その事務所のロス事務所に移籍し、二〇〇〇年暮れに正式にビンガムのパートナーになった。このとき、ビンガムには三〇〇人のパートナーがいた。顧客は日本の銀行、リース会社、証券会社、商社、自動車の部品メーカー(リコール問題で話題になったタカタなどもいた)などだった。

そのアキさんに、あらためてSNLやセカンド・シティとの提携の話を聞いてみよう。

そもそも、吉本の大﨑社長との出会いは?

ロウスクールの一年目を終えた一九九一年の夏に、日本のTMI総合法律事務所に研修に行ったとき、その水戸弁護士と知り合いました。その経験のお蔭でお互い弁護士になったあとも、いろいろなお客さんをお互いに紹介しましたが、二〇〇一年暮れにヤクルトにいた石井一久選手が大リーグのドジャースと交渉することになったときに、アメリカサイドの弁護士業務を、私に頼んできたわけです。石井選手はマネージメントを吉本に任せていましたから、そこで吉本と接触することになったんです。翌二月、無事、ドジャースとサインしました。そのときの吉本の担当が中多広志さんだったんです。

その中多さんが二〇〇五年にベンチャー企業の資金を集め、アメリカ法人のベルロック・メディアという、デジタル・コンテンツの会社を立ち上げたわけです。中多さんは吉本の役員をしながら新会社の社長を兼任したわけですが、会社が出来て数ヵ月後に私を誘ったんです。ビンガムのパートナー五年目で少々飽きてきていたので、村瀬さんに断り事務所を辞め、個人で弁護士業も続けながら、三年契約で、執行副社長で入りました。

入って間もなく、中多さんはアメリカのタレント事務所と吉本を提携させたら面白いと言い出しました。私はそれでアメリカの大きなタレント事務所であるクリエーティヴ・アーティスツ・エージェンシー（CAA）やウィリアム・モリスにアプローチし、交渉をしました。世界一のタレント・エージェンシーであるCAAと、日本一のタレント・エージェンシーの吉本は、テレビ事業、映画事業、スポーツ関連事業、企業向け事業など、ビジネスラインが一致することもあり二〇〇八年夏に、ストラテジック・アライアンス（戦略的提携）を結ぶことになりました。この提携の記者会見のときに、東京でCAAの幹部と、当時、代表取締役副社長だった大﨑さんが会うことになり、私が通訳しました。それが大﨑さんに会った最初です。そのときから弁護士業とベルロックの仕事と吉本のアメリカ代表を兼任することになったんです。

プロ野球選手を大リーグと契約させるのがCAAと

の最初の仕事でした。吉本と契約しているプロ野球選手は多くて、大リーグとサインした選手だけでもこれまで一〇人以上になりましたね。ＣＡＡとの提携後はいずれもＣＡＡと一緒に作業をしました。石井、青木（宣親）、田沢（純一）、斎藤隆、長谷川（滋利）、高津（臣吾）、福留（孝介）、黒田（博樹）なんかがそうです。吉本に、もともとヤクルトのピッチャーで、近鉄に行った小坂《おさか》（勝仁）さんという方がいて、他選手からの信頼と尊敬が非常にある方なんです。そのうえ、マネージメント活動も素晴らしい方です。この方の活躍が大きいですね。

大リーグの次にＣＡＡとやったのが、テレビ事業でした。吉本と日本の放送局とアメリカの制作会社と組んで新しいテレビ番組案を一緒に開発して、パイロット版を作り、世界中に番組を売る活動に三年くらい力を入れましたが、大きな実績はまだありません。でも、いまでも世界のいくつかの国で売れているんです。昨日もタイで売れました。パイロット版を作って売り込むわけです。日本の局が放送できるように日本版を作り、同時に英語のパイロット版を吉本が製作費を持って、アメリカ人のディレクターが作って、それを見せて売るわけです。著作権は基本、フィフティ・フィフティです。二〇一〇年から二年で六本作って海外セールスをしています。フジテレビ、日本テレビ、テレビ朝日、ＴＢＳ、朝日放送、関西テレビで、六本すべてオン・エアされています。四回分撮ったものや、一クール続けたものもあります。中身は五本がゲームで、アメリカに売ろうとしたバラエティが一本です。

日本のお笑い、バラエティの知恵、その完成度は評価されています。アメリカと日本の放送作家を交流させている活動もあります。日本で考えたものをアメリカの作家がアメリカ風に作り直し、統合させていこうという志向はあります。実際、日米の作家がスカイプ(マイクロソフト社のインターネット電話サービス)を使って互いにネタを考えたりはしています。番組はないですが、両方の作家を統合させようという動きはあります。『ガキの使い』の『サイレント図書館』なんかは売れています。MTVでやっています。

吉本はフジテレビと『サタデー・ナイト・ライブ・JPN』を制作している。地上波では二〇一一年六月四日から同年一二月二四日まで、月一回、土曜日二三時一〇分から五五分、計六回生放送された。CS版は二〇一二年一〇月二七日から、翌年三月まで、月一回、土曜日二一時から二二時三〇分まで生放送された。

SNLはブロードウェイ・ビデオという制作会社が作っています。ここには専属のスタッフは多くはありませんが、必要に応じて、エージェントを通して作家と契約しています。アメリカの作家は、テレビ局の編成のように、視聴者が何を望むかという知恵のある人が欲しがられます。企画力、プロデュース力、作家力、すべてが備えられた人を必要としています。

吉本は二〇〇八年九月に、ブロードウェイ・ビデオと提携しています。CAAの発起人のマイケル・オービッツは、CAAからディズニーの社長になって、一七、八ヵ月で解雇され、解約金一四〇億を取ったことでも有名です。そのアシスタントからスタートし、いまではハリウッドで有名なピーター・レヴィンという人が、もともとはベルロックのアメリカサイドの社長で、ぼくの知り合いだったのです。ブロードウェイ・ビデオはフジテレビグループと取引をしていて、デジタル・チャンネルでSNLの短編クリップを流して、ポニー・キャニオンがSNLのベスト盤を売り出しました。が、これがあまり売れなかったそうです。そこでジャック・サリバン社長と副社長とプロデューサーが、状況を把握するために日本に行くことになったんです。私もピーターに頼まれて同行しました。

そこで大崎社長を紹介し、日本のメディア市場を説明してSNLが売れないのは、コンテンツがアメリカのローカルネタで、宗教も違い、言葉の言い回しも訳しても分からないなどの問題点を提起しました。それとジョン・ベルーシやエディ・マーフィーといった有名人以外のコメディアンはまったく分からないということ。これではアメリカのベスト盤を持ってきたところで売れるわけがない。日本人にとって分かりやすいコンテンツを選べば、日本人も見るはずだ、という会議になったんです。

当時、Yahooチャンネルに実験的に乗せてみようと、二〇〇九年八月に、ゲストスターにミック・ジャガーやパリス・ヒルトン姉妹などの日本でもお馴染みの人が出ているものを一〇本くらい選び、Yahooのポータルに流したんです。するとたった一ヵ月で二〇〇万以上再生されたんです。そこでブロードウェイ・ビデオさんが少し分かってくれたんです。で、ネクストは何かと聞かれて、すぐテレビ番組に乗せるのは難しいがこういうことを繰り返して認知度を上げていくことしかないと、答えたんです。

ぼくはジャックと、ナンバー2のブリッタ・ボンジョーラと仲良くなり、信頼関係もできて、焦らず地道に行こうということになりました。

いまでもSNLを自らプロデュースしている、ブロードウェイ・ビデオのチェアマン(会長)のローン・マイケルズがSNLの三五周年のときに朝日新聞に取材されたんです。そこでローンはＳＮＬが吉本と組んだので、これからが日本でも楽しみだと言ってくれた。吉本の誰と話せばいいかということになって、朝日が私を取材に来ました。

二〇一〇年一月か二月に、東京倶楽部でゲストとしてゴルフをしていたら、夕刊紙の一面に「三五周年ＳＮＬ上陸！」とあった。読むとローンのことより吉本が日本版ＳＮＬをテレビでやるという内容のほうが強調されていました。それを読んだコカ・コーラのほうが吉本に問い合わせて来たんです。それからフジテレビが加わり、ＳＮＬジャパン（ＪＰＮ）が生まれるわけです。つまりＣＡＡはＳＮＬ／ＪＰＮにはまったく関係なかった。私がピーターと知り合いだったことでまとまったわけです。

こうしてＳＮＬ／ＪＰＮは、制作チームがフジテレビで、コカ・コーラがスポンサーになり、明石家さんまを中心に、吉本お笑い勢で月一回の特番枠でオン・エアされた。

セカンド・シティと即興芝居

二〇一四年一二月一日から一四日まで六本木のパラッツォ・ドゥカーレ麻布で、『ジ・エンプティステージ』という吉本の芸人によるお笑いライブが催された。チラシは二つ折りの裏表で、表の写真はタキシードを着たお馴染みの吉本の芸人たちが、笑顔を見せずにしっかり立って並んでいる。吉本らしくないモダンな感覚である。ぼくはオープン数日後の、ソールド・アウト直前という状態で取ってもらった席に着いた。

基本六人のあまり馴染みのない若手お笑いタレント七組が毎晩二組で一八ステージを務める。二組の間に、テレビでお馴染みの芸人一八人が一人ずつ「スタンダップワンマントーク（一人喋りショー）」をする。いかにも日本的なスタンダップ・コメディの呼び方は、立ってする一人トークという意味だが、まだまだスタンダップ・コメディという言葉に馴染みがないお客さんには理解されやすいかもしれない。

いきなりその日の司会が登場する。お客をつかもうとする従来の司会となんら変わりがないだけに、中身への期待感が急に薄れる。そして七人（うち二人女性）の芸人が登場する。

司会が、これから始まる即興劇を「シーン」と呼んでいるが、「シーン」は観客からもらったお題をテーマに進めて行くといった説明をする。

最初は「ザ・討論」。客から「形容詞」と「名詞」と「動詞」をもらう。それを使って司会に指名された数人が「シーン」を展開していく。寄席の大喜利のお題噺みたいなもので、笑いもさほどのものではなかった。むしろ客席から大声で要求されたお題の形容詞、名詞、動詞が奇抜なものが多く、客のほうが演者の発想をすでに上回っている感じがした。

次は「紙のセリフ」。観客がすでに勝手な台詞を書いた紙を、三人の演者に中身を見せずに渡す。それからその三人に、あるシーンを演じてもらう。そこで、観客からお題として「場所」を指定してもらう。観客からは「六本木ミッドタウン」というお題をもらう。これもどうという出来ではなかったが、なんとなく、こんな即興劇を作っていく作業は無駄ではないような気になってきた。陰で誰かが即興で弾いているキーボードも悪くない。

「シーン・タグ」。二人一組の三チームを作る。Aチームがシーンを演じている最中に、他のチームが手を叩く。すると手を叩いたBチームは、Aチームの最後の言葉から自分たちのシーンをはじめなければならない。観客からもらうお題は「時代」「関係性」「場所」「はじまりのセリフ」だ。

「サイレント・リプレイ」。最初にAチーム二名がシーンを演じているとき、対抗するBチームはヘッドフォンをさせられているので聞こえない。見事に同じシーンが再現できるかという内容である。この日は、うまくいって観客のカタルシスに答えていた。

最後は「ミニ・ミュージカル」だ。まず二人で、あるシーンを演じる。他のメンバーが「フリーズ！」と声をかけると、そのシーンはストップする。言った演者がどちらかと入れ替わり、また違うシーンをはじめる。しかもこれをミュージカル風に歌で進めて行く。歌詞はもちろんアドリブだが、お題で出た各シーンをキーボードがアドリブでミュージカル風なイントロを弾き出す。観客にもらうお題は「職業」と「感情」と「最初のセリフ」だ。これは見事だった。歌唱も歌詞も悪くなかったが、音楽や展開を知っているキーボード奏者の腕もあって、ミュージカルになっていたのである。

面白くないもののほうが多かったが、すべての「シーン」は、整理して展開させれば、ショーとして成立することは間違いないという気がした。

そして再び司会者が出て、本日の「スタンダップワンマントーク」をする芸人を紹介する、漫才の片割れだが、自分の故郷の島の話をするのだが、これが十分笑えて、スタンダップ・コメディとしても通用するのに驚かされた。さすが大阪芸人。すべての「スタンダップワンマントーク」がこのレベルなのだろう。

休憩になったので、帰ろうかと思ったら、以前から知る吉本の社員に会い、次のグループがいいから見て行ってくれと頼まれた。そう言われて時間の許す限り見たが、同じ設定ではじめた即興芝居は、明らかにこのグループのほうが上手く、手放しで笑えた。

セカンド・シティは、一言でいえば、一九五九年に開設したシカゴを拠点に活動する即興コメディ劇団である。劇場での出し物は脚本のある芝居と、即興劇（インプロヴィゼーション）の混合の舞台を見せる。七〇年代半ばからここ出身でSNLに出演したコメディアンは、ダン・エイクロイド、ジョン・ベルーシ、ビル・マーレイ、マーティン・ショート、マイク・マイヤーズなどだ。

そもそも、なぜ吉本がセカンド・シティと手を組むようになったのか。そこで再びアキさんに聞く。

『エンプティ・ステージ』はマシ・オカさんが監修しています。マシ・オカさんと吉本はテレビの『ヒーローズ』がヒットしたあとの二〇一〇年の来日がきっかけです。吉本が主催している沖縄国際映画祭に、当時から組んでいたCAAのテレビのトップのアダム・バーコイッツが「マシ・オカを連れて行きたい」と言い出し、映画祭に来たんです。そこで彼と知り合い、その後、アドバイザリー契約も結んだんです。最初はテレビの企画の共同制作ばっかりだったんですが、いまはいろんなところでお願いしています。マシ・オカはインプロヴィゼーション（即興）劇団をやっていたんですが、もともとセカンド・シティに一年通い、本格的にインプロヴィゼーションを学んだわけです。大ブレイクした『ヒーローズ』のオーディションに通ったのはそのあとです。

吉本はNSC（ニュー・スタークリエーション＝一九八二年に創立した新人養成所である吉本総合芸能学院）をやっているけど、マシ・オカが丸一年通っていたセカンド・シティとの共通点を見つけて大﨑社長にアピールしたんですね。大﨑社長は単身、セカンド・シティのあるシカゴに乗り込み、そこでマシ・オカと合流しました。そしてセカンド・シティの実行副社長のケリー・レナードとそのスタッフと会ったんです。ええ、私が通訳としてお手伝いしました。それでクラスや施設を見せてもらったのがきっかけです。

セカンド・シティで教えているインプロヴィゼーションがなんなのかからはじまって、大﨑社長はセカンド・シティでやっている授業を日本でもできるか検討したんです。養成クラスはプロ向き、一般人向け、企業向けと三つあるんです。一般の人が参加する、日本でいえばカルチャー・スクールみたいな学校はアメリカではわりとポピュラーなんです。そのほかに劇場経営があります。シカゴのヘッド・クォーターに三つ、ロスとトロントにもあります。大きいので三〇〇席くらいで、いわゆるコミック・ストアですね。

どの劇場も六人から一二人くらいのグループで出演しています。ツアーリング・グループ（旅回り）と劇場付きのグループが複数あります。そういうビジネスを見た大﨑社長は、NSCと資質が合っていることもあって、同じビルに養成所と劇場がある環境が素晴らしいと、すぐ日本にもほしいと考えたんです。吉本にNSCがあって漫才、新喜劇もある。なら、日本にないインプロヴィゼーションの技術を導入したい――というところからセカンド・シティとお互い何か見つけて行こうということでスタートしたんです。契約期間とか、互いがどういう利益があるかなどということはまったく考えなかった。お互いが善意で組もう、とにかく実験してみようではじまったんです。

この二年間をセカンド・シティのβ契約と呼んでいるんです。そこで一昨年（二〇一二年）からセカンド・シティのメソッドが日本に果たして通用するのか、とにかくやってみようというのが最初の発想だったんです。セカンド・シティから先生を呼び、マシ・オカも手伝い、同時通訳ができるスタッフを入れて、三つのチームを作ってみたんです。芸人を集めたプロ向き、吉本の社員の友人やNSCの生徒を集めた一般向き、それと企業向きのトレーニングなんですが、これがおかしかったです。吉本のグループ会社の一つの部署の二〇人くらいのクラスにしたんですが、上は七〇代がいました。一週間でセカンド・シティのインプロ（即興劇）のシュミレーションをこの三チームに教えたんです。それで無限大ホールで発表会をしました。お客さんは関係者だけです。

二〇一三年一〇月、「一般人はないだろう、最初はプロだろう、プロでうまくいくと実証できたら、そのメソッドを一般向け、いずれは企業向けに発展させるのがいいのじゃないか」と指摘があったんです。そこでセカンド・シティとしてもβ版№2をはじめました。まずは一六人で三チーム、吉本のプロの芸人が参加するワークショップをしました。いろいろな実験・分析もし、プロのインプロの劇団を作ろう、トレーニングをしてショーをやろうとなったのです。で、吉本の芸人と俳優を集めて去年から、セカンド・シティから一人か二人の先生、それにマシ・オカと同時通訳が加わってトレーニングをはじめました。今年の六月と一〇月、デモンストレーション・ライヴをやったんです。東京と大阪で。それが一二月の『ジ・エンプティステージ』につながるんです。


セカンド・シティ側は、かたちになるまでは互いに協力するという約束を守り、いまでも儲け度外視で、全部原価でやっています。『ジ・エンプティステージ』は、吉本の神夏磯《かみがそ》（秀）が中心にやっていて、台本は最初からまったくありません。スタンダップ（一人トーク）に関しては、おまかせです。セカンド・シティの先生が何を教えているかというのは、一言では難しいですね。練習の繰り返しがトレーニングなんです。

セカンド・シティのコアなティーチングは「イエス・アンド」なんです。インプロを上手く進めるには、お互いを支えなければならない。互いに発想を否定するのではなく、受け取って、それに受け取ったほうが何か違うものを足すんです。いちばん最初のクラスではこの意味を、ゲームをしながら説明しました。

たとえば、曇っていない鏡に「この鏡、曇っているじゃないか」とAが言う。するとBが「NO」と言ってしまえば、会話は続きません。「YES　BUT」――つまり「うん、曇っているけど、でもそれは……」でも構成されません。「YES　AND」であれば話が続くんです。「この鏡、曇っているじゃないか」と言われたら「うん、君の目もね」で、話を続けていく。だからツッコミは「イエス・バット」なので禁止なんです。吉本の芸人を集めての第一ハードルは、漫才に慣れたツッコミをやめさせて「イエス・アンド」を教えることでした。賛成だけでなく付け足すわけです。

なぜ「イエス・アンド」か。つまり相手の言ったことは絶対間違いない。ジャズのインプロと同じなんです。相手の出している音が正しいから、その上に足していく。こういう環境を作れれば、発言することが怖くない。クリエイティヴィティは怖い環境では生まれない。安全な環境で思いつき、面白いものが生まれてくる。それが「イエス・アンド」なんです。

吉本でこれをやろうするとき、まず上下関係をなくさせる必要がありました。文化の壁、チーム作り、メンバーの選択――β版を通して自然、向いている人、向いていない人が出てくる。先輩風を吹かす人とか、自分のことしか考えない人は向いていません。間違ってもいいから、思ったこと、予想外のことを言ってしまう人が、このメソッドに適しているといえるわけです。その繰り返しで、思いもかけないことが毎回生まれる保証はないけれど、高い確率で予想外のことが生まれていく――客もハラハラドキドキするわけです。つまらなければコケてしまうんじゃないかと思いますが、アメリカのお客は思いやりがあって、最初から期待して聞いてくれるんです。予想外の展開になると、デカい反応があるわけです。

気が付くと、アキさんの話にすっかり引き込まれている。アキさんの説明は細かく丁寧で、セカンド・シティの先生から直接授業を受けているような錯覚を覚えた。

「イエス・アンド」——このメソッドに慣れると予想外の展開になる。こんなことをどっかで聞いたような気がした。そうだ、萩本欽一さんが放送作家にコントを考えさせるときに教えたメソッドそのものなのだ。萩本さんは、

「コントのネタが思いつかないときは、散歩に出かけるの。そこで見たものを題にしてコントを考えていくの。山手線に乗るのもいいし、尻取りしてもいい。とんでもない言葉が出てきたらそれでコントを考えるのよ」

この考え方はまさに「イエス・アンド」である。萩本さんの尻取りは、リンゴ↓ゴリラとはいかない。リンゴ↓極楽浄土というふうに変なもの変なものと足していくという発想だ。医者と患者のコントを作る場合、尻取りで発想を展開させる。病気↓キオスク↓クレオパトラ……・医者の患者がクレオパトラなら、どう診察する。発想に否定はない。つねに肯定である。萩本さんと坂上二郎さんのコントもボケ＝ツッコミではない。ツッコミ＝コナシである。萩本さんのツッコミを二郎さんがこなすのだ。

公園のベンチに二郎さんがいる。萩本さんが隣に坐り、

「ちょっと聞いていいですか？」

「はいはい」

「巨人と大鵬とどっちが強いんでしょう」

ここで二郎さんは、その質問がおかしいと否定したりはしない。答えられないから逃げようとするのである、このパターンはコント55号の常道である。萩本さ

んに突っ込まれた二郎さんに「イエス・ノー」も「イエス・バット」もない。つねに会話が続かざるを得ない「イエス・アンド」なのである。

　このことをアキさんに言った。

「イエス・アンド」なんですね、コント55号も。広告代理店で、ものづくりをするとき思いつく言葉を考えてキーワードを増やすのも、足していく作業です。

　セカンド・シティの構成のうまさはありますね。ショーは全体で一二〇分程度です。劇場に人を呼んで酒を飲ませて九〇分のスケッチを見せる。これはきちっとした台本ができている金を取れるスケッチなんです。それがセカンド・シティのスケッチコメディです。作家が書くというのではなくて、劇団のチーム・メンバーが、インプロのメソッドを使って独自で作ったものです。もう少し見たければ、そのあとの三〇分はピュアなインプロをやる。ここから見る人はただなんです。インプロは毎回面白いかどうか分からないからただにする。

　セカンド・シティの各グループがそれぞれのバックグラウンドを持っていて、六人なり七人のチームの一人ひとりの発言やメッセージを伝える。日本のチームもゲームしながら、チーム、チームで作っていったんです。

『ジ・エンプティステージ』を見ながら、ここからここは進行台本があるのだろうという、ぼくの考えはまったく間違いで、各グループともに、練習に重ねる練習で客に出される「お題」に的確なインプロヴィゼーションが出来ていたのである。

　アキさんに、このプロジェクトをずーっとやっている神夏磯さんにも会ってみたらと言われていたので、帰国後、早速、話を聞いた。

「セカンド・シティのおもなパーフォーマンスは、台本があってそのあとで即興劇を見せるんですか？」

自分でも唐突だと思う質問が口から出ていた。

「セカンド・シティのシカゴ本部のメインステージで見せている二時間のパーフォーマンスには台本はあるんです。ただ、即興劇の稽古で生まれたアドリブを書き留め、練習を重ね、台本になっていったものをやっていくというシステムです」

「つかこうへいさんの芝居作りも、口立てでつかさんが台詞を言い、役者がそれを口にしていくうちにまとまった芝居を台本にしたそうですし、共通点がありますね」

テレビ創世記の昭和三〇年代、脱線トリオ（由利徹・八波むと志・南利明）のコントは、設定と衣装だけ渡されて、あとは即興でやっていたと聞いている。台本があっても無視して勝手にそうしていたのかもしれない。生放送なのだから、あくまでぶっつけの即興コントだったわけだ。

プロジェクトの立ち上がりから話を聞いてみる。

第一回の即興劇は渋谷でやったんですが、このときは俳優だけのチームがあったんです。三〇分の長尺の即興劇にトライしてみたんですが、しんどくて日本の観客には通用しないことが分かりました。そこで短めのシーンを段詰めして固めて行く方法にすることにしました。

ぼくは一年半前に、岡本（昭彦／よしもとクリエイティブ・エージェンシー社長）さんの指示を受けてこのプロジェクトを引き継ぎ、第一回の渋谷「クロコダイル」からはじめました。東京の芸人だけで七人で四グループでした。一〇月末は三グループで大阪で開催し、その中に初めて大阪の芸人も入れました。一〇月中旬から二週間ほどトレーニングをしたのですが、そのあたりから少し見えてきました。大事なことは、即興の段詰め、暗転のタイミング、そして照明と音響だということ。それからパフォーマー以外で、MCを入れたのですが、これもうまくいきました。

『ジ・エンプティステージ』は二週間やりました。このときに、大﨑社長からアイデアをもらったんです。芸人一人で喋るトークを毎日入れたら、これも即興みたいなもんで、ウチの芸人なら腕があるからできるって。そこで、スタンダップワンマントークという言葉が生まれました。

この先ですか？　毎日やれる常設シアターを目指していきたいと思っています。ただ課題はあります。講師をセカンド・シティから毎回呼ぶというのも予算的に難しいとか。これからは日本人の講師をどう育成していくかですね。それでパフォーマーだけでなく講師のトレーニングもしていこうとしています。

若い吉本が、まったく新しい方面を開拓している。いま吉本はいろいろな意味で生まれ変わっていく過渡期なのかもしれない。

スタンダップとインプロヴィゼーション――マシ・オカに聞く

マシ・オカ、本名岡政偉《まさより》。一九七四年一二月二七日、東京渋谷区に生まれる。生後一ヵ月の頃、両親が離婚し母親に育てられる。六歳で渡米（ロサンジェルス）。一九九七年、ロードアイランド州にあるアイビー・リーグ、ブラウン大学を数学及びコンピューター・サイエンス専攻、舞台美術副専攻で卒業。アメリカ育ちなのに日本の漫画やテレビのお笑い番組に詳しいのは、幼少の頃祖母が録画してVTRを送ってくれたからである。国籍は日本。インタヴューは、二〇一五年一月二九日午前一〇時。東京⇕ロサンジェルスをつなぐスカイプで行われた。

マシ・オカの出世作は、二〇〇六年九月にNBCで放送が始まった、超能力者をテーマにしたSF番組の『ヒーローズ』である。二〇一〇年まで四シーズン計七七話が放映された。マシ・オカはヒロ・ナカムラ名の「オタク」のサラリーマン役で主役クラスの大役を仕留めた。劇中で叫ぶ「ヤッター！」が大受けし大ブレイクした。

昔から「笑い」やコメディが好きでした。サンフランシスコのILMにいたとき、すでにインプロヴィゼーション（即興劇）をかじっていましたが、ロスに移動してテレビや映画の端役をやりながらセカンド・シティやインプロヴ・オリンピック・ウェストでインプロをもっと学びました。シリアスなドラマは感情移入が必要であり、アメリカ人と見た目が違う僕を簡単に受け入れてはくれないのではと思い、コメディを優先しました。コメディは距離感があったほうが良く、見た目が違っても、キャラと設定の共感で笑ってくれますのでお客さんに受け入れやすいと思います。

スタンダップ（・コミック）はロスで二度やりましたけど、僕には出来ないと感じました。スタンダップは観客をコントロールしなくてはなりません。ジョークには当たり外れがある。四つジョークをやって、三つウケても、四つ目がややウケの場合、自信を無くしてしまいます。（観客の）沈黙が恐怖になる舞台です。インプロでは沈黙は問題になりませんし、インプロは一人ということはありません。誰かと作ります。僕にとってスタンダップは孤独な世界でした。スタンダップとインプロを一緒にやっていましたが、インプロのほうが楽しいと感じました。

アジア系がスタンダップをやると、自分の何がユニークかと考え、自分の文化を前に出す。だから人種問題で笑わすことが多いんです。それも性に合わなかったです。

（そこで、マシ・オカさんに、タマヨさんのことを聞いてみたが知らなかった）

スタンダップをやらなくてインプロだけのコメディアンはたくさんいます。スティーブ・カレル、それにビル・マーレイもそうです。セカンド・シティは必ずしも、スタンダップじゃなくてもいいんです。インプロとスタンダップとは考え方が全然違います。スタンダップは自分を演じますが、インプロはいろんなキャラクターをできるのが楽しいんです。インプロの楽しさは何が起きるか分からないところ、一人でできないコラボの世界であることと、スタンダップとは考え方が違います。両方やる人は稀なんじゃないですか。インプロはキャラクターができます。SNLが有名ですが、出演者はインプロから出ている人が多いです。スタンダップは主に一つのキャラ、具体的には自分の観点を強調したキャラ、を演じます。インプロはコメディ役者で演技力が大事になります。もちろんこの二つに上下のランクはありません。ぼくにはインプロが合っていたということです。

日本でインプロを教えて手ごたえはありましたか？

ありましたね。四年前に大﨑さんにやってみないかと言われて。セカンド・シティというアメリカのインプロを教える最高峰と、NSCという日本の笑いを教える最高峰をぶつけてみようというのです。日本の笑いはスタンダップというよりヴォードビルです。

NSCは先生が「センスのある人が自然に上に上に行く。五〇組くらいいても残るのは二組しかいない」と言い、そこから入る。ぼくは、学校はいろんなことで育って、失敗してもいいところだと思っています。アメリカは一から教えて行きます。まず、日本とアメリカの教育の仕方の違いを感じました。日本で誰かが質問すると、「馬鹿な質問するんじゃない」と言われますが、アメリカでは悪い質問というのは一つもない。どんどん聞いてくれと言います。日本は叱って教える。恐怖から笑いが育つというのが日本なら、アメリカは楽しんで一緒にやっていき、学校の友達お互いが成長していく。

でもNSCを変えようとは思いませんでした。NSCもNSCの方針で素晴らしい芸人さんたちをこの世に輩出して来ました。アメリカは自分を出していく。個性を出すことが大切です。インプロは個性が出る。インプロをやると（日本の）芸人さんたちは自由で楽しそうです。パーフォーマンスがはまったときは、またやりたいと言っていました。

本書のI章『スタンダップ・コメディの勉強』で、「いまや（一九九三年）、アメリカのコメディアンは、基本的にはすべてスタンダップ・コミックである」（38ページ）と言いきってしまったが、いつもそこのところが、じつは明確ではなかった。アメリカのコメディアンの定義は？

マシ・オカさんはその重大な疑問に、なんでもないことのように答えてくれた。スタンダップ・コメディは二度とやらない。自分はスティーブ・カレルのようにインプロから出たコメディアンであると。スタンダップしかやれない人は、キャラクターが演じられない人が少なくない。

コメディアン自体が、時代とともに変革しているのだ。もうすぐ、スタンダップ・コメディは古色蒼然としたものになり、コメディアンの主流はインプロになるのかもしれない。

こうして『スタンダップ・コメディの勉強』が、タマヨというアメリカで活躍する日本人のコメディアンで終わったように、『スタンダップ・コメディの復習』は、マシ・オカというアメリカで活躍する日本人で締めくくることができた。

対談　ゲスト　桂　文珍（落語家）

アメリカ人であろうが日本人であろうが、必要なのは、お客に届いているかどうかを察知するセンサー

高平　師匠は、子供の頃、どんな落語家の噺を聞いていたんですか。

文珍　金馬（三代目）師匠ですかね。『居酒屋』とか。「できますものは、つゆはしら、たら昆布、鮟鱇《あんこう》のようなもの……」のね。

高平　生まれは関西ですよね。どちらでしたっけ？

文珍　ぼく、丹波（兵庫県）の篠山《ささやま》です。

高平　ああ、そうだ丹波。マクラ（本編の前の話）で出てきますね。だけど、金馬さんというと……上方落語じゃなくて東京の落語にいっちゃったんですか？

文珍　いえ、篠山でも奥の方。せやからラジオなんです。丹波の山ですから電波状態が悪い。でも、金馬師匠は講釈師のご出身ですから。

高平　はっきり聞こえる（笑）。

文珍　はっきり聞こえるんですよ。それと放送メディアが最初、東京を中心に発信しはじめたということ

もあるでしょうね。ラジオがお茶の間の戸棚の上、ちょっと高い所にあって。真空管のラジオでね。『二十の扉』（NHK一九四七〜一九六〇）とか。

高平 『とんち教室』（NHK一九四九〜一九六八）とか。

文珍 そうそう。「石黒敬七くん」「はい」、なんていうのを聞きながら育ったんですね。

高平 でも落語は違うでしょ？ 東京と大阪では。

文珍 もちろん、もちろん、もちろん。だから、それは小さい頃に聞き覚えたっていうだけのことです。

キャッチ・ア・ライジング・スター体験

高平 文珍さんのマクラっていうのは……結構ね、スタンダップ・コメディ的ネタですよね。従来のマクラとはちょっと違う。

文珍 そうですねえ。というのはね、昔、ビル・コスビーみたいな人がいるのを知って。あっ、そういうやり方もあるなあと。パイプ椅子一つでそんなネタするか、みたいなね。それも放送できないようなネタばっかり。で、日本では誰がやってんのかなと見てるとね、高平さんの本によく出てくる初期のタモリさんとか。それから所（ジョージ）さんとか。

高平 所、うん、所はまあギター持ってたからね。でも、ギター持ってやるスタンダップ・コメディアンっていまアメリカにもいる。（註：アダム・サンドラー）

文珍 ぼく、毎年、ニューヨークへ行ってた時期があって……「キャッチ・ア・ライジング・スター」っていうクラブへも行ったりしてました。

高平 うん、「キャッチ・ア・ライジング・スター」。

文珍 もう素人芸の面白いの、いろいろ出てきて。ことば分からんねんけど、ギャグはみな一緒なんやなぁみたいなことを感じて。いちばん爆笑したんは、交通事故に遭って片腕を失くしたトム・ジョーンズ。

高平　それはネタで？

文珍　そう。トム・ジョーンズがラーラーラーラーラララーラーラーラーって歌いながらマイクをこっちからこっちへ投げるんだけど、片腕がないから、マイクがドーンッって、あっちで音するだけのギャグなんですよ。それを見てて、うまい人とまずい人はどこが違うんねんやろと思たら、やっぱりね、間なんですよ。息と間はもう、アメリカ人であろうが日本人であろうが。

高平　同じ？

文珍　はい。お客に届いてるか届いてないかを察知できるセンサーを持っている人がやっぱりウケている。

自然発生的ギャグを芸にする

高平　文珍さんが、お客さんに向かって、「分かります？」って聞くことありますよね。

文珍　はい、はい、はい。

高平　あれはどうなんですか？　本当に分かってない人がいるっていう前提で言っているんですか。それとも、つまりあの間で、また笑わすでしょ？

文珍　そうです。最近はね、「えー、じゃあ、分かりました、ここはやっぱりみなさん同じようにお金払ってらっしゃるんだから、えー、あの、もう一度ちゃんとやります……ようこそいらっしゃいましたって、そこまで戻らなくていいか」っていうのもやってますね。

高平　客いじりってありますよね。三平さんもやられていた。大阪でもわりと多いですよね。

文珍　そういう人もいますね。うちの師匠（五代目桂文枝＝当時、桂小文枝）なんかは、「触るな」言うてね。触ると、そのときは笑い取れるけど、そこからネタ入ったとき、じゃまンなるよって。

高平 あ、そうですね、そりゃ。
文珍 で、そこんとこ、どう線引きするか。
高平 そうか。そういえばそんなにいじらないいか。
文珍 いじらない。あんまりいじらない。さっきの「届いてますか?」みたいなことはやりますけどね。「分かります?」みたいな。
高平 でも、いきなり三平さんが「ちょっとそこの人、おトイレ行っちゃ駄目です」とか「こっちからこっちの人、笑ってください」って言う。
文珍 あれはもう苦肉の策というか、突発的なものだったと思いますね。それを笑いにした三平師匠はすごいと思います。そういう意味で言えば、円蔵師匠(前円鏡)。高平さんのご本(第三巻『スラップスティック・ジャム』)にも、円蔵師匠の『道具屋』が紹介されていましたけど。「おじさんの商売はね」
高平 『道具屋』の導入部ですよね——遊んでばかりいる甥っ子に、働かせようとして、自分の商いを持ちかける。「おじさんの商売ってえと」
文珍 「おれの商売は道具屋だ」「じゃ夜遅く帰って来る」「まあそうだ」……。「大きな風呂敷かつぐだろ」「まあ大きな風呂敷かつぐなあ」……「頭にドの字がつくなあ」「まあドの字がつくなあ」「道具屋だろ」「……だから、さっき道具屋って言ったろ」って。
高平 古典の『道具屋』は、二人の会話は「頭にドの字がつくなあ」「なんだ知ってたのか」「ドロボウ」「バカ、道具屋だ」というオチですね。それを円鏡さんは、最初に「道具屋」をバラしてしまう。
文珍 あれはだから、当時としては大変な……噺家から見ると、円蔵師匠が本当に間違ってしまったのをギャグにしたのかなあとも思いますね。だから自然発生的に出てきたギャグはわりと強い。ただ、もう一回やってそれを芸として残せるものもあれば、やってみて全然駄目なときもある。二通りですね。

高平　あのね、蝮（毒蝮三太夫）さんも、おかしい。蝮さんと円鏡さんのああいう才能には談志さんかなわないから、二人のこと大好きなんですよ。

文珍　蝮さんはね、ＮＨＫのラジオでご一緒したときに、トイレの話をね、大阪のトイレは「東京とか全国どこでも男性トイレはいっぱいだったら外で空くのを待ってんのに、大阪はみんな後ろへ立つんですよ」って、ぼくが言ったら。「そうそう、そうだよな。大阪みんなそうだよ」って。で、「この間、驚いたよ」って。「どうなさったんですか？」「いや、おれがやってるとな、後ろのやつが辛抱しきれなくて俺の横からやり出したんだよ」って。

高平　ハハハ。

文珍　「で、反対側からもやり出して、おれの前がちょうど釣り堀になっちゃって」とかって（笑）、ほんまかいな。うそに決まったるわ（笑）。そういうのは平気ですね。あんなのをね、サーッと言えるの。

高平　談志さんの追悼会のときに、最初、石原慎太郎さんがあいさつして。

文珍　はい、はい。

高平　いちばん最後にね、蝮さんの手締めで、蝮さん、「立川談志が生き返って戻って来ないようお願いして三本締め」って。あれはすごかった。

文珍　うん、そういうのあるよね。最高のエールだしね、そういう人が頑張ってほしいね。

落語は不憫な芸なんです

高平　師匠はＤＶＤにしたり、録音、つまりＣＤにしたりは？　それ嫌いな人もいるでしょ。

文珍　ちょっとね、どうかなと思ったんですけど、たまたまソニーミュージックの京須プロデューサーに出会って。CD、あとに残ると恥ずかしいのもあるし、店頭で三〇〇円で安売りされてんの、見ンのもつらいし（笑）。

高平　ハハハハ。

文珍　それで、そのときにね、京須さんが言ったのはね、「あのね、残るとか残らないはあんたが考えることじゃないの」

高平　それもそうだな。

文珍　「マーケットがやるの」って言わはって。この人は、芸とマーケット両方見られる人だなあと。いま、ＤＶＤとかＣＤをサブカルチャー的に、ワーッと広げていくのをよしとする人と、いやそうじゃなくてっていうのとが分かれてしまいましたねえ。

高平　師匠の落語はひっぱり凧だろうけど。

文珍　いやいや。

高平　こんな状況になるとは思ってました？　いま、落語ブームですよね。

文珍　なんとかしたいという気持ちはありましたな。

高平　それはなん年頃、ありました？

文珍　『ヤングおー！おー！』（毎日放送一九六九〜八二年）からかな。でも、なんともできない。人気先行、芸はナシ。キャー言われて、喋ったら引いていくみたいな。あかんがな、芸、身に付けないと。四一歳のとき、（藤山）寛美さんに「いまのうちに芸しっかりやらな、どうすんの」って言われたな。

高平　その頃ですか？　いろいろ落語のはばを広げられたのは。上方の鳴り物が入る落語とか。

文珍　（三味線や鳴り物が入った）はめものですね。

高平　『地獄八景亡者戯《じごくばっけいもうじゃのたわむれ》』であったりとか。

文珍　うん、そうそう。リズム感みたいなのがとても大事になる落語ですね。噺家にとって音、音色とか、音の強弱とか、それから音程とか、ブレスとかは大事ですね。そういう音楽的な部分は、じつは高校三年間、コーラス部だったんです。（笑）

高平 へえ、そうだったんだ。

文珍 歌、歌ってたんで、わりと楽ですね。だから弟子をカラオケに連れていくと分かります。耳が、リズム感がいい子はやっぱ覚えが早い。

高平 あと、歌舞伎だってちゃんと見てなかったら、落語でできないでしょ？

文珍 ただね、すごく大事なことは、歌舞伎をそのままやったら駄目なんですよ。らしく見せる。

高平 あ、なるほどね。

文珍 のようなっていうか。コピーしてそのままやるのは、品が悪いんですよ。それ、物真似なんです。物真似は物真似芸という立派なもんがありますけど、落語の中でそれをやり過ぎると……。

高平 ちょっと違うんですか？

文珍 違うんです。お客さまが感じるだけでいいだけなんですよ。落語は感じてもらう芸やから。不憫な芸なんです（笑）。

高平 なるほどね。

文珍 ゆだねる芸やから、やり過ぎるとあかんですよ。いつも七分目、八分目ぐらいで止めておかないと。

高平 だからあの、落語の、忠臣蔵の、例えば四段目とかっていうのも。

文珍 四段目でも、そう。やり過ぎると、もたれる。

高平 すごく面白い人と全然面白くない人いますね。

文珍 面白くないのは、やり過ぎるんですよ。

高平 だから円生師匠が面白い。そうすると、円生師匠の歌舞伎と、本物の歌舞伎と比べてみたら違う。

文珍 違います、違います、ええ。

高平 段取りまで違うんですよね。やっぱりそういうことだな。いま、すごくよく分かりました。

文珍　はい。落語はすき間いっぱい空けておいて、で、そこをお客さんが埋めていただく。お客さんの持ってる能力を引き出す、そういう芸やと思いますね。

高平　なるほどね。

文珍　でも、誘惑があるんですよ、そっちから。『稽古屋』っていう上方噺があってね。女にもてたい男がお稽古を、踊りのお師匠のとこ行って稽古するんです。それをね、間違ってる人は、踊りのお師匠はんの踊るのを見せる。見せたいという欲望があるけど、見せたらあかんのですよ。うちの師匠、先代の文枝のやり方は、弟子がやるのを見ながら、「は、ふん、そうそう、うん、はいはい、そう、あ、違う違う違う」って言うだけでした。

高平　ああ、そうなんだ。

文珍　何にもやらないんです。やらないほうがいい。志ん生師匠の、あの、おおらかさっていうか、それはそこなんですよ、やってないから。

高平　いろんなもんズボズボ抜かしたって構わない。

文珍　そう、勝手にお客さんが埋めていく。だから面白い。で、志ん生師匠はずぼらなのか忘れているのか、分からないとこまで行かれてたんで、いい感じですよ。

高平　その省略の仕方がうまかった。

文珍　それを計画的に柳昇師匠がやってらっしゃった。

高平　（春風亭）柳昇さんね。

文珍　柳昇師匠のネタが好きでね。えー、「戦後っちゅうか戦中は食べるものがなくて、で、人のお葬式なんか行くと、お菓子なんかくれるんですよ、私らが小さい頃にはね。だから、もうお葬式行くとね、なにかをもらって空腹が満たされる。だから、その頃、年寄りを見ると食欲がわきました」って。

高平　すごいね。

文珍　その、計算し尽くされた持っていき方というのを、サラッとやってらっしゃるんですよね。

笑いがネットで見られる時代に

高平　デーブ（スペクター）さんに聞いたら、いま、アメリカでもいいスタンダップ・コメディアン、いないってね。で、いまもう『サタデー・ナイト・ライヴ』も全然面白くない。いまは笑いが全部ネットで見られるって言うわけね。

桂　うん、うん。

高平　つまり、作るほう、出るほうも自分でできる。下積みもいらない。ネットで1分で面白いネタができちゃったらね、それもう、何十万、何百万という人が見る。

桂　うん、うん、うん、うん。

高平　日本はまだそこまでネットに食い物にされてないけど。

文珍　考えたらぼくら、それのはしりの時代でしたね。当時、いろいろ考えたんですよ。手乗り文珍とか。1分ぐらい、この手のひらに、ぼくがパッと3Dみたいな、ホログラフィーみたいなので現れて、ほいでちょっとなんか面白いことを喋るみたいなんを。

高平　うん（笑）。

文珍　で、それがいまもうスマホでアップするような時代ですよね、簡単に言うと。

高平　そうだね。

文珍　で、そういうふうな時代に変わっていったときに、じゃあ、その伝統的な芸能をやっている私どもは、それとどう共存するかっていうか、それを両方見据えて、両方に通用するギャグをできないと駄目みたいな、そんな時代に、いまなってきてるんちゃうかなと。

マクラと本編、両方の笑い

高平 実際、最初の話に戻ると、そのマクラと本編というのがね、まさにそうですよね。

文珍 うん、うん、うん。

高平 マクラは瞬発的な笑いで、本編は組み立てていく話芸でしょ。その二本立てを見るようなんだよね。

文珍 そうですね。漫才でも、15分喋るなかで、一個一個の面白いネタはあるんだけど。ずっと聞いてるとね、どれも並列のネタやから。飽きる、面白いのに。なんやろ、ずーっと二人の漫談風に、片っぽは冷静に突っ込んでるだけ、片っぽはボケかましてるだけみたいな。タイムリーな、アップツーデートなネタをやるわけですけど。つまり、そこへ次は、物語が少しいるんですね、きっと。どう展開していくか、その男がどうなっていくんだろうとか。15分、20分、30分ぐらい、それでも飽きない方法が必要やと思うんです。

高平 ナイツの言い間違い、聞き間違いとか。面白いことは面白いんだ。

文珍 面白いんですよ。

高平 パンクブーブーの「この野郎、こらッ、という言葉を飲み込んで」というね。あれも新しい感じした。

文珍 そうですね。それも全部、単発のネタとしては面白い。だから、アップするにはいいんです。いまは、非常にパーソナルな時代になってるから。しかし、それだけでは寂しい。みなさん一緒に楽しむ大切さ、お客さん全体が一緒に楽しむっていうのをやってかないと、寄席は成り立っていかない。世の中笑いでバランス取るところがないと。でないと、危ないなみたいな感じですよ。

二〇一五年一月　東京・柿の木坂にて

＊

〈対談のあとで〉

文珍師匠の話は想像以上に刺激的だった。笑いに関しての切れ味のいい解釈はさすがだと思った。何よりも第一線で活躍する噺家のなかに、スタンダップ・コメディへの関心が十分に感じられたのが嬉しかった。

文珍さんは二〇〇〇年に、『新・落語的学問のすゝめ』（潮出版）という本を出している。これは半年間に及ぶ慶應義塾大学の講義録だ。師匠の落語のマクラを文字で読んでいるように錯覚する。笑いと落語と文珍師匠をもっと知りたい方におすすめしたい名著である。

（髙平）

解説　山下洋輔

発端はすべて、髙平さんのひらめきだった

スタンダップ・コメディというものを最初に目撃したのは、やはりタモリの芸だったと思う。一九七〇年代、ホテルの部屋や、常連しか集まらない酒場などの「密室」で、やりたい放題だった。主な内容は「他国人の物真似」で、そこには綿密な観察による実態が尊敬と侮蔑と共に表現されていて、我々は爆笑した。出しものの一つだった「四カ国語麻雀」のネタはアメリカでも通用するという話が、本書の372ページに出てくる。

やがてぼくもニューヨークに行くようになった。ワシントンスクエア・パークの中央の水の出ない噴水の場所がステージになっていて、連日音楽家も含めて誰かが何かをやっている。すぐそばのワシントンスクエア・ホテルに滞在していたので、毎日昼間に出かけて見学をした。するとある日、タモリと同じような事をする黒人男を見た。彼はまず自分と同じ黒人達の生態をからかい始めた。持っていたラジカセを左肩に担ぎ、聴きながら体

をゆする。そしてその間中、右手は常に股間をわしづかみにしてまさぐっているのだ。自然に集まっている観客は、白人黒人を含めて色々な人種だが、文句なく受けた。さらに彼は次のネタを出した。「黒人が大統領に会う機会があるとすればこうだ」と言って「ハロー、大統領」と、一応失礼のない態度と発音をする。しかし、そのあいだ、右手は股間をわしづかみにして動かしているのだ。

つまり彼は、自分もそうである黒人のパロディから始めた。以前に聞いた筒井康隆さんの言葉を思い出す。スピーチの作法だったろうか。「まず自分を馬鹿にしなさい。そうすれば後は誰の悪口をいってもよい」

この通りの法則で、彼はいよいよ他民族のパロディに移っていった。日本人も勿論ヤリダマに挙げられた。「あいつらはいつも団体で行動して、こうなんだよな」と言って、黒い丸眼鏡を取り出してかけ、前歯をむき出しにする。それから高層ビルを見上げて「ターチャイ、スーシー」などと言いながら、カメラを取り出して写真を撮る。いやあ、爆笑しました。タモリが発展させた「日本語の物真似・ハナモゲラ語」で鍛えられているから当然だが、黒人文化の中にもこういうジャンルがあるとあらためて認識したのだった。

その先駆者にリチャード・プライヤーという人がいる。本書にも出てくるが、これを教えてくれたのは、すでにニューヨーク暮らしの長かった日野皓正だったと記憶している。その日野は、先輩トランペッターのサド・ジョーンズと親しかったが、彼の言葉として「黒人ミュージシャンとつきあうなら絶対に『ニガー』という言葉を使うな」と言われた、と教えてくれた。しかし、スタンダップ・コメディやきわどいジョークでは平気でこの言葉を使う。

やがてぼくもニューヨークの黒人ミュージシャン、フェローン・アクラフ（ドラムス）、セシル・マクビー（ベース）と出会い、今日に至るまで二十七年以上の共演と家族的な付き合いを続けている。勿論、芸人のやるようなキワどいジョークは出ないが、会話の多くは自然にジョークのニュアンスを帯びる。深刻な事もそうでない事も、とにかくジョークを交えて話し、乗り越えることが英語では出来る、という事が自然に理解できた。

例えばこれは、強烈でもブラックでも何でも無い、フェローンの娘の持っていた『ドリル』という本の中のジョーク的クイズなのだが、こういうのがある。

"Why nine is afraid of seven?"

答えは"Because, seven eight nine."

お分かりだろうか。「eight（8）」が「ate（食べた）」と同じ発音なので英語でのみ成立するのだ。もう一つ。

"What is white and black and red over the world?"

答えは「newspaper」。「red」が「read」（読む）の過去分詞と同じ発音だからだ。ここには、考える人によっては若干の人種的発想のヒントも含まれている。

いやまあ、こんな事もどこかスタンダップ・コメディと関係があるかもしれないとだらだら書いてきたが、その全ての答えがこの本の中にある。以下、各自勉強するように！　終わり！

とこれでは、叱られるので、以下、髙平哲郎さんとぼくの交遊のいきさつについて述べさせていただくことにしよう。

高平さんは、気がつくとそこにいた。密室だった新宿の酒場「ジャックの豆の木」でいつのまにか仲間になっていた。ここでタモリが赤塚不二夫さんと出会い、髙平さんとの連携作業でテレビ界に進出を果たすのだ。それが一九七〇年代の後半だったと思う。とこういう風に書くのが普通になっているのだが、実は、その直前にも大変な邂逅があったのだ。

一九七四年に雑誌「宝島」が復刊したのだが、そこに小説を書け、と言いに来たのが、髙平さんだった。下北沢に今でもある「ロフト（LOFT）」というライブスポットに訪ねて来てくれた。初対面だった。

エッセイはすでに書いていたが「小説」とは大胆なご提案だ。だが、この人は一貫して「あいつにこれをやらせてみたらどうか」という発想をする人なのだ、と今では理解している。ちょうどヨーロッパ初遠征を坂田明（アルトサックス）、森山威男（ドラムス）とやった後だったので、それをヒントにエッセイとも小説ともつかぬものを書いた。タイトルは「さらば碧眼聖歌隊」とした。勿論、五木寛之さんの『さらばモスクワ愚連隊』の真似だ。これが評判になったかどうかはともかく、その後「エッセイとも小説ともつかぬ」分野がある、という認識が脳内に培われた。その結果が『ドバラダ門』や『ドファララ門』という長編先祖探求作品を生むことになる。

もう一つ、音楽の分野でも髙平さんは大きな財産をぼくに与えてくれた。発端はこうだ。

髙平さんのご近所に住む武蔵野音大の秋田先生から、山下を紹介してくれと頼まれた。お会いすると、同席していたのが、当時大阪フィルハーモニー交響楽団のコントラバス奏者だった宮澤敏夫さんだった。その結果、大阪フィルと山下を交えたメンバーで、オーケストラでは滅多に無いバラエティをやることになった。それは「綺想天外大音楽會」というタイトルのビデオにもなった。これをやったのは一九八四年の事だが、その後、宮澤さんの肝いり（にちがいない）で「ヤマシタに何かやらせてやろう」という企画が実現した。すなわちガーシュインの「ラプソディ・イン・ブルー」を弾けというのだ。

シンフォニー・オーケストラと有名曲を共演するという夢のような初めてのチャンスを前にして、ガーシュインの遺した通りの楽譜は弾けないと分かっているぼくは悩んだが、結局、「こんなチャンスは二度と無い。滅茶々々弾いてあきれられて二度と誘われないだろうけど、やってやれ！」という蛮勇引力に導かれるままに「ヤマシタ・バージョン」と称して勝手にやってしまった。これが「面白い奴がいる」とオケ業界で話題になったらしく、その後注文が続き、以来三十年近く弾き続けている。

佐渡裕さんの指揮でパリでもやり、やがてこんな気持ちのよいものなら自分の曲でやりたい、という邪念が実現して「ピアノ協奏曲」が三曲できた。その第一番「エンカウンター」を佐渡さんが二〇〇四年にイタリアのトリノで二日間やってくれた。プログラムが第一部ヤマシタ、第二部チャイコフスキーの交響曲第五番ですからね。佐渡さんの豪腕のおかげだ。

その時の打ち上げですごい話が出た。「外国人がイタリアに自分のピアノコンチェルトを弾きにくるのはモーツァルト以来だ」というのだ。日本に帰って自慢すると、博学の人（この曲のオーケストレーションをやってくれた栗山和樹さん）が「いやいや、ラフマニノフもいます」と言った。ますます自慢ですよね。

などと思わずさまよってしまったが、こういう事の発端も、全て高平さんの頭脳のひらめきがきっかけなのだ。

感謝せざるを得ない。

八〇年代前半に戻ると、一九八一年に筒井康隆さんが、小説「ジャズ大名」を発表した。その中で作曲したテーマ曲をご自分がクラリネットで吹き始めるという事が起きて、我々のたまり場だった四谷の「ホワイト」（後に六本木に移転）では、夜な夜なジャズマンを交えたジャムセッションが始まった。小説の通り、終わって外に出ると夜が明けていたという事もあった。こんな面白い事を密室だけでやっていては勿体ない、というので髙平さんも交えた謀議がはじまり、とうとうその年の夏に、「ジャズ大名セッション　ザ・ウチアゲ」が日比谷野外音楽堂で行われた。六千人の聴衆が集まったその催しの演出を髙平さんがやってくれている。この時にはタモリはもう芸能事務所に入っていたが、特別の計らいで出演してもらった。

ありとあらゆる人と大事な邂逅を続け、それを我々にもたらしてくれる髙平さんだが、本書でも、デーブ・スペクターさんの話と共に衝撃を与えてくれたのは、タマヨ・オオツキさんだ。底本の『スタンダップ・コメディの勉強』刊行には間に合わなかったが、このあと、彼女を一九九四年の「筒井康隆断筆祭」に呼んでくれたのが髙平さんだった。「言語を禁じられる」事に怒った筒井さんが「断筆」をした。それを応援する「祭り」にタマヨさんが来て、英語、日本語で「禁句」を連続爆発させたのには全員が溜飲をさげた。

このような最高の「髙平仕掛け」は今でも続いている事だろう。この本を含む連続出版は、どこか壮大な「植草甚一化計画」とも取れるが、これをエサにまたさらに面白い事を企んでいるにちがいない。髙平さん、その時は是非声をかけてください！

あとがき

一九九三年に出版した『スタンダップ・コメディの勉強』は、その前の『話は映画ではじまった』から約一〇年ぶりの本だった。八〇年代はテレビの台本書きで忙しく、雑誌の連載もなく、文章を書く行為から遠ざかっていた。九〇年代になって舞台の仕事が中心になった頃に、スタンダップ・コメディの本をまとめようと書きはじめると、あんなに容易に書いていた文章が出てこない。会話とト書きの台本書きに馴れてしまったせいだろう。刊行予定の晶文社からもせっつかれないまま数年経ち、ぼくは編集の仕事の大先輩の津野海太郎さんに愚痴をこぼした。津野さんはスタンダップ・コメディに関するぼくの書き下ろしの文章を持って、自宅に来てくれた。すでに津野さんもぼくも手書きからワープロを経てPCに移行したばかりの頃だ。ぼくがPCで書いた原稿は、津野さん特有の文字で真っ赤になっていた。

「お前、どうしたんだ。文章は上手いと思っていたけど、なんだこれは。文章になってないぞ。まずこの赤を入れたのをパソコンで打ってプリントアウトしろ。それにまた俺が赤を入れるから」

作業がはじまった。プリントアウトされた文章にはまた津野さんの赤が入った。

「俺たちの文章は片岡義男とは違うんだ。片岡のは書いたそのままが商品だけど、俺たちの文章は最低三回か四回書き直して、初めて商品になるんだ」

七〇年代、雑誌「ワンダーランド」創刊号で初めてやった菅原文太さんのインタヴューは、津野さんの手でまったく違う素晴らしい文章になって雑誌を飾ってくれた。あれから二〇年して、再び津野さんの手によってぼくの死にかけていた文章は甦ってくれた。だから『スタンダップ・コメディの勉強』はぼくの歴史の中で重要な本でもあるのだ。

いまぼくはスタンダップ・コメディそのものに、あの時ほどの熱意がなくなっている。というより、出版された時代以降、目新しいコメディアンも出ていないし、スタンダップ・コミックの名前もあの時ほど聞かなくなった。スタンダップ・コミックはあの時点から進歩が止まってしまったのではないか――そんな疑問を持った。そしてその疑問はデーブ・スペクターさんに会って確信になった。九〇年代初期までの活気に勝るSNLのスケッチもコメディアンも皆無に等しいのだから、加筆の仕様がないのだ。そこで、前著はほぼそのままにし、そのあとに、二〇一四年にぼくが出会ったり感じたりした「アメリカの笑い」を紹介することにした。そうしてなんとか「勉強」から「復習」のスタンダップ・コミック本は「あとがき」までこぎつけることができた。
末筆だが、山下洋輔さん、桂文珍さん、デーブ・スペクターさん、この本に登場してくださったすべての方々、装丁の平野甲賀さんと編集をしてくれたいつものみなさん、そして津野海太郎さんに心から感謝いたします。

二〇一五年三月吉日　　　髙平哲郎

著者プロフィール

高平哲郎（たかひら・てつお）
一九四七年生まれ。演出家・編集者。広告代理店、雑誌「宝島」編集部を経て独立。ステージ・ショーや芝居の演出、テレビ番組の構成、レコード・プロデュース、インタビュー、翻訳、エッセイ、書籍や雑誌の編集など多彩な仕事を手がけている。主な著書は、インタビュー集『みんな不良少年だった』、エッセイ集『スラップスティック・ブルース』、『スタンダップ・コメディの勉強』『今夜は最高な日々』『大弔辞』など多数。

撮影　白鳥真太郎

本書Ⅰ・Ⅱ・Ⅲは単行本『スタンダップ・コメディの勉強——アメリカは笑っている』（晶文社／一九九四年）を底本として改稿した。また書き下ろしを追加し、Ⅳとした。

人名索引

ア行

アイザックソン、ウォルター
Walter Isaacson　229
アヴィルドゥセン、ジョン
John Avildsen　133
明石家さんま　319、438
アーキン、アラン
Alan Arkin　207
アーネス、デジー
Desi Arnaz　289
アーノルド、ローザンヌ
Roseanne Arnold　366
アボット＝コステロ
Bud Abbott＝Lou Costello
32、201、338
アルトマン、ロバート
Robert Altman　57、330
アレキサンダー、ジェイソン
Jason Alexander　322～324
アレン、ウディ
Woody Allen　15、36、76～86、141、143、147、196、198、212、226～230、241、276、277、290、312、374、397、413～423、427
アレン・スティーヴ
Steve Allen　201、402
アレン、フレッド
Fred Allen　273
アレン、マーティ
Marty Allen　153
アンカ、ポール
Paul Anka　111
アンダーソン、ウェス
Wesley Anderson　399
アンダーソン、ハリー
Harry Anderson　288
アンダーソン、ルーイー
Louie Anderson　58、254～262、358
今村昌平　316、428
イーストウッド、クリント
Clint Eastwood　414～416、423
ウィリアムズ、ロビン
Robin Williams　36、37、55～63、97、101、103、136、140、147、181、191、202、204、205、245、246、248、252、305、358、390～392
ウィルソン、オーウェン
Owen Wilson　422
ヴィレシェイズ、ヘルヴェ
Herve Villechaize　105
ウィンフレイ、オプラ
Oprah Winfrey　308、329

植草甚一　15
ウォーカー、ジミー
Jimmy Walker　156、158、159
ヴォーグン、クリストファー
Chistopher Vaughn　296
エイクロイド、ダン
Dan Aykroyd　30、32 ～ 35、98、100、106、203、238、287、396 ～ 398、441
エイブラハムズ、ジム
Jim Abrahams　237、314、374
エスマン、スージー
Susie Essman　302
エダール、エド
Ed Edahl　108
エドワーズ、ブレイク
Blake Edwards　204、205
大﨑 洋　3、4、433、434、437、442、449、454
大島 渚　422
オオツキ、タマヨ
Tamayo Ohthuki　289、341 ～ 373、375、451
オダナヒュー、マイケル
Michael O' Donoghue　30、202
小津安二郎　422
オブライアン、コナン
Conan O' Brien　127、311、312、402、403、405

カ行

カーヴィー、ダナ
Dana Carvey　237、238
カウフマン、アンディ
Andy Kaufman　138、139、141 ～ 143、204、205、300、392 ～ 395、432
ガガ、レディー
Lady GaG　387
カーソン、ジョニー
Johnny Carson　44、78、110 ～ 119、127、129、155、206、212、222、244 ～ 263、271、290、303、312、313、320、336、370、402
ガーシュイン、ジョージ
George Gershwin　84、231、235、236、415、420
桂 文枝　405
桂 文珍　405
桂米丸　40
カーティン、ジェイン
Jane Curtin　98、106
ガーナー、エロール
Erroll Garner　415
カプラン、ゲーブ
Gabe Kaplan　140、156、157、159
カプリ、ディック
Dick Capri　232
上岡龍太郎　336
ガレスピー、ディジー
Dizzy Gillespie　246、414、415
カーリン、ジョージ
George Carlin　159、198、202、331
ガロー、ハンク
Hank Gallo　108
カント、イマニュエル
Immanuel Kant　185

キートン、ダイアン
Diane Keaton　230、421
キートン、バスター
Buster Keaton　38、335、416
キートン、マイケル
Michael Keaton　37、38、288
キニソン、サム
Sam Kinison　5、125、127、129、186、199、218 ～ 220、297 ～ 301、342、349 ～ 353、358 ～ 360、362、365、369、392
ギャラガー
Gallagher　123 ～ 125、334、336
キャリー・ジム
Jim Carrey　393、395
キャンター、エディ
Eddic Cantor　338
キャンディ、ジョン
John Candy　35
キューブリック、スタンリー
Stanley Kubrick　54
キリスト、イエス
Jesus Christ　60、61、68、77、218、219、280、298、299、362
キング、アラン
Alan King　79
キング、ラリー
Larry King　263
クーパー、パット
Pat Cooper　185
クライン、ロバート
Robart Klein　159、303、304、320
クラーク、シェリー
Shelly Clark　295
クラーク、レニー
Lenny Clarke　129
クリスタル、ビリー
Billy Crystal　35、36、45、46、58、66、97、101 ～ 103、105、129、140、141、191、246、400
グリフィン、マーヴ
Merv Griffin　133
グリーン、シェッキー
Shecky Greene　267
クルーズ、トム
Tom Cruise　400
クレイ、アンドリュー・ダイス
Andrew Dice Clay　129 ～ 131、181、358
クロスビー、ビング
Bing Crosby　26 ～ 29、200
ケイ、ダニー
Danny Kaye　37、266、374
ケネディ、キャロライン
Caroline Kennedy　387
ケラー、ヘレン
Helen Adams Keller　217、281
ゲルブ、アーサー
Arthur Gelb　79
コウムズ、レイ
Ray Combs　295
コカ、イモジン
Imogene Coca　201
古今亭志ん生　419
コスビー、ビル
Bill Cosby　34、208、308、334、336

コックス、スティーブン
Stephen Cox　253
ゴットフリード、ギルバート
Gilbert Gottfried　63、199、213～218、302
コッポラ、ソフィア
Sofia Coppola　398
コッポラ、フランシス・フォード
Francis Ford Coppola　421
小林信彦　26、27、29、341
コモ、ペリー
Perry Como　133、374
ゴールドバーグ、ウーピー
Whoopi Goldberg　58
コーン、マイロン
Myron Cohen　334
コーン、マーク
Mark Cohen　242、243

サ行

斎藤寅次郎　333
サイモン、ニール
Neil Simon　198
サインフェルド、ジェリー
Jerry Seinfeld　92～94、212、306、320～327、331～335、370、381
堺正章　18～22、132
坂上二郎　446
ザッカー、ジェリー
Jerry Zucker　58、237、238、315～318、374
ザッカー、デヴィッド
David Zucker　237、314～318、374
サリバン、エド
Ed Sullivan　48、133、211、246
サール、モート
Mort Sahl　85、158、331
サンドラー、アダム
Adam Sandler　400
三遊亭円朝　416、419
ジェイムス、ハリー
Harry James　415、421
ジェッセル&バーンズ
Jesscl & Burns　338
シェルズ、トム
Tom Shales　196、205、297
シェルダン、シドニー
Sidney Sheldon　337～340
シーゲル、ドン
Donald Siegel　415
シーザー、シド
Sid Caesar　198、201
シナトラ、フランク
Frank Sinatra　50、143、193、246、362
渋谷森久　4
シャーウッド、リック
Rick Sherwood　293
シャピロ、ジョージ
George Shapiro　393、395
ジャームッシュ、ジム
Jim Jamusch　330、398
シャンデリング、ゲリー
Garry Shandling　327
ジュディ　Judy　303
シュワルツェネッガー、アーノルド
Arnold Schwarzenegger　116、398
シュワルツバウム、ライザ
Liza Schwarzbaum　322
ショア、ミッツィー
Mitzi Shore　295、302、

357、358
ショート、マーティン
Martin Short　35、58、329、441
ショーペンハウアー、アーサー
Arthur Schopenhauer　184、185
ジョルソン＆ベニー
Jolson & Benny　338
ジョーンズ・ジュニア、ドナルド
Donald Jones Jr　391
ジンマーマン、ポール・D
Paul D. Zimmerman　88
スケルトン、レッド
Red Skelton　247
スコセッシ、マーティン
Martin Scorsese　35、42、60、419～422、425
スタインバーグ、デヴィッド
David Steinberg　111、159
スターン、ハワード
Howard Stern　131
スタージェス、プレストン
Preston Sturges　149、330
スチュアート、ジョン
Jhon Stewart　403、404
ストライサンド、バーブラ
Barbara Streisand　303、355
スピルバーグ、スティーヴン
Steven Spielberg　32、57、58、308、335、400
スペクター、デーブ
Dave Spector　5、87、111、114，116、123～125、131、142、154、237、248～253、266～292、297、298、301、305、308～313、317～321、332～336、339、342、375、376、378～389、397、404、405、425
スミス、ジャン・マックスウェル
Jan Maxwell Smith　295
スミヤナフ、ヤコブ
Yakov Smirnoff　358
スムーザーズ・ブラザーズ
Smothers Brothers　133
セバリンスン、ドク
Doc Severrinson　111、245、247、255、262、263
セラーズ、ピーター
Peter Sellers　37、355
セルツァー、デヴィッド
Devid Seltzer　43、232、366
ソダーバーグ、スティーブン
Steven Soderbergh　398

タ行

ダイアモンド、I・A・L
I. A. L. Diamond　330
高田文夫　381
髙橋典子　407～412
ダグラス、マイケル
Michael Douglas　398
立川談志　72、73、181、419
タモリ　41、72、186、319、340、363、368、372、427
チェイス、チェビー
Chevy Chase　30、33、106、398
チーチ＆チョン
Richard Cheech Marin & Thomas Chong　137
チャップリン、チャーリー
Charlie Chaplin　28、37、

200、414
チャーニー、ジュニア、ロン
Lon Chaney Jr.　201
チャールズ、ラリー
Larry Charles　146、148、320、325、425、426
つかこうへい　448
筒井康隆　382
T、ミスター
Mr. T　161 ～ 164、183、319
テイラー、エリザベス
Elizabeth Taylor　32、55、246
デイヴィス・ジュニア、サミー
Sammy Davis Jr.　103、157、158、301、303、304
デイヴィス、フランシス
Fransis Davis　322、328、302
デヴィッド、ラリー
Larry David　325 ～ 327、332
デップ、ジョニー
Johnny Depp　387
デ・ニーロ、ロバート
Robert De Niro　42、63、420
デュアート、ルイス
Louise Duart　232
デュカーマン、リック
Rick Dukerman　192
デュランテ、ジミー
Jimmy Durante　50、66
デンジャーフィールド、ロドニー
Rodney Dangerfield　125 ～ 129、131、204、210、350、359
トニー谷　40、41
トムリン、リリー
Lilly Tomlyn　147、204、297
トンプソン、ランク
Rank Thompson 94

ナ行

ナルマン、アンディ
Andy Nulman　297
ニコルズ、マイク
Mike Nichols　207
ニューハート、ボブ
Bob Newhart　158
ニューマン、リック
Rick Newman　139、140、143、146 ～ 149、190、240、242、243
ニューマン、ロレイン
Laraine Newman　98、101
ニールセン、レスリー
Lenlie Nielsen　315
ノルティ、ニック
Nick Nolte　421

ハ行

ハイマン、ディック
Dick Hyman　416
パーカー、チャーリー
Charles Parker Jr　416
萩本欽一　446
パー、ジャック
Jack Parr　111
バーク、マーティン
Martyn Burke　52
ハケット、バディ
Buddy Hacket　118 ～ 122、

181、227、252
ハーシュ、フォスター
Foster Hirsch　78、79、85
八波むと志　448
ハートマン、ティル
Til Heartman　94
バトンズ、レッド
Red Buttons　184
バートン、ティム
Tim Burton　38、288、295、398、425
ハーマン、ピー・ウィー
Pee-Wee Herman　335
ハーマン、ウディ
Woody Herman　420、421
バーマン、シェリー
Shelly Berman　158
林家三平　40、167～183、340
ハリスン、ジョージ
George Harrison　427
パール、ジャック
Jack Pearl　402
バール、ミルトン
Milton Berle　75、76、79、185、201、333、339
バロン・コーエン、サシャ
Sacha Baron Cohen　424～432
バロン、スティーヴ
Steve Barron　324
ハンクス、トム
Tom Hanks　36、43、427
バーンズ、ジョージ
George Burns　37、327、339
バーンステイン、ダグ
Douglas Bernstein　240
バーンハード、サンドラ
Sandra Bernhard　365
ビショップ、レイ
Ray Bishop　294
ピスコポ、ジョー
Joe Piscopo　58、104、143
ビーティー、ウォーレン
Warren Beatty　214、223
ビートたけし　41、72、340
ビートルズ
The Beatles　35、48、127、131、282、427
ビーバー、ジャスティン
Justin Bieber　383
ヒルズ、ブルース
Bruce Hills　297
ビン・ラーディン、ウサーマ
Usāma bin Lādin　430
ファロン、ジミー
Jimmy Fallon　402
フィッシャー、ボブ
Bob Fisher　294
フィールズ、サリー
Sally Fields　43
フィールズ、W・C
W. C. Fields　338
フィールズ、リチャード
Richard Fields　139、296
フェアチャイルド、モーガン
Morgan Fairchild　111
フェリーニ、フェデリコ
Federico Fellini　422
フェレル、ウィル
Will Ferrell　396
フォアマン、ミロス
Miloš Forman　393
フォード、ハリソン
Harrison Ford Hanks　430
フォックス、レッド
Redd Foxx　157

フォッシー、ボブ
Bob Fossc　42、64
フォンダ、ジェーン
Jane Fonda　54、246
ブーズラー、イレイン
Elayne Boosler　58、365
プライヤー、リチャード
Richard Pryor　20、157、192、202、278、331、356
ブラウン、A・ホイットニー
A. Whitney Brown　107 ～ 109
フリードマン、バッド
Budd Friedman　294、295、302
プリンズ、フレディー
Freddie Prinze　156 ～ 159、263、300
ブルース、レニー
Lenny Bruce　42、52、64 ～ 77、131、147、181、185、219、252、331、350、351、365、374、432
ブルックス、メル
Mel Brooks　133、137、198、209、244、246
ブレイク、ロバート
Robart Blake　255、257、259、260
プレスリー、エルヴィス
Elvis Presly　33、141、142
ブレナー、デヴィッド
David Brenner　158
ベーカー、ラッセル
Russell Baker　224
ベニー、ジャック
Jack Benny　273、274、327
ベネター、パット
Pat Benater　140、143
ベネット、トニー
Tony Bennett　244
ヘフナー、ヒュー
Hugh Hefner　299
ベルザー、リチャード
Richard Belzer　17 ～ 21、132、139、140、141、143、144、146、148、150、152、154 ～ 168、180 ～ 192、196、240 ～ 243、263、273、297、302、303、311、319、320、336、341、361、374
ベルーシ、ジム
Jim Belushi　34、105
ベルーシ、ジョン
John Belushi　30 ～ 32、34、98、127、137、202、207、238、252、286、287、300、329、371、383、396、437、441
ヘルムズ、エド
Ed Helms　398
ペレルマン、S・J
S. J. Perelman　330
ペン、アーサー
Arther Penn　214
ペン＆テラー
Penn & Telle　58、59、406
ペン、ショーン
Sean Penn　414
ボガート、ハンフリー
Hunphry Bogart　27、102、338
ホーガン、ハルク
Hulk Hogan　161、162、

164、165、167、180、182、183、319
ホープ、ボブ
Bob Hope　24～29、36、51～53、56、85、88、200、201、238、246、374、413、416
ホフマン、アビー
Abby Hofmann　52、54、64、65
ホフマン、ダスティン
Dustin Hoffman　42、64、65、139、223
ボール、ルシル
Lucille Ball　247
ポール、ロン
Ron Paul Hanks　430
ホーン、ゴールディ
Goldie Hawn　33

マ行

マイケルズ、ローン
Lorne Michaels　30、395、437
マイヤーズ、マイク
Mike Myers　5、92、237、238、383、397、400、441
牧伸二　39
牧野周一　39、40
マクマハン、エド
Ed Mcmahon　111、247、255、259、262
マシ・オカ　407、442～444、450～453
マッカウリー、ジム
Jim McCawley　256、257、260
マッソー、ウォルター
Walter Matthau　38
マーティン、スティーヴ
Steve Martin　30、34、97～101、103、133、191、196～198、202～204、214、223、225、305、334、350、399、400
マーティン、ディーン
Dean Martin　50
マドンナ
Madonna　203、246、285
マハー、ビル
Bill Maher　259～261
マーフィー、エディ
Eddie Murphy　30、34、65、104、105、137、192、204、222、329、383、399、437
マル、マーティン
Martin Mull　207
マルクス、グラウチョ
Groucho Marx　37、47、82、83、86～90、244、246、267、273、275、336、338、402、413
マルクス・ブラザーズ
Marx Brothers　15、85、267、330、336、338、416
マル、ルイ
Louis Malle　422
マルソー、マルセル
Marcel Marceau　171
マーレイ、ビル
Bill Murray　30、31、33、34、98、99、106、205、239、329、398、441、451

マンソン、チャーリー
Charlie Manson　44
マンデル、ホーウィ
Howie Mandel　204、205
ミッチェル、バリー
Barry Mitchell　141
ミドラー、ベット
Bette Midler　245、355
ミネリ、ライザ
Liza Minnelli　139、246
三船敏郎　32
南 利明　448
宮部みゆき　382
ミラー、デニス
Denis Miller　106、107
ムーア、ダドリー
Dudley Moore　33
ムーニー、ポール
Paul Moony　356、363
メイソン、ジャッキー
Jackie Mason　132 ～ 134、138、198、209 ～ 214、233、350
メータ、ズービン
Zubin Mehta　415
メルマン、ピーター
Peter Melman　325
モラニス、リック
Rick Moranis　329
モーリス、ギャレット
Garrett Morris　98、101
モリタ、パット
Noriyoki "Pat" Morita　289
モンティ・パイソン
Monty Python　318、424、425、427
モンロー・イーグルハート、ジェームズ
James Monroe Iglehart　391

ヤ行

やしきたかじん　405
山城新伍　336
ヤングマン、ヘニー
Henny Yongman　75、79、153
ヤンコピック、アル
Weird Al Yankovic　203
由利徹　336、340、448
ユン、ジョニー
Johnny Yung　289
横澤彪　4
頼廣彰伸（アキ）　432、433、438、441、445、447

ラ行

ライト、スティーヴン
Steven Wright　58、302、304、309
ライナー、カール
Carl Reiner　133、137、196、198
ラサリー、ピーター
Peter Lassally　262
ラッカー、アレン
Allen Rucker　207
ラッセル、ジェーン
Jane Russell　24、28
ラッセル、ニプシー
Nipsey Russell　153、154
ラッセル、バートランド
Bertrand Russell　185

ラドナー、ギルダ
Gilda Radner　30、98
ラムーア、ドロシー
Dorothy Lamour　26～28
ラロ、シフリン
Lalo Schifrin　415
ランカスター、バート
Burt Lancaster　310
ランディス、ジョン
John Landis　31、207、238、287、315
リヴァース、ジョーン
Joan Rivers　248、250、352、365
リチャーズ、マイケル
Micheal Richards　322～324、370、371
リックルズ、ドン
Don Rickles　198、219、274、275
リーファー、キャロル
Carol Leifer　129、303
リングウォルド、モリー
Molly Ringwald　216
ルイス、ジェリー
Jerry Lewis　17、37、42、50、75、334、338、374、402
ルイス、ジョー・E
Joe E. Lewis　74
ルイス・ドレファス、ジュリア
Julia Louis Dreyfus　322、324
ルイス、リチャード
Richard Lewis　58、251、277、302
ルドナー、リタ
Rita Rudner　140
ルーニー、ミッキー
Mickey Roney　37、392
レイザー、ポール
Paul Reiser　331
レーガン、ロナルド
Ronald Reagan　101、107、113、140、159、224、324
レターマン、デヴィッド
David Letterman　114～117、122、127、146、147、155、206、208、212、217、221、222、246、249、287、310～313、320、359、403
レナード、ジャック・E
Jack E. Leonard　274
レノ、ジェイ
Jay Leno　127、248、250、251、277、302、303、313、402、403
レモン、ジャック
Jack Lemmon　38
ロウ、ロブ
Lobb Rowe　237、398
ロウラー、ジェリー
Jerry Lawler　394、395
ロジャース、ウィル
Will Rogers　153、154
ロス、ハーバート
Herbert Ross　303、413
ロゾン、ギルバート
Gilbert Rozon　297
ローデス、ジョー
Joe Rhodes　254、256、271
ローマン、フレディ
Freddie Roman　232、233
ローレル＝ハーディー
Stan Laurel-Oliver Hardy　15、37、374

ローレンス、マル・Z
Mal Z. Laurence 232
ローワン&マーティン
Dan Rowan & Dick Martin
33、201

ワ行

ワイルダー、ビリー
Billy Wilder 330、374
和田誠 314
ワンダー、スティービー
Stevie Wonder 34、104

高平哲郎スラップスティック選集④

スタンダップ・コメディの復習——アメリカは笑いっ放し

2015年5月9日　初版発行

著　者　高平哲郎

発行人　森山裕之

編　集　赤岩州五
松野浩之

校　正　井上幸子

カバー写真　江藤海彦

装丁者　平野甲賀

発行　ヨシモトブックス
〒160-0022　東京都新宿区新宿5-18-21
電話03-3209-8291

発売　株式会社ワニブックス
〒150-8482　東京都渋谷区恵比寿4-4-9　えびす大黒ビル
電話03-5449-2711

印刷・製本　株式会社光邦

ISBN 978-4-8470-9329-6

予告　髙平哲郎スラップスティック選集、以下続刊！

第⑤巻
あなたの想い出
2015年6月発売

第⑥巻
ぼくのインタビュー術
――「みんな不良少年だった」から始まった
2015年8月発売

※タイトルや発売時期は変更になる可能性があります

既刊　全国書店にて絶賛発売中！

第①巻
銀座の学校・新宿の授業

第②巻
定本アチャラカ
――真面目が嫌い

第③巻
スラップスティック・ジャム
――変人よ我に返れ

発行／ヨシモトブックス
発売／株式会社ワニブックス